JN002148

ポケット版

ビル管理試験

一問一答 出る問 2000

関根康明［著］

本書を発行するにあたって，内容に誤りのないようできる限りの注意を払いましたが，本書の内容を適用した結果生じたこと，また，適用できなかった結果について，著者，出版社とも一切の責任を負いませんのでご了承ください．

本書は，「著作権法」によって，著作権等の権利が保護されている著作物です．本書の複製権・翻訳権・上映権・譲渡権・公衆送信権（送信可能化権を含む）は著作権者が保有しています．本書の全部または一部につき，無断で転載，複写複製，電子的装置への入力等をされると，著作権等の権利侵害となる場合があります．また，代行業者等の第三者によるスキャンやデジタル化は，たとえ個人や家庭内での利用であっても著作権法上認められておりませんので，ご注意ください．

本書の無断複写は，著作権法上の制限事項を除き，禁じられています．本書の複写複製を希望される場合は，そのつど事前に下記へ連絡して許諾を得てください．

出版者著作権管理機構
（電話 03-5244-5088，FAX 03-5244-5089，e-mail: info@jcopy.or.jp）

JCOPY ＜出版者著作権管理機構 委託出版物＞

はじめに

建築物環境衛生管理技術者は，通称「ビル管理士」といわれ，「建築物における衛生的環境の確保に関する法律」に基づく国家資格です．

特定建築物の所有者等は，ビル管理士を選任する義務があり，資格者は，特定建築物の維持管理が適正に行われるように監督し，所有者などに意見を述べることができる立場にあります．そこにビルがある限り，ビル管理士は必要とされる資格です．

試験は昭和45年に始まり毎年1回（例年10月）に実施されています．

合格率は年度によりばらつきはありますが，平均すると18～19％程度です．受験資格は建築物の維持管理の経験が2年以上必要で，多くの受験者はビル管理士の前に電気工事士やボイラ技士等，何らかの資格を取得しています．経験豊富な受験者の中でこの合格率というのは相当難しい試験といえるでしょう．それだけに取得価値の高い資格といえます．

本書は日本理工出版会から2017年に発行した「建築物環境衛生管理技術者　ポケット問題集」について，内容の一部を変更し，オーム社から再発行するものです．本書を繰り返し熟読され，合格の栄冠を手にされるよう願ってやみません．

最後に，本書を刊行するにあたり，編集，校正にご尽力いただいた株式会社オーム社の方々に感謝する次第です．

2023年4月

著者しるす

目　次

本書の使い方

1. すきま時間を有効活用！
手軽に持ち運べる，どこでも見開けるコンパクトサイズになっています．時間や場所を選ばずに，一問一答にチャレンジしてください．

2. 様々な場面に！
試験勉強のスタートや，試験直前の総仕上げなど…好きなタイミングでご利用できます．

3. 反復学習で実力を養成！
問題を繰り返し解いて覚えてください．☒ Q1 の☒は，☒→☒→☒のように，反復学習のチェックボックスとして活用できます．

1章

建築物衛生行政概論

試験での出題数
20問
(午前実施)

試験合格
の
アドバイス

建築物を適正に管理するために必要な，各種法令が出題されます. 今までに出題された法令は25を超えますが, 特に「建築物における衛生的環境の確保に関する法律」（通称ビル管理法などと呼ばれている.）は，毎年，12～13問程度出題されています. 他の法令は出題されても1問です.（ただし，他の科目で出題されることもあります.）

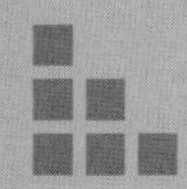

1章　建築物衛生行政概論

日本国憲法

☒ Q1 すべて国民は，健康で文化的な最低限度の生活を営む権利を有する．

☒ Q2 国は，すべての生活部面について，社会福祉，社会保障及び公衆衛生の向上及び増進に努めなければならない．

世界保健機関（WHO）憲章

☒ Q1 健康とは，肉体的，精神的及び衛生的に完全に良好な状態であり，単に疾病又は病弱の存在しないことではない．

☒ Q2 到達しうる最高基準の健康を享有することは，人種，宗教，政治的信念又は経済的若しくは社会的条件の差別なしに万人の有する基本的権利の一つである．

ウィンスローの公衆衛生の定義

☒ Q1 公衆衛生とは，環境衛生の改善，伝染病の予防，個人衛生を原則とした個人の教育，疾病の早期診断と治療のための医療と看護サービスの組織化，及び地域社会のすべての人に，健康保持のための適切な生活水準を保障する社会制度の発展のために，共同社会の組織的な努力を通して疾病を予防し，寿命を延長し，肉体的，精神的健康と能率の増進を図る科学であり，技術である．

行政組織

☒ Q1 水道法を所管する官庁は，経済産業省である．

☒ Q2 消防法を所管する官庁は，総務省である．

☒ Q3 大気汚染防止法の主管官庁は，厚生労働省である．

A1 Point! **日本国憲法**第25条1項の規定. ○

A2 Point! **日本国憲法**第25条2項の規定. ○

A1 Point! 健康とは，肉体的，精神的及び**社会的**に完全に良好な状態であり，単に疾病又は病弱の存在しないことではない. ×

A2 Point! **世界保健機関（WHO）憲章**の前文の一部. ○

A1 Point! アメリカの公衆衛生学者である**ウィンスロー**（1877～1957年）が公衆衛生について定義した内容である.「公衆衛生とは**科学であり技術**である」という部分は重要である. ○

A1 Point! 水道法を所管する官庁は，**厚生労働省**である. ×

A2 Point! **総務省**は，情報通信，郵政事業なども所管する. ○

A3 Point! 大気汚染防止法の主管官庁は，**環境省**である. ×

☒ Q4 水質汚濁防止法を所管する官庁は，厚生労働省である．

☒ Q5 建築基準法を所管する官庁は，経済産業省である．

☒ Q6 浄化槽法は，厚生労働省が所管している．

☒ Q7 廃棄物の処理及び清掃に関する法律は，厚生労働省が所管している．

☒ Q8 建築基準法で規定されている特定行政庁とは，国土交通省である．

☒ Q9 下水道法を所管する官庁は，厚生労働省である．

☒ Q10 下水道の終末処理場の維持管理に関することは，環境省と国土交通省の所管である．

☒ Q11 学校保健に関する地方行政事務は，私立学校を除き教育委員会が責任を負っている．

☒ Q12 労働基準監督署には，労働衛生専門官が置かれている．

☒ Q13 労働衛生に関する地方の行政事務は，保健所が責任を負っている．

☒ Q14 保健所には，労働基準監督官が置かれている．

☒ Q15 保健所はすべての市町村に設置されている．

建築物における衛生的環境の確保に関する法律（目的）

☒ Q1 この法律は，多数の者が使用し，又は利用する建築物の維持管理に関し環境衛生上必要な事項等を定めることにより，その建築物における衛生的な環境の確保を図り，もって公衆衛生の向上及び増進に資することを目的とする．

☒ Q2 保健所の業務として，多数の者が使用し，又は利用する建

A4 Point! 水質汚濁防止法を所管する官庁は，**環境省**である． ×

A5 Point! 建築基準法を所管する官庁は，**国土交通省**である． ×

A6 Point! 浄化槽法は，**国土交通省と環境省の共管**である． ×

A7 Point! **環境省**の所管である． ×

A8 Point! **特定行政庁**とは，都道府県と建築主事を置く市町村及び特別区である．都道府県は**建築主事**を置いている． ×

A9 Point! 下水道法を所管する官庁は，**国土交通省**である． ×

A10 Point! 下水道法の所管は国土交通省であるが，下水道の終末処理場の**維持管理**に関することは，**環境省と国土交通省の所管**である． ◯

A11 Point! **教育委員会**は，都道府県，市町村に設置され，地域の教育政策を行う．大学と私立学校を除く． ◯

A12 Point! 労働衛生に関する専門的事項を扱う． ◯

A13 Point! 保健所ではなく，**労働基準監督署**が責任を負っている． ×

A14 Point! **労働基準監督官**が置かれているのは，労働基準監督署である． ×

A15 Point! すべての市町村ではない．**政令指定都市**，**中核市**，**特別区（東京23区）など**に，保健所が設置されている． ×

A1 Point! **建築物における衛生的環境の確保に関する法律**第1条の規定．建築物の維持管理に関して定めているものであり，構造や設備について規制しているものではない． ◯

A2 Point! **建築物における衛生的環境の確保に関する法律**第3条

築物の維持管理について，環境衛生上の正しい知識の普及を図ることを規定している．

☒ Q3 保健所の業務として，多数の者が使用し又は利用する建築物の維持管理に関する環境衛生上の正しい知識の普及，相談に応じること並びに必要な指導を行うことを定めている．

☒ Q4 不特定多数が利用する建物においては，延べ面積によらず特定建築物に該当する．

☒ Q5 特定建築物の建築物環境衛生上の維持管理に関する監督官庁は，都道府県知事，保健所を設置する市の市長，又は特別区の区長である．

特定建築物(該当するもの)

☒ Q1 特定建築物は，建築基準法に定義される建築物であること．

☒ Q2 特定建築物は，特定用途に供される部分の延べ面積が，3,000 m^2 以上（ただし，学校教育法第1条に規定する学校は 8,000 m^2 以上）であること．

☒ Q3 特定建築物は，建築物環境衛生管理基準に基づく維持管理が義務付けられている．

☒ Q4 寄宿舎の用途は，特定建築物に該当する．

☒ Q5 博物館の用途は，特定建築物に該当する．

☒ Q6 工場の用途は，特定建築物に該当する．

☒ Q7 自然科学系研究所の用途は，特定建築物に該当する．

☒ Q8 病院の用途は，特定建築物に該当しない．

☒ Q9 銀行の用途は，特定建築物に該当する．

☒ Q10 水族館の用途は，特定建築物に該当する．

の規定．(2つあるうちの1つ) ○

A3 Point! **建築物における衛生的環境の確保に関する法律**第3条の規定．(2つあるうちのもう1つ) ○

A4 Point! **特定建築物**は，建築物の用途や延べ面積等によって定められる． ×

A5 Point! いずれも保健所を設置している． ○

A1 Point! 鉄道のプラットホームは除かれる． ○

A2 Point! **学校教育法**における学校とは，幼稚園，小学校，中学校，高等学校，特別支援学校などをいう． ○

A3 Point! 特定建築物の維持管理について権原を有する者はこの基準に従って維持管理する． ○

A4 Point! **特定建築物に該当しないもの**は，以下のとおり． ×

A5 ○

A6 ×

A7 ×

> 教会，共同住宅，病院，寄宿舎，駐車場，工場，倉庫，自然科学系研究所及びこれらの用途に類するもの

A8 Point! 病院は大規模でも該当しない． ○

A9 Point! 銀行は事務所として該当する． ○

A10 Point! 水族館や動物園は，**博物館に該当**すると解されている． ○

☒ **Q11** スポーツジムは特定建築物の用途ではない．

☒ **Q12** 興行場は，興行場法に規定する興行場に限らない．

特定建築物（延べ面積の算出）

☒ **Q1** 特定建築物の延べ面積の算定方法は，建築基準法の延べ面積の算定方法と同じである．

☒ **Q2** 特定建築物の延べ面積は，敷地内の建物すべての床面積を合計して算出する．

☒ **Q3** 廊下，階段，便所等の共用部分は，延べ面積に含めて算出する．

☒ **Q4** 事務所ビル内の社員食堂は，特定用途に供される部分として延べ面積に含めない．

☒ **Q5** 建築物の地下にある電気事業者が設置した変電所の面積は，延べ面積に含める．

☒ **Q6** 映画館のロビーは，特定用途に供される部分として延べ面積に含める．

☒ **Q7** 建築物内の診療所の面積は，延べ面積に含める．

☒ **Q8** 地下街の地下道の面積は，延べ面積に含める．

☒ **Q9** 民間の集会場ビル地階に設置された地方公共団体の公共駐車場は，特定用途に供される部分として延べ面積に含める．

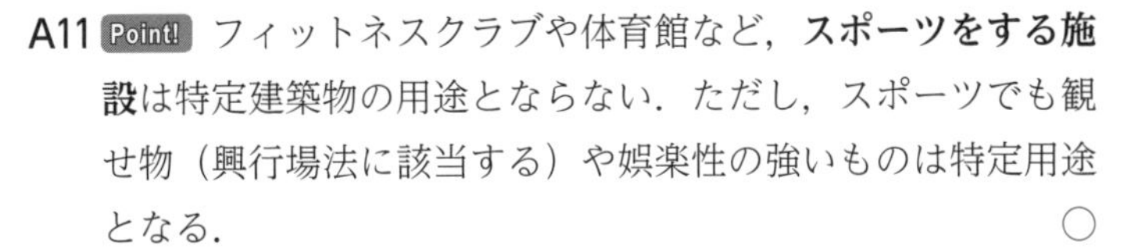

A11 Point! フィットネスクラブや体育館など，**スポーツをする施設**は特定建築物の用途とならない．ただし，スポーツでも観せ物（興行場法に該当する）や娯楽性の強いものは特定用途となる． ○

A12 Point! **興行場**は，特定建築物の用途に該当し，興行場法第1条に規定する興行場に限る．

第1条　興行場とは，映画，演劇，音楽，スポーツ，演芸又は観せ物を，公衆に見せ，又は聞かせる施設をいう． ×

A1 Point! **特定建築物**の延べ面積の算定方法は，建築基準法の定義に基づく算定方法とは異なる場合がある． ×

A2 Point! 特定建築物の延べ面積は，**一棟の建築物ごとに算出**することを基本としている． ×

A3 Point! これらは**特定用途に付随している部分**であり必要不可欠なものである． ○

A4 Point! **特定用途に供される部分**として延べ面積に含める． ×

A5 Point! 電力事業者の**地下式変電所**の面積は，延べ面積に含めない． ×

A6 Point! **ロビー**は映画館と一体である． ○

A7 Point! **病院，診療所**は特定建築物の用途にならない． ×

A8 Point! **地下街の地下道**は建築基準法の建築物から除外される． ×

A9 Point! **公共駐車場**は，民間の集会場ビルとは管理主体が異なり，特定用途に供される部分として延べ面積に含めない． ×

☒ **Q10** 百貨店内の商品倉庫は，特定用途に供される部分として延べ面積に含める．

☒ **Q11** 百貨店ビルに隣接し，独立して設置された客用立体駐車場は，特定用途に供される部分として延べ面積に含めない．

☒ **Q12** ホテル内に設けられた結婚式場は，特定用途に供される部分として延べ面積に含めない．

☒ **Q13** 店舗ビル内のビル所有者の住居部分は，特定用途に供される部分として延べ面積に含めない．

☒ **Q14** 駅ビル内部のプラットホームの部分は，特定用途に供される部分として延べ面積に含める．

☒ **Q15** 駅ビル内に設置された鉄道線路敷地内の運転保安施設は，特定用途に供される部分として延べ面積に含めない．

特定建築物の届出

☒ **Q1** 届出の書類は，特定建築物の所在場所を管轄する都道府県知事（保健所を設置する市又は特別区にあっては，市長又は区長.）に提出する．

☒ **Q2** 届出義務者は，所有者や特定建築物の全部の管理について権原を有する者である．

☒ **Q3** 特定建築物の共有者は，各人がそれぞれ届出を提出しなければならない．

☒ **Q4** 特定建築物が完成したときは，その日から1カ月以内に届け出なければならない．

☒ **Q5** 増築により新たに特定建築物に該当することとなったときは，1カ月以内に届け出なければならない．

☒ **Q6** 届出事項に変更があった場合は，3カ月以内に届け出なけ

A10 Point! **商品倉庫**は百貨店に付属するものなので含める. ○

A11 Point! ただし，百貨店，事務所内に**付属した駐車場**の場合は含める. ○

A12 Point! **特定用途**に供される部分として延べ面積に含める. ×

A13 Point! **住居**は特定用途に含めない. ○

A14 Point! **建築基準法**により，駅ビル内部のプラットホームの部分は建築物から除外され，特定用途の延べ面積に含めない. ×

A15 Point! 鉄道線路敷地内の**運転保安施設**は，建築基準法の建築物には該当しない. ○

A1 Point! **厚生労働大臣**に提出するものではないことに留意. ○

A2 Point! **権原を有する者**とは，所有者などが該当する. ○

A3 Point! 特定建築物の共有者は，**連名で1通の届出**を提出することが望ましい. ×

A4 Point! 特定建築物が**使用されるに至った日から，1カ月以内**に届け出る. ×

A5 Point! 増築後の延べ床面積が**3,000m² 以上**(学校は**8,000m² 以上**) となった場合である. ○

A6 Point! 届出事項に変更があった場合は，**1カ月以内**に届け出ればならない．

☒ Q7 特定建築物に該当しないこととなったときは，届出は不要である．

☒ Q8 国又は地方公共団体の用に供する特定建築物は，届出は免除される．

☒ Q9 届出事項には，特定建築物の名称，所在地，用途，延べ面積，構造設備の概要が含まれる．

☒ Q10 届出には，当該建築物の建築確認済証の写しを添付しなければならない．

☒ Q11 選任された建築物環境衛生管理技術者の免状の原本を添付する必要がある．

☒ Q12 特定建築物の所在場所を管轄する市区町村長の同意書を添付する必要がある．

☒ Q13 特定建築物の届出を長期にわたって行わなかった場合，当該特定建築物の使用停止命令が出る．

☒ Q14 届出をしない場合や，虚偽の届出をした場合は，罰金に処せられる．

帳簿書類

☒ Q1 貯水槽の臨時清掃と修理を実施した記録書類は，5年間保存する．

☒ Q2 維持管理に関する設備の系統を明らかにした図面は，5年間保存する．

☒ Q3 消防設備の点検整備の記録は，建築物における衛生的環境の確保に関する法律に基づき特定建築物に備え付けておかなくてはならない帳簿書類である．

なければならない. ×

A7 Point! 特定建築物に該当しないこととなったときは，**1カ月以内に届け出る**. ×

A8 Point! 国又は地方公共団体の用に供する特定建築物でも，**届出は免除されない**. ×

A9 Point! **特定建築物届**の書式については，各自治体により異なる. ○

A10 Point! 添付不要. **建物の竣工年月日の記載も不要**. ×

A11 Point! 免状の写しは添付書類として求められる. ×

A12 Point! 添付不要. そのほか，**土地建物の登記簿の謄本を添付する必要もない**. ×

A13 Point! 特定建築物の届出を長期にわたって行わなかった場合でも，当該特定建築物の**使用の停止処分は受けない**. ×

A14 Point! **30万円以下の罰金**の適用がある. ○

A1 Point! 空気環境測定の結果，ねずみ等の生息状況調査結果と駆除を実施した記録書類，清掃の実施と廃棄物の処理量の記録書類など，**図面以外は5年間保存**である. ○

A2 Point! **図面**については，法令上明確な保存期間の記述はないので，**永久保存**と解釈する. ×

A3 Point! 消防設備の点検整備の記録の備え付けは建築物における衛生的環境の確保に関する法律ではなく，**消防法で規定**されている. ×

建築物環境衛生管理基準（概要）

☒ **Q1** 建築物環境衛生管理基準は，建築物の環境衛生上良好な状態を確保するために必要な構造設備について定めている．

☒ **Q2** 建築物環境衛生管理基準は，最低許容限度の基準を定めている．

☒ **Q3** 特定建築物以外であっても，多数の者が使用し，又は利用する建築物の維持管理の権原を有するものは，建築物環境衛生管理基準に従って維持管理するよう努めなければならない．

☒ **Q4** 建築物環境衛生管理基準に適合しない場合，改善命令が出される．

☒ **Q5** 特定建築物の維持管理権原者は，建築物環境衛生管理基準に従って維持管理をしなければならない．

☒ **Q6** 建築物環境衛生管理基準を定め，建築物環境衛生管理技術者にその遵守を義務付けている．

☒ **Q7** 届出の様式は，建築物衛生法施行規則で定められている．

建築物環境衛生管理基準（空気環境の測定）

☒ **Q1** 空気環境の測定は，6カ月以内ごとに1回，定期に実施すること．

☒ **Q2** 室内空気中のホルムアルデヒドの測定は，1年以内ごとに1回，6月1日から9月30日の間に定期に実施すること．

A1 Point! 構造設備を定めたものではなく，**維持管理**について定めている． ×

A2 Point! 建築物環境衛生管理基準は，最低許容限度の基準ではなく，**環境衛生上良好な状態を目標**としている． ×

A3 Point! 特定建築物は建築物環境衛生管理基準に従って維持管理する法的義務がある．多数の者が使用し，又は利用する特定建築物以外は，**努力義務**である． ◯

A4 Point! 建築物環境衛生管理基準に適合しないことのみでは，**改善命令は行われない**． ×

A5 Point! 特定建築物の全部の管理について**権原を有する者**は，特定建築物の所有者等に含まれ，建築物環境衛生管理基準に従って**維持管理**をしなければならない． ◯

A6 Point! 遵守義務があるのは特定建築物の所有者等である．所有者等とは，所有者，占有者その他の者で**維持管理について権原を有する者**をいう． ×

A7 Point! 建築物衛生法施行規則で定められていない．届け出を受理する**各自治体が定めた様式はある**． ×

A1 Point! **2カ月以内ごとに1回行う**．空気環境とは，一酸化炭素濃度，二酸化炭素濃度など． ×

A2 Point! 室内空気中のホルムアルデヒドの測定は，**最初に到来する6月1日～9月30日の間に1回実施**すること．毎年ではない． ×

☒ Q3 ホルムアルデヒドは，特定建築物の建築，大規模の修繕，大規模の模様替（もようがえ）を行ったときは，測定しなければならない．

☒ Q4 空気環境の測定箇所は，各階ごとにそれぞれの居室の任意の場所で行う．

☒ Q5 空気環境の測定位置は，床上75 cm以上120 cm以下において行う．

☒ Q6 温度の測定には，1度目盛以上の性能のある温度計を使用する．

☒ Q7 一酸化炭素の含有率の測定は，検知管方式による一酸化炭素検定器（これと同程度以上の性能を有する測定器を含む．）を使用する．

☒ Q8 気流の測定には，0.5 m/s以上の気流を測定することのできる風速計（これと同程度以上の性能を有する測定器を含む．）を使用する．

☒ Q9 気流の測定結果は，瞬時値で判断する．

☒ Q10 トルエン，キシレンの検査も空気環境測定に含める．

☒ Q11 管理基準には，照度，振動，騒音の基準値も示されている．

☒ Q12 空気調和設備を有する場合の温度は，17℃以上28℃以下である．

☒ Q13 空気調和設備を有する場合の相対湿度は，30％以上70％以下である．

☒ Q14 空気調和設備を有する場合の一酸化炭素の含有率は，10 ppm以下である．

A3 Point! 大規模の修繕とは，**主要構造部**（壁，はり，屋根など）の過半の修繕をいう．大規模の模様替とは，同じく過半の模様替をいう．　○

A4 Point! **居室の中央部**で行う．　×

A5 Point! **床上75 cm以上150 cm以下**において行う．測定用台車に載せて測定する．　×

A6 Point! **0.5度目盛以上**の性能のある温度計を使用する．相対湿度も同様に0.5度目盛以上の乾湿球温度計を使用する．　×

A7 Point! **検知管方式**は，一酸化炭素の含有量の測定のほか，二酸化炭素などの測定においても使用される．　○

A8 Point! 気流の測定には，**0.2 m/s以上**の気流を測定することのできる風速計を使用する．　×

A9 Point! 温度，湿度も**瞬時値**で判断する．　○

A10 Point! **空気環境測定**の定めなし．　×

A11 Point! 照度，振動，騒音の**基準値は示されていない**．　×

A12 Point! 令和４年４月から改正施行された．温度は，**18℃以上28℃以下**とする．

「居室における温度を外気の温度より低くする場合は，その差を著しくしない」という規定は変更なし．　×

A13 Point! 相対湿度は，**40％以上70％以下**である．　×

A14 Point! 令和４年４月から改正施行され**6 ppm以下**となった．「大気中の一酸化炭素の含有率が10 ppmを超える場合は，20 ppmまで認められる」という特例は廃止された．　×

☒ Q15 空気調和設備を有する場合の二酸化炭素の含有率は，1,000 ppm以下である．

☒ Q16 空気調和設備を有する場合のホルムアルデヒドの量は，空気1 m^3につき0.1 mg以下である．

☒ Q17 空気調和設備を有する場合の浮遊粉じんの量は，空気1 m^3につき0.15 mg以下である．

☒ Q18 浮遊粉じんの量は，相対沈降径がおおむね10 μm以下の浮遊粉じんを対象としている．

☒ Q19 浮遊粉じんの量は，通常の居室の使用時間中の平均値で判定する．

☒ Q20 空気調和設備を有する場合の気流は，1 m/s以下とする．

☒ Q21 機械換気設備を設けている特定建築物については，浮遊粉じんの量，一酸化炭素の含有率，二酸化炭素の含有率，温度及びホルムアルデヒドの量の5項目の基準を遵守する．

☒ Q22 空気環境の測定は，1日1回測定すればよい．

☒ Q23 浮遊粉じんの量の測定に，経済産業大臣の登録を受けた者により較正された機器を使用した．

建築物環境衛生管理基準（清掃・ねずみ防除）

☒ Q1 統一的な大掃除は，1年以内ごとに1回，定期に実施すること．

☒ Q2 送風ダクトの清掃は，1年以内ごとに1回，定期に行うこと．

☒ Q3 ねずみ等の発生場所，被害状況等に関する統一的調査は，6カ月以内ごとに1回，定期に実施すること．

☒ Q4 食料を取扱う区域等，特に「ねずみ等」が発生しやすい箇所について，6カ月以内ごとに1回，その生息状況等を調査する．

A15 Point! 大気中の二酸化炭素濃度の**およそ2倍**が許容値となっている. ○

A16 Point! ホルムアルデヒドの量は，0.1 mg/m³以下である. ○

A17 Point! 浮遊粉じんの量は，0.15 mg/m³以下である. ○

A18 Point! **10 μmを超える浮遊粉じん**は，すぐに沈降するので対象外である. ○

A19 Point! 浮遊粉じんの量は，**平均したものを測定値とする**. 一酸化炭素，二酸化炭素も同様. ○

A20 Point! 気流は，**0.5 m/s以下**である. ×

A21 Point! 機械換気設備を設けている特定建築物については，温度制御はできないので，**温度は除外**される. ×

A22 Point! 測定を行う場合は，**1日2回以上測定**することが必要である. ×

A23 Point! **厚生労働大臣の登録**を受けた者により較正された機器を使用する. ×

A1 Point! 統一的な**大掃除は6カ月以内ごと**に1回，定期に実施する. ×

A2 Point! **送風ダクトの清掃**については規定なし. ×

A3 Point! 一般的な調査は**6カ月以内ごと**に1回である. ○

A4 Point! ねずみ等が発生しやすい箇所については，**2カ月以内ごと**に1回，その生息状況等を調査する. ×

建築物環境衛生管理基準（給排水・給湯）

☒ **Q1** 飲用のために給水設備を設ける場合は，水道法第4条の規定による水質基準に適合する水を供給する．

☒ **Q2** 飲料水に井戸水等自己水源を利用している場合には，水道法の水質基準は適用されない．

☒ **Q3** 飲料水に含まれる残留塩素の検査を10日以内ごとに1回，定期に行い，水が汚染されていないことを確認する．

☒ **Q4** 給水栓における水に含まれる遊離残留塩素の含有率を，100万分の0.1以上に保持する．

☒ **Q5** 貯水槽清掃後の水張り終了後，給水栓及び貯水槽内における遊離残留塩素の含有率を100万分の0.2以上に保持していることを確認する．

☒ **Q6** 給水栓における水に含まれる遊離残留塩素の含有率を100万分の0.1以上（結合残留塩素の場合は，100万分の0.4以上）に保持する．

☒ **Q7** 給湯用の貯湯槽の清掃は，2年以内ごとに1回，定期に行う．

☒ **Q8** 供給する水が人の健康を害するおそれがあることを知ったときは，直ちに検査を実施する．

☒ **Q9** 水道事業者が供給する水（水道水）を直結給水により，特定建築物内に飲料水として供給する場合，定期の水質検査を行う必要はない．

☒ **Q10** 加湿装置の清掃は，6カ月以内ごとに1回，定期に実施すること．

☒ **Q11** 排水設備の掃除は，6カ月以内ごとに1回実施する．

☒ **Q12** 貯水槽の清掃は，1年以内ごとに1回，定期に実施すること．

A1 Point! 水道法第4条には，水道による水は**病原生物に汚染されていない**ことなどが規定されている． ○

A2 Point! 井戸水等であっても**水質基準は適用**される． ×

A3 Point! 残留塩素の検査は**7日以内ごと**に1回確認する． ×

A4 Point! 末端の給水栓において，**0.1 mg/L以上**の残留塩素濃度であること． ○

A5 Point! 貯水槽清掃後は，**通常時の残留塩素の2倍**であることを確認する． ○

A6 Point! 遊離残留塩素の含有率は，**0.1 mg/L以上**，結合残留塩素の場合は，**0.4 mg/L以上**ということ． ○

A7 Point! 給湯用の貯湯槽の清掃は，**1年以内ごと**に1回，定期に行う． ×

A8 Point! **直ちに給水を停止**し，その水を使用することが危険である旨を関係者に周知する．また，**水質検査を実施**する． ×

A9 Point! 貯水槽（受水槽）を設けた場合は，**定期の水質検査**を行う必要がある． ○

A10 Point! **1年以内ごとに1回**実施する． ×

A11 Point! ねずみの調査と同様**6カ月以内ごと**である． ○

A12 Point! 貯湯槽，冷却塔，冷却水の水管，加湿装置も**1年以内ごと**に1回実施する． ○

建築物環境衛生管理基準（雑用水）

☒ **Q1** 雑用水の給水栓における遊離残留塩素の含有率は特に規定はない．

☒ **Q2** 散水，修景又は清掃の用に供する水にあっては，遊離残留塩素，pH値，臭気及び外観の検査を，1カ月以内ごとに1回，定期に行うこと．

☒ **Q3** 散水，修景又は清掃の用に供する水にあっては，し尿を含む水を原水として用いないこと．

☒ **Q4** 散水，修景又は清掃の用に供する水にあっては，大腸菌及び濁度の検査を，6カ月以内ごとに1回，定期に行うこと．

☒ **Q5** 水洗便所の用に供する水の外観に関する基準は，ほとんど無色透明であること．

☒ **Q6** 冷却塔及び加湿装置に供給する水は，雑用水を用いてもよい．

建築物環境衛生管理技術者

☒ **Q1** 特定建築物の所有者等に，建築物環境衛生管理技術者の選任を義務付けている．

☒ **Q2** 建築物環境衛生管理技術者は，環境衛生上の維持管理に関する管理業務計画及び建物改修計画を策定する．

☒ **Q3** 建築物環境衛生管理技術者は，建築物環境衛生管理基準に従って維持管理が行われるよう，環境衛生上の維持管理業務を指揮監督する．

☒ **Q4** 建築物環境衛生管理技術者は，建築物環境衛生管理基準に関する測定又は検査結果等の評価を行う．

A1 **Point!** **飲料用と同じく**，雑用水においても遊離残留塩素の含有率を100万分の0.1以上（結合残留塩素の場合は，100万分の0.4以上）に保持する．　×

A2 **Point!** 給水に準じて，**7日以内ごと**に1回実施する．雑用水も，飲料水同様に遊離残留塩素の検査は，7日以内ごとに1回，定期に行う．　×

A3 **Point!** ただし，水洗便所で使用する原水は，**し尿を含む水**であってもよい．　○

A4 **Point!** **2カ月以内ごと**に1回，定期に行う．　×

A5 **Point!** ほとんど**無色透明**ということは，完全に無色透明でなくてもよいということになる．　○

A6 **Point!** 水道法第4条に規定する**水質基準に適合する水**を供給することが求められる．　×

A1 **Point!** 特定建築物届出時に，**建築物環境衛生管理技術者免状**の写しを添付するなど．　○

A2 **Point!** **建物改修計画**の策定業務は課されていない．　×

A3 特定建築物が管理基準に従って維持管理が行われているかだけではなく，照明や騒音の防止など，**環境衛生に関する事項の維持管理**も行う．　○

A4 **Point!** **建築物環境衛生管理基準**に従って管理監督する．　○

☒ Q5 建築物環境衛生管理技術者は，特定建築物の所有者，占有者その他の者で当該特定建築物の維持管理について権原を有する者に対し，意見を述べることができる．

☒ Q6 環境衛生上必要があると認められるときは，特定建築物維持管理権原者に対して設備改善等を命令することができる．

☒ Q7 同時に2以上の特定建築物の建築物環境衛生管理技術者となることは，認められない．

☒ Q8 特定建築物に選任された建築物環境衛生管理技術者は，登録営業所の監督者と兼務することができる．

☒ Q9 特定建築物に選任された建築物環境衛生管理技術者は，当該特定建築物に常駐しなくてはならない．

☒ Q10 特定建築物における技術者の選任には，直接の雇用関係を必要とする．

☒ Q11 特定建築物に選任された建築物環境衛生管理技術者を変更した場合，1カ月以内に届け出なければならない．

☒ Q12 建築物環境衛生管理技術者は，特定建築物の維持管理に関し必要な事項を記載した帳簿書類を備えておかなければならない．

☒ Q13 特定建築物に環境衛生上著しく不適当な事態が存在したときは，選任された建築物環境衛生管理技術者に罰則が適用される．

☒ Q14 建築物環境衛生管理技術者が管理業務の指揮監督を怠り健康被害が発生した場合は，建築物環境衛生管理技術者に対して罰則の適用がある．

A5 Point! 権原を有する者は，建築物環境衛生管理技術者の**意見を尊重**しなければならない. ○

A6 Point! 命令することはできない. **意見を述べる**ことができる. ×

A7 Point! 業務の遂行に支障がなければ**兼務が可能**である．適正な業務量なら数の上限はない. 令和４年４月から**改正施行**. ×

A8 Point! 登録営業所の監督者との兼務は認められていない. ×

A9 Point! 建築物環境衛生管理技術者は，当該特定建築物に**常駐しなくてもよい**. ×

A10 Point! 直接の雇用関係を必要とせず，**委託関係でもよい**. ×

A11 Point! 変更は**１カ月以内**に届け出る. ○

A12 Point! 建築物環境衛生管理技術者にその義務はない．帳簿書類の備え付けは，**所有者等の義務**である. ×

A13 Point! そのような規定はなく，適用されない．**建築物所有者等**が責を負う. ×

A14 Point! 当該法律に違反したときなどには，**厚生労働大臣**は免状返納を命ずることができるが，このような具体的事例に対しての規定はない. ×

建築物環境衛生管理技術者免状

☒ **Q1** 免状は，都道府県知事が交付する．

☒ **Q2** 免状は，建築物環境衛生管理技術者試験に合格した者のみに対し，厚生労働大臣が交付する．

☒ **Q3** 免状の交付を受けている者は，免状を失くした場合は，免状の再交付を申請することができる．

☒ **Q4** 免状の交付を受けている者は，免状の記載事項に変更を生じたときは，免状の再交付を申請することができる．

☒ **Q5** 免状の交付を受けている者が，建築物における衛生的環境の確保に関する法律に違反したときは，その免状の返納を命じられることがある．

☒ **Q6** 建築物における衛生的環境の確保に関する法律に基づく処分に違反して罰金の刑に処せられた者で，その執行が終わった日から起算して2年を経過しない者には，免状が交付されない場合がある．

☒ **Q7** 免状の返納の命令に違反して免状を返納しなかった場合でも，罰則の適用を受けることはない．

☒ **Q8** 免状を受けている者が死亡した場合，戸籍法に規定する届出義務者は，3カ月以内に免状を返還しなくてはならない．

☒ **Q9** 特定建築物所有者等が建築物環境衛生管理技術者を選任しなかった場合には，特定建築物所有者等に罰則の適用がある．

☒ **Q10** 建築物環境衛生管理技術者の免状の再交付を受けた後，失った免状を発見したときは，7日以内にこれを厚生労働大臣に返還する．

☒ **Q11** 建築物環境衛生管理技術者の免状の記載事項に変更を生じ

A1 Point! **厚生労働大臣が交付**する. ×

A2 Point! 免状は，厚生労働大臣の登録を受けた者が行う**講習会を修了した者**又は建築物環境衛生管理技術者**試験に合格した者**に対し，厚生労働大臣が交付する. ×

A3 Point! 免状を汚したり，破ったりした場合も**再交付申請**できる. ○

A4 Point! 免状の再交付ではなく，**書換え交付**を申請することができる. ×

A5 Point! 厚生労働大臣から免状の返納を命じられ，その日から起算して**1年を経過しない者**には，免状の交付を行わないことができる．なお，罰金刑の場合は，2年間免状交付されない. ○

A6 Point! **建築物における衛生的環境の確保に関する法律**第7条2項. ○

A7 Point! 正当な理由なくして，免状の返納の命令に違反して免状を返納しなかった者は，**罰則の適用**を受ける. ×

A8 Point! **1カ月以内**に免状を返還する. ×

A9 Point! 建築物環境衛生管理技術者の**名義貸し**も罰則が適用される. ○

A10 Point! 免状の再交付を受けた後，失った免状を発見したときは，**5日以内**に，これを厚生労働大臣に返還するものとする.(施行規則第12条) ×

A11 Point! 免状を破り，よごし，又は失ったときは，厚生労働大

たときは，厚生労働大臣に免状の書換え交付を申請しなければならない．

立入検査

☒ Q1 厚生労働大臣は，特定建築物所有者等に対し，必要な報告，説明をさせ，又はその職員に特定建築物に立ち入り，その設備，帳簿書類その他の物件を検査させ，若しくは関係者に質問させることができる．

☒ Q2 特定建築物に対する立入検査は，犯罪捜査のために認められたものではない．

☒ Q3 特定建築物内にある住居に対する立入検査は，居住者の承諾を必要としない．

☒ Q4 特定建築物以外の多数の者が使用し利用する建築物に対しても立入検査をすることができる．

☒ Q5 特定建築物に対する立入検査は，事前に立入検査の日時を通知しなければならない．

☒ Q6 維持管理が建築物環境衛生管理基準に従って行われていないときは，直ちに改善命令を出さなければならない．

☒ Q7 特定建築物の所有者等は，都道府県知事から改善命令を受けたときは，選任されている建築物環境衛生管理技術者を解任しなければならない．

☒ Q8 特定建築物に立ち入る場合は，当該特定建築物の建築物環境衛生管理技術者に立会を求めなければならない．

☒ Q9 特定建築物の立入検査の職権を行う職員を，環境衛生監視員と称する．

☒ Q10 立入検査の権限は，保健所を設置する市の市長及び特別区

臣に免状の再交付を**申請することができる**．再交付申請する義務はない． ×

A1 Point! 特定建築物所有者等に対し，報告，説明させることや，立ち入りして検査等を行うのは厚生労働大臣ではなく，**都道府県知事**である． ×

A2 Point! 立入検査は**犯罪捜査ではない**． ○

A3 Point! **居住者の承諾**を必要とする． ×

A4 Point! 特定建築物以外の建築物に対しては，**立入検査**をすることができない． ×

A5 Point! **日時の通知は不要**．建築物における衛生的環境の確保に関する法律には，立入検査の日時の通知に関する規定はない． ×

A6 Point! 直ちに**改善命令**とはならない． ×

A7 Point! 改善命令を受けた程度では**解任されない**． ×

A8 Point! 建築物環境衛生管理技術者の立会に関しては定められておらず，**立会の義務はない**． ×

A9 Point! **環境衛生監視員**は，主に保健所に勤務する地方公務員である． ○

A10 Point! **立入検査の権限**は，都道府県知事だけでなく，保健所

の区長には付与されていない．

国又は地方公共団体の用に供する特定建築物に関する特例

☒ **Q1** 都道府県知事等は，国又は地方公共団体の特定建築物について立入検査を行うことができる．

☒ **Q2** 国又は地方公共団体の特定建築物については，建築物環境衛生管理基準は適用されない．

☒ **Q3** 都道府県知事は，必要な説明文や資料の提出を求めることができる．

☒ **Q4** 都道府県知事等は，国又は地方公共団体の特定建築物について設備や維持管理に関する改善を命じることができる．

☒ **Q5** 環境衛生上著しく不適当な事態が存すると認めた時は，都道府県知事等は必要な措置を勧告することができる．

☒ **Q6** 特定建築物の届出は必要であるが，建築物環境衛生管理技術者の選任は不要であり，建築物環境衛生管理基準も適用されない．

事業の登録

☒ **Q1** 登録制度は，事業者の資質の向上を図っていくために設けられた．

☒ **Q2** 事業の登録を受けないで，登録の表示及び類似の表示はできない．

☒ **Q3** 登録を受けないと，特定建築物の環境衛生上の維持管理業務を行うことはできない．

☒ **Q4** 事業の登録は，市町村長に申請する．

☒ **Q5** 事業の登録の有効期間は，5年間である．

を設置する市の市長と特別区の区長にも付与されている. ×

A1 Point! 国又は地方公共団体の特定建築物の**立入検査はできない**. ×

A2 Point! 国又は地方公共団体の特定建築物についても, **建築物環境衛生管理基準は適用**される. ×

A3 Point! 国又は地方公共団体の特定建築物でも, **資料の提出**等を求めることができる. ○

A4 Point! **改善**を命じることはできない. ×

A5 Point! 改善命令は出せないが, **勧告**することができる. ○

A6 Point! 特定建築物の届出, **建築物環境衛生管理技術者**の選任も必要であり, **建築物環境衛生管理基準**は適用される. ×

A1 Point! 令和5年現在, **8業種が登録対象**となっている. ○

A2 Point! 登録を受けたものが, **登録業者である旨の表示**ができる. ○

A3 Point! 登録を受けなくても, 特定建築物の環境衛生上の**維持管理業務を行うことができる**. ×

A4 Point! **都道府県知事に申請**する. 事業の登録に関する事務は都道府県知事が行う. ×

A5 Point! **6年間**である. ×

☒ Q6 登録基準として，財務管理基準が定められている．

☒ Q7 登録を受けるには，機械器具（物的要件）のみが一定の基準を満たしていればよい．

☒ Q8 都道府県知事は，登録業者に対して必要な報告をさせることができる．

☒ Q9 事業の登録は，複数の営業所を統括する本社が代表で一つの事業として登録を受ける．

☒ Q10 登録営業所が登録基準に適合しなくなったときは，その登録を取り消されることがある．

☒ Q11 監督者等は，複数の営業所の監督者等を兼務することができる．

☒ Q12 建築物環境衛生管理技術者として特定建築物に選任されている者は，登録事業の監督者等と兼務することができる．

☒ Q13 登録事業に従事するパート，アルバイトは従事者研修の対象外である．

☒ Q14 建築物環境衛生管理技術者の免状によって監督者となったものであっても，事業登録の更新により引き続き監督者となる場合は，6年ごとの再講習を受講する．

☒ Q15 建築物空気調和用ダクト清掃業は，機械器具を適切に保管することのできる専用の保管庫が必要である．

☒ Q16 厚生労働大臣が指定した登録業者等の団体（指定団体）は，登録業者の受託料金を統一するよう指導しなければならない．

☒ Q17 登録の基準には，事故発生時の補償対応については定めら

A6 Point! **財務管理基準**は登録の要件にはない. ×

A7 Point! 事業に従事する者の資格などの**人的要件**も必要である. ×

A8 Point! **書面**で回答する. ○

A9 Point! **営業所ごと**に受ける. 本社で登録を行っても, 支社で登録業者である旨を表示することはできない. ×

A10 Point! **人的要件**, **物的要件**のいずれかが適合しなくなった場合が該当する. ○

A11 Point! **兼務はできない**. 同一営業所の2以上の登録事業の監督者となることもできない. ×

A12 Point! 兼務できない. ×

A13 Point! パート, アルバイトであっても**従事者研修の対象**である. 建築物清掃業において, 原則として, 1年に1回以上研修を受講するが, 全員を集めて一度に実施しなくてもよい. ×

A14 Point! 建築物環境衛生管理技術者の免状によって**監督者**になれるのは, 8業種のうち, **ダクト清掃**, **貯水槽清掃**, **排水管清掃**の3つである. また, 空気環境測定の実施者になることもできる. ○

A15 Point! **保管庫**が必要なのは, **貯水槽清掃**, **排水管清掃**, **ねずみ昆虫等防除**の3つである. なお, 飲料水水質検査業は, 検査室が必要である. ×

A16 Point! 技術上の**基準の設定**, 業務についての**指導**, 業務に必要な知識や技能についての**研修**, 登録業者の業務に従事する者の**福利厚生施設**についての業務がある. ×

A17 Point! **人的要件**, **物的要件**, **作業の方法**などが定められてい

れていない.

登録できる業務

☒ **Q1** 建築物の廃棄物処理を行う事業（建築物廃棄物処理業）は，登録の対象になっている業種である.

☒ **Q2** 建築物の空気調和設備の管理を行う事業（建築物空気調和設備管理業）は，登録の対象になっていない業種である.

☒ **Q3** 建築物の浄化槽の清掃を行う事業（建築物浄化槽清掃業）は，登録の対象になっている業種である.

☒ **Q4** 建築物の排水槽の清掃を行う事業（建築物排水槽清掃業）は，登録の対象になっていない業種である.

罰則

☒ **Q1** 都道府県知事が行う特定建築物への立入検査を拒んだ場合は，罰則を受ける.

☒ **Q2** 都道府県知事の立入検査の際，正当な理由がないのに質問に答えなかった場合は，罰則を受ける.

☒ **Q3** 特定建築物の維持管理に関する帳簿書類を備えていなかった場合は，罰則を受ける.

☒ **Q4** 受水槽を設けている特定建築物において，受水槽の清掃を行わなかった場合は，所有者等への罰則が適用される.

☒ **Q5** 特定建築物に建築物環境衛生管理技術者の選任を行わな

る.　○

A1 **Point!** 建築物の廃棄物処理を行う事業(建築物廃棄物処理業)は，登録の対象になっていない業種である.

登録対象は，建築物清掃業，建築物空気環境測定業，建築物空気調和用**ダクト清掃業**，建築物飲料水水質検査業，建築物飲料水貯水槽清掃業，建築物**排水管清掃業**，建築物ねずみ昆虫等防除業，建築物環境衛生総合管理業の**8業種**である.

×

A2 **Point!** 空調用ダクト清掃業はあるが，**空気調和設備の管理はない**.　○

A3 **Point!** 建築物**浄化槽清掃業**は登録の対象外である.　×

A4 **Point!** 建築物**排水槽清掃業**は登録の対象外である．なお，**排水管清掃業**は登録の対象になっている.　○

A1 **Point!** **立入検査**を拒んだら，罰則を受ける.　○

A2 **Point!** 正当な理由なく**質問に回答しない**と罰則を受ける.　○

A3 **Point!** 帳簿書類に**虚偽の記載**をした場合も罰則を受ける.　○

A4 **Point!** 受水槽の清掃を行わなかっただけでは，罰則の適用は受けない．**改善命令に従わなかった場合**は罰則を受ける.　×

A5 **Point!** 建築物環境衛生管理技術者を選任しない場合，**罰則**の

かった者は，罰則を受ける．

☒ Q6 建築物環境衛生管理基準を遵守しない者は，罰則が適用される．

廃棄物の処理及び清掃に関する法律

☒ Q1 この法律は，廃棄物の排出を抑制し，及び廃棄物の適正な分別，保管，収集，運搬，再生，処分等の処理をし，並びに生活環境を清潔にすることにより，生活環境の保全及び公衆衛生の向上を図ることを目的としている．

☒ Q2 国内において生じた廃棄物は，なるべく国内において適正に処理されなければならない．

☒ Q3 放射性廃棄物は，廃棄物の処理及び清掃に関する法律に規定する廃棄物に該当する．

☒ Q4 事業者は，その事業活動に伴って生じた廃棄物を，自らの責任において適正に処理しなければならない．

☒ Q5 事業活動に伴って生じた廃棄物のうち，建築物の除去に伴って生じたがれき類は一般廃棄物である．

☒ Q6 都道府県は，当該市町村の区域内の一般廃棄物の処理に関する計画を定めなければならない．

☒ Q7 市町村は，一般廃棄物を生活環境の保全上支障が生じないように収集，運搬，処分しなければならない．

☒ Q8 市町村長は，その区域内の建築物の占有者に対し，一般廃棄物の減量に関する計画の作成を指示することができる．

☒ Q9 一般廃棄物の収集又は運搬を業として行おうとする者は，市町村長の許可を受けなければならない．

対象となる.　○

A6 Point! **建築物環境衛生管理基準**を遵守しないだけで，罰則が適用されるものではない.　×

A1 Point! 法律第1条の規定する目的に関する条文である．同法律は**環境省が所管**している.　○

A2 Point! 国外において生じた廃棄物は，**輸入が制限**されなければならない.　○

A3 Point! **放射性廃棄物**は，廃棄物の処理及び清掃に関する法律に規定する廃棄物に該当しない.　×

A4 Point! 自らの責任とは，許可を受けた**廃棄物処理業者へ委託**することを含む.　○

A5 Point! **産業廃棄物**である.　×

A6 Point! 市町村は，当該市町村の区域内の**一般廃棄物の処理**に関する計画を定めなければならない.　×

A7 Point! 収集・運搬＋処分＝**処理**である.　○

A8 Point! 建築物の**占有者**は，管理する建築物の清潔を保つように努めなければならない.　○

A9 Point! 産業廃棄物は**都道府県知事**の許可.　○

学校保健安全法

☒ **Q1** 学校保健計画の立案への参与は，学校医の職務である．

☒ **Q2** 水泳プールの水の検査は，学校薬剤師の職務である．

☒ **Q3** 健康診断は学校薬剤師の職務である．

☒ **Q4** 学校における医薬品の管理に関する指導は，学校薬剤師の職務である．

☒ **Q5** 教室の照度の検査は，学校薬剤師の職務ではない．

☒ **Q6** 疾病の予防措置に従事するのは，学校薬剤師の職務である．

☒ **Q7** 学校保健安全法における学校環境衛生基準の検査項目に，振動レベルは定められていない．

☒ **Q8** 学校保健安全法における学校環境衛生基準の検査項目に，騒音レベルは定められている．

感染症の予防及び感染症の患者に対する医療に関する法律

☒ **Q1** この法律は，感染症の予防及び感染症の患者に対する医療に関し必要な措置を定めることにより，感染症の発生を予防し，及びそのまん延の防止を図り，もって公衆衛生の向上及び増進を図ることを目的とする．

☒ **Q2** 百日咳は，医師が診断後，都道府県知事に直ちに届け出なければならない感染症である．

地域保健法

☒ **Q1** 平成6年に成立した地域保健法は，それまでの保健所法を名称変更し，内容を大幅に改正したものである．

☒ **Q2** 保健所では，国民健康保険に関する業務を行っている．

A1 Point! **学校薬剤師**の職務である. ×

A2 Point! **残留塩素濃度**など. ○

A3 Point! 健康診断は**学校医**の職務である. ×

A4 Point! 保健室の**医薬品**などの管理指導. ○

A5 Point! **学校薬剤師**の職務である. ×

A6 Point! **学校医**の職務である. ×

A7 Point! **運動場**の微小粒子状物質の濃度, 土壌汚染, 落下細菌, 光化学オキシダントなども定められていない. ○

A8 Point! **騒音**のほか, 温度, 換気, 照度, 水泳プールの水質, 校舎内のネズミの生息状況なども検査項目にある. ○

A1 Point! 法律第1条の規定する目的に関する条文である. 同法は「**感染症法**」と略称されることがある. ○

A2 Point! **百日咳**は感染症の類別で**5類**に該当し, **7日以内に届け出**ればよい. 1類～4類及び新型インフルエンザ感染症は直ちに届け出る. ×

A1 Point! 保健所は, 多数の者が使用し, 又は利用する建築物の維持管理について, **環境衛生上の相談**に応じ, 及び環境衛生上必要な**指導**を行なうことが明記されている. ○

A2 Point! 保健所で**国民健康保険**に関する業務を行わない. ×

☒ Q3 地域保健法により，保健所には，環境衛生指導員が置かれている．

☒ Q4 都道府県が設置する保健所は，市町村の求めに応じ，技術的助言を行うことができる．

☒ Q5 全国に設置されている保健所のうち，都道府県が設置している保健所が最も多い．

☒ Q6 市町村保健センターは，地域保健法により設置が定められている．

☒ Q7 保健所長は，原則として医師をもって充てる．

☒ Q8 特別区には，保健所が設置されている．

☒ Q9 介護認定に関する事項は，保健所の事業に含まれる．

☒ Q10 地域保健対策の推進に関する基本的な指針には，対人保健のほか，建築物衛生に関わる事項も含まれている．

☒ Q11 都道府県知事は，保健所の所管区域を設定するに当たり，事前に厚生労働大臣の承認を受けなければならない．

下水道法

☒ Q1 下水道法は，流域別下水道整備総合計画の策定に関する事項並びに公共下水道，流域下水道及び都市下水路の設置その他の管理の基準等を定めて，下水道の整備を図り，もって都市の健全な発達及び公衆衛生の向上に寄与し，あわせて公共用水域の水質の保全に資することを目的とする．

☒ Q2 公共下水道に流入させるための排水設備は，公共下水道を管理する者が設置する．

A3 Point! **環境衛生指導員**ではなく，保健所には**環境衛生監視員**が置かれている． ×

A4 Point! 都道府県は**保健所**を設置しているが，市町村は政令市，中核市，ごく一部の市を除いて設置していない． ○

A5 Point! 令和４年度に全国468の保健所があり，そのうち都道府県が設置した保健所は355である．（**約75 %**） ○

A6 Point! **市町村保健センター**は，住民に対して健康相談，保健指導などを行うことを目的とした施設である． ○

A7 Point! **原則として医師**だが，一定の要件を満たせば，医師以外でも保健所長になることができる． ○

A8 Point! **東京23区**には区立の保健所が設置されている． ○

A9 Point! 含まれない．その他含まれないものとして，**国民健康保険**，社会福祉に関する思想の普及及び向上，児童虐待の防止などがある． ×

A10 Point! 令和４年２月，新型コロナウイルス感染症の教訓から，保健所の**体制強化，人材確保**を図る改正があった． ○

A11 Point! そのような**規定はない**． ×

A1 Point! 下水道法の第１条に規定された，法の目的に関する条文である．問題文のうち，「**都市の健全な発達**」，「**公衆衛生の向上**」，「**水質保全**」に関する問題が出されている． ○

A2 Point! **土地の所有者**や**建物の所有者等**が設置する． ×

☒ Q3 公共下水道の設置や維持その他の管理は，原則として市町村が行う．

☒ Q4 下水とは，生活若しくは事業に起因し，若しくは付随する廃水をいい，雨水は含まない．

☒ Q5 継続して公共下水道を使用しようとする者は，使用開始の時期などをあらかじめ公共下水道管理者に届け出なければならない．

☒ Q6 厚生労働大臣は，緊急の必要があると認めるときは，公共下水道等の工事又は維持管理に関して必要な指示をすることができる．

☒ Q7 市町村は，下水道の整備に関する総合的な基本計画を定めなければならない．

☒ Q8 終末処理場とは，下水を最終的に処理して河川等に放流するために，下水道の施設として設けられる処理施設及びこれを補完する施設をいう．

☒ Q9 公共下水道の排水区域内の土地の所有者等が，下水を公共下水道に流入させるために必要な排水設備の設置工事については，市町村が費用負担する．

☒ Q10 公共下水道管理者は，公共下水道を設置しようとするときは，あらかじめ，事業計画を定めなければならない．

浄化槽法

☒ Q1 浄化槽設備士及び浄化槽管理士について定めている．

☒ Q2 浄化槽の保守点検は，浄化槽管理士のいる保守点検業者に委託することができる．

☒ Q3 浄化槽法での浄化槽は，6カ月に1回水質に関する定期検査を受けなければならない．

A3 Point! 二以上の市町村が受益し，かつ，関係市町村だけでは設置が困難な場合は，**都道府県が行う**ことができる． ○

A4 Point! **雨水**も含む． ×

A5 Point! **公共下水道管理者**とは，公共下水道の設置，改築，修繕，維持その他の管理を行うものをいう．市町村，二以上の市町村にまたがるときは知事． ○

A6 Point! 下水道法は**国土交通省の所管**であり，厚生労働大臣ではなく，国土交通大臣が正しい．なお，水道法は厚生労働省の所管である． ×

A7 Point! 下水道の整備に関する総合的な基本計画を定めなければならないのは，都道府県である． ×

A8 Point! 終末処理場の**維持管理**は，国土交通省と環境省との共管であり，環境大臣は緊急の必要があると認めるとき，終末処理場の維持管理に関して必要な指示をすることができる． ○

A9 Point! 公共下水道の排水区域内の**土地の所有者，使用者又は占有者**は，その土地の下水を公共下水道に流入させるために必要な排水設備を設置しなければならない． ×

A10 Point! **公共下水道管理者**とは，特別会計で運営される地方自治体（市町村，都道府県）の特別職をいう． ○

A1 Point! **浄化槽設備士**は工事，**浄化槽管理士**は維持． ○

A2 Point! 一般的には**委託**する． ○

A3 Point! **年1回**の水質に関する定期検査を受ける． ×

☒ Q4 処理対象人員が501人以上の浄化槽の浄化槽管理者は，技術管理者を置かなければならない．

☒ Q5 浄化槽管理者は，保守点検の記録を５年間保存しなければならない．

☒ Q6 浄化槽清掃業を営もうとする者は，都道府県知事の許可を受けなければならない．

悪臭防止法

☒ Q1 メタン，一酸化炭素は無臭なので，悪臭防止法に規定する特定悪臭物質に該当しない．

☒ Q2 ホルムアルデヒドは特定悪臭物質である．

旅館業法

☒ Q1 営業者は，営業施設について，換気，採光，照明，防湿及び清潔その他宿泊者の衛生に必要な措置を講じなければならない．

☒ Q2 宿泊しようとする者との面接に適する玄関帳場等を有すること．

☒ Q3 客室の数は５室以上であること．

☒ Q4 客室の床面積は，寝台を置く客室においては９ m² 以上であること．

興行場法

☒ Q1 営業者は，興行場について，換気，照明，防湿及び清潔その他入場者の衛生に必要な措置を講じなければならない．

A4 Point! **技術管理者**は，浄化槽管理士の資格を取得し，講習を受けた者をいう. ○

A5 Point! 保守点検の記録を**3年間保存**しなければならない. ×

A6 Point! 浄化槽清掃業を営もうとする者は，**市町村長の許可**を受ける. ×

A1 Point! **特定悪臭物質**として，アンモニア，硫化水素など**22物質**が定められている. ○

A2 Point! **刺激臭**はあるが，特定悪臭物質ではない. ×

A1 Point! **換気，採光，照明，防湿，清潔**が重要ワードである. ○

A2 Point! **善良の風俗が害される**ような文書，図面その他の物件を旅館業の施設に掲示すること，又は備え付けないことも求められる. ○

A3 Point! 客室は**1室以上**あればよい. ×

A4 Point! **布団を敷く旅館の場合は7 m² 以上**あればよい. ○

A1 Point! **興行場法**第3条に規程された条文である. ○

☒ Q2 興行場とは，演芸又は観せ物を公衆に見せ，又は聞かせる施設をいい，舞台で演じることのない映画は該当しない．

☒ Q3 興行場の営業を行う場合には，興行場法に基づき都道府県知事の許可を得なければならない．

公衆浴場法

☒ Q1 営業者が講じなければならない入浴者の衛生及び風紀に必要な措置の基準については，厚生労働大臣が省令でこれを定める．

☒ Q2 公衆浴場の営業者は，伝染性の疾病にかかっている者と認められる者に対して，入浴を拒まなければならない．

環境基本法

☒ Q1 公害とは，事業活動その他の人の活動に伴って生ずる相当範囲にわたる大気の汚染，水質の汚濁，土壌の汚染，騒音，日照障害，地盤の沈下及び悪臭によって，人の健康又は生活環境に係る被害が生ずることをいう．

☒ Q2 海面の上昇は，環境基本法に規定する公害に該当する．

☒ Q3 ホルムアルデヒドは，環境基本法の大気汚染の環境基準に定められている．

大気汚染防止法

☒ Q1 工場及び事業場における事業活動等に伴うばい煙等の排出等の規制が定められている．

☒ Q2 土壌中の特定有害物質の飛散に係る許容限度が定められて

A2 Point! 興行場は，映画，演劇，スポーツ，演芸又は観せ物を，公衆に**見せる**又は**聞かせる施設**をいう．×

A3 Point! 届出ではなく**許可が必要**である．その他に許可の必要なものとして，旅館業，公衆浴場がある．○

A1 Point! **都道府県条例**で定める．公衆浴場を経営しようとする者は，都道府県知事等の許可を受けなければならない．×

A2 Point! **療養のため**に利用される公衆浴場に関しては，都道府県知事等の許可を受けた営業者は，伝染性の疾病にかかっている者と認められる者に対して入浴を拒まなくともよい．○

A1 Point! **公害**とは，大気の汚染，水質の汚濁，土壌の汚染，騒音，振動，地盤の沈下及び悪臭の7つ．日照障害や電波障害は含まれない．×

A2 Point! **海面の上昇**は，環境基本法に規定する公害に該当しない．×

A3 Point! **ホルムアルデヒド**は，定められていない．×

A1 Point! **ばい煙**とは，燃焼に伴って発生する硫黄酸化物，ばいじん（すす），有害物質のこと．○

A2 Point! 土壌中の**特定有害物質の飛散**に関しては規定されてい

いる．

☒ Q3 大気の汚染の状況の監視，有害大気汚染物質対策の実施の推進が定められている．

水質汚濁防止法

☒ Q1 鉄，亜鉛，錫(すず)は，人の健康に係る被害を生ずるおそれがある物質として定められていない．

☒ Q2 水質汚濁の状況の監視，生活排水対策の推進について定めている．

☒ Q3 事業場から公共下水道に排出される水の排出の規制を定めている．

☒ Q4 事業場からの排出水に関して人の健康被害が生じた場合における事業者の損害賠償責任について定めている．

☒ Q5 公共用水域に排出される水の排出と地下に浸透する水の浸透を規制する．

☒ Q6 都道府県は，国が定めた排水基準よりも厳しい基準を定めることはできない．

☒ Q7 すべての事業場から排出される水について，排水基準以下の濃度で排水することを義務付けている．

労働安全衛生法

☒ Q1 事業者は，労働者の健康に配慮して，労働者の従事する作業を適切に管理するように努めなければならない．

☒ Q2 事業者は，事業場の規模によらず産業医を選任しなければならない．

ない. ×

A3 Point! **有害大気汚染物質**には，硫黄酸化物，窒素酸化物，光化学オキシダントなどが含まれる. ○

A1 Point! **鉄と亜鉛**は，多量に排出されると生活環境に被害を及ぼすおそれのある物質である. ○

A2 Point! 公共用水域に排出される水，地下に浸透する水の規制についても定めている. ○

A3 Point! 事業場から公共下水道に排出される水の排出の規制については，**下水道法**に定められている. ×

A4 Point! **無過失責任**の定めである. ○

A5 Point! 第1条に規定される. **公共用水域**への排出とは河川，湖，海等への排出であって，下水道に排出する場合を含まない. ○

A6 Point! 都道府県は，条例により国が定めた排水基準よりも**厳しい基準**を定めることができる. ×

A7 Point! **特定施設を有する事業場**（特定事業場）から排出される水について，排水基準以下の濃度で排水することを義務付けている. ×

A1 Point! **労働者の安全と健康を確保**して快適な職場環境をつくる. ○

A2 Point! 事業者は**事業場の規模に応じて**産業医を選任する. ×

☒ Q3 有害な業務を行う屋内作業場において，作業環境の測定を行い，その結果を記録しておかなければならない．

☒ Q4 事業場の規模に応じて，健康診断の結果を保健所長に報告しなければならない．

☒ Q5 都道府県知事は，重大な労働災害が発生した場合，事業者に対し特別安全衛生改善計画を作成することを指示することができる．

事務所衛生基準規則

☒ Q1 労働者を常時就業させる室の気積は，設備の占める容積及び床面から4 mをこえる高さにある空間を除き，労働者1人について，8 m³以上としなければならない．

☒ Q2 労働者を常時就業させる室の気温が10℃以下の場合は，暖房する等適当な温度調節の措置を講じなければならない．

☒ Q3 労働者を常時就業させる室の照明設備は，1年以内ごとに1回，定期に，点検しなければならない．

☒ Q4 労働者を常時就業させる室のうち，一般的な事務作業を行う作業面の照度は，300 lx以上としなければならない．

☒ Q5 燃焼器具を使用するときは，毎月1回，当該器具の異常の有無を点検しなければならない．

☒ Q6 男性用小便所の箇所数は，同時に就業する男性労働者50人以内ごとに1個以上設けなければならない．

☒ Q7 労働者を常時就業させる室においては，窓その他の直接外気に向かって開放できる部分の面積が，常時床面積の30分の1以上となるようにするか，有効な換気設備を設けること．

A3 Point! **著しい騒音**を発する屋内作業など. ○

A4 Point! **労働基準監督署長**に報告する. ×

A5 Point! **厚生労働大臣が指示する**. 労働災害防止計画を策定するのも厚生労働大臣であり, 労働関係は地方自治体でなく, 国が直接関与する. ×

A1 Point! 室の気積は, 労働者1人について, **10 m³以上**としなければならない. ×

A2 Point! 建築物における衛生的環境の確保に関する法律で定めた, 空調を行う**居室の温度**(18～28℃)とは異なるので注意. ○

A3 Point! **6カ月以内ごと**に1回, 定期に, 点検しなければならない. ×

A4 Point! 令和4年4月施行された事務所衛生基準規則の改正により, **一般的な事務作業は300 lx以上**, **付随的な事務作業は150 lx以上**となった. ○

A5 Point! 燃焼器具を使用するときは, 毎日, 当該器具の異常の有無を点検しなければならない. ×

A6 Point! **男性労働者30人以内ごとに1個**以上設ける. なお, **女性労働者は20人以内ごとに1個**以上設ける. ×

A7 Point! 常時床面積の**20分の1以上**となるようにするか, 有効な**換気設備**を設ける. ×

☒ Q8 便所は，原則として男性用と女性用を区別して設ける．

建築基準法

☒ Q1 建築主事又は指定確認検査機関は，特定建築物に関して建築確認申請書を受理した場合においては，市町村長に通知しなければならない．

☒ Q2 保健所長は，必要があると認められる場合には，建築基準法に規定する許可又は確認について，特定行政庁，建築主事又は指定確認検査機関に対して意見を述べることができる．

水道法

☒ Q1 味は，異常でないこと．

☒ Q2 臭気は，異常でないこと．

☒ Q3 外観は，完全に無色透明であること．

☒ Q4 pH値は，7±1の範囲にあること．

☒ Q5 大腸菌は，多少検出されてもよい．

☒ Q6 一般細菌は，1 mLの検水で形成される集落数が100以下であること．

☒ Q7 銅及びその化合物は，銅の量に関して，1.0 mg/L以下であること．

☒ Q8 鉄及びその化合物は，鉄の量に関して，3 mg/L以下であること．

☒ Q9 水銀は，一般に無機水銀と有機水銀に分けられる．

☒ Q10 クロロホルムには，発がん性が確認されている．

A8 Point! 令和４年４月施行の事務所衛生基準規則では，労働者が10人以内の場合には例外として，**独立個室型**の便所であれば男女共用の便所が認められることになった．　○

A1 Point! **保健所長に通知**しなければならない．なお，特定建築物とは，「建築物における衛生的環境の確保に関する法律」に該当するものをいう．　×

A2 Point! 特定行政庁とは，**建築主事**を置く市町村の場合は市町村長を，置かない市町村の場合は都道府県知事をいう．建築主事は建築確認申請業務や完成検査などを行う者をいう．　○

A1 Point! **塩素消毒による臭味**はあってもよい．　○

A2 Point! **異常な臭気**とは，植物性臭，土，かび臭など．　○

A3 Point! 外観は，**ほとんど無色透明**であること．　×

A4 Point! pH値は，**5.8以上8.6以下**であること．　×

A5 Point! 大腸菌は，**検出されない**こと．　×

A6 Point! **細菌の集落数**を表す単位は，**cfu**である．colony forming unit.　○

A7 Point! 金属としては，銅及びその化合物の許容値は大きい方である．　○

A8 Point! 0.3 mg/L以下であること．　×

A9 Point! **有機水銀**は極めて毒性が高い．　○

A10 Point! 水道水に微量含まれる（許容値以下）．　○

健康増進法

☒ **Q1** 特定施設等の喫煙禁止場所以外の場所において喫煙をする際，望まない受動喫煙を生じさせることがないよう周囲の状況に配慮しなければならない．

☒ **Q2** 第一種施設とは，多数の者が利用する施設のうち，学校，病院，児童福祉施設その他の受動喫煙により健康を損なうおそれが高い者が主として利用する施設と，国及び地方公共団体の行政機関の事務庁舎をいう．

☒ **Q3** 学校・病院・児童福祉施設での建物内での受動喫煙は防止されているが，敷地内の禁煙の徹底までは図られていない．

☒ **Q4** 医療法に規定する病院は，第一種施設である．

☒ **Q5** 行政機関がその事務を処理するために使用する庁舎は，第二種施設である．

☒ **Q6** 旅館業法により許可を受けたホテルや旅館は，第二種施設である．

A1 Point! 第27条の規定．**特定施設等**とは，特定施設及び旅客運送事業自動車等をいう． ○

A2 Point! 特定施設は，**第一種施設**，**第二種施設**及び**喫煙目的施設**をいう．第二種施設とは，多数の者が利用する施設のうち，第一種施設及び喫煙目的施設以外の施設をいう． ○

A3 Point! 平成30年の健康増進法の改正では受動喫煙の防止の強化が行われた．原則として，学校・病院・児童福祉施設での**敷地内の禁煙の徹底**が図られている． ×

A4 Point! 病院は**第一種施設**に該当する． ○

A5 Point! **国及び地方公共団体の行政機関の庁舎**が，その事務を処理するために使用する施設は，第一種施設である．なお，一般の事務所は第二種施設に該当する． ×

A6 Point! **第二種施設**とは，多数の者が利用する施設のうち，第一種施設及び喫煙目的施設以外の施設をいう． ○

1章 コラム 「覚えてビル管マスター！」

特定建築物の該当面積： 特定（特定建築物）の店（3,000m²）で格好（学校）よく痩せる（8,000m²）

特定建築物でないもの： 今日（教会，共同住宅），ぷらっと（プラットホーム）病院に寄って（寄宿舎）注射（駐車場）してから工場の倉庫で試験（自然科学系研究所）　※傍点を付したものも該当

記録書類の保存期間： 図面はA級（永久）だが，帳簿はごまかし（5年保存）

空気調和設備を有する場合の…

温度： 音頭（温度）とる一発や（18～28℃）

相対湿度： 早退（相対湿度）しな（40～70%）

浮遊粉じんの量： 奮迅（粉じん）の礼子（0.15 mg/m³）

一酸化炭素及び二酸化炭素の含有率： イチロー（一酸化炭素：6 ppm）2千本（二酸化炭素：1,000 ppm）

気流： 桐生（気流）のお米（0.5 m/s）

清掃，測定，検査の周期： ちょい（貯水槽清掃1年周期）とハネムーン（排水設備清掃とネズミ等防除6ヶ月周期）で空に（空気環境測定2ヶ月周期）遊びなんか（遊離残留塩素検査7日周期）

事業の登録の有効期間： 管理事業は登録（6年）してゆこうね（有効年）

環境衛生監視員： 環境が悪いとカンカン（環境衛生監視員）

公害7つ： 大水（大気汚染，水質汚濁）と地震（地盤沈下，振動）でドジョウ（土壌汚染）が悪騒ぎ（悪臭，騒音）

室の気積： 奇跡（気積）の人（10m³）

2章

建築物の環境衛生

試験での出題数
25問
(午前実施)

試験合格の
アドバイス

建物内における温熱環境が，人体生理や健康にどのような影響を及ぼすかについて出題されます．室内空気の性状，音，振動，照明，色，電磁界に関するものや，水系感染症を予防するための知識が問われます．

WBGTなど，温熱環境指数の意味や，アレルギー，ホルムアルデヒド，シックビル症候群に関するものは多く出題されています．

臓器系の機能

☒ Q1 循環器系は，食物の消化吸収及び消化液を出して消化を助ける機能を有する．

☒ Q2 呼吸器系は，気道と肺からなる．

☒ Q3 呼吸器系は，体内への酸素の摂取を行い，体外への酸素の排出を行う．

☒ Q4 消化器系は，消化管と肝臓，膵臓等からなる．

☒ Q5 腎臓・泌尿器系は，尿として老廃物を排泄する．

☒ Q6 感覚器系は，聴覚，視覚，味覚等の受容をつかさどる器官からなる．

☒ Q7 内分泌系は，全身に酸素を供給する．

☒ Q8 内分泌系は，成長，代謝等の活性のコントロールを行い，ホルモンで生体機能の恒常性を維持する．

☒ Q9 筋骨格系は，身体の保持のみならず，呼吸などの生命維持にも関与する．

☒ Q10 免疫系は，有害な病原性微生物の侵入に対して選択的に排除する．

☒ Q11 自律神経は，中枢からの命令を運動器官に伝える．

☒ Q12 視覚器は，光刺激を神経系に伝達する．

身体温度

☒ Q1 外気温が変動しても影響を受けにくい身体内部の温度を核心温という．

☒ Q2 深部体温に最も近いものは皮膚温である．

☒ Q3 外気温が変動しても影響を受けにくいのは，皮膚温である．

A1 Point! 食物の消化吸収及び消化液を出して消化を助ける機能を有するのは，**消化器系**である． ×

A2 Point! 気道は空気の通り道で，肺は酸素を取り込む． ○

A3 Point! **呼吸器系**は，体内への酸素の摂取を行い，体外への二**酸化炭素の排出**を行う． ×

A4 Point! 栄養や水を摂取して体内で再合成と**排泄**を行う． ○

A5 Point! **腎臓**は，血液中の老廃物を取り出し尿をつくる． ○

A6 Point! **感覚器系**は，外部からの刺激を受けて神経系に伝達する． ○

A7 Point! 全身に酸素を供給するのは**循環器系**である． ×

A8 Point! **内分泌系**は，下垂体，副腎，甲状腺等からなる． ○

A9 Point! **筋骨格系**は，身体の構成と運動をつかさどる． ○

A10 Point! **免疫系**は，脾臓（ひぞう），胸腺，リンパ節等からなる． ○

A11 Point! 中枢からの命令を運動器官に伝えるのは，**運動神経**である．**自律神経**は，心拍，呼吸，分泌などの調節を行う． ×

A12 Point! 視覚器は光刺激を受容する目をいう． ○

A1 Point! **核心温**を深部体温ともいう．直腸温は，核心温の一つである． ○

A2 Point! 深部体温に最も近いものは**直腸温**である． ×

A3 Point! **皮膚温**は，外気の影響を最も受ける．最も受けにくいのは，**直腸温**である． ×

2章 建築物の環境衛生

☒ Q4 深部体温の最高値は朝に得られる．

☒ Q5 深部体温の最低値は早朝睡眠時に得られる．

☒ Q6 深部体温の変動幅は口腔温で0.7-1.2℃程度である．

☒ Q7 深部体温は，女性では，性周期により0.5℃程度の変動がある．

☒ Q8 一般環境では，手足より顔の皮膚温は高い．

☒ Q9 平均皮膚温は，各部位の皮膚温をそれぞれの皮膚面積で重みづけ平均した値である．

☒ Q10 低体温症の診断は腋の下の体温を測定することで行う．

体温調節

☒ Q1 寒冷環境で生じるふるえは，行動性体温調節である．

☒ Q2 冷房や扇風機の利用は，行動性体温調節である．

☒ Q3 常温で安静の場合における人体からの放熱量は，対流によるものが最も多い．

☒ Q4 気温が35℃を超えると，伝導，対流，放射による放熱は望めない．

☒ Q5 基礎代謝量は，睡眠時のエネルギー代謝量より小さい．

☒ Q6 ヒトの汗腺には，アポクリン腺とエクリン腺がある．

☒ Q7 暑い時の汗は，アポクリン腺から分泌される．

☒ Q8 南方の民族は，一般に能動汗腺の数が少ない．

☒ Q9 寒冷環境では，温暖環境に比較して，体内と身体表層部と

A4 Point! **深部体温**は，1日周期で変動し，最高値は夕方に得られる． ×

A5 Point! 体温は，午前から午後に向かって高くなる． ○

A6 Point! **深部体温**は，長時間運動を行うと上昇する． ○

A7 Point! 女性ホルモンの関係で，高温期と低温期がある． ○

A8 Point! 温度の高い順に，直腸，顔，手足である． ○

A9 Point! **Hardy-DuBoisの7点法**（額，腹，前腕，手背，大腿，下腿，足背）では，皮膚温の重みづけが一番大きいのは腹である． ○

A10 Point! **直腸温**を測定することで診断する． ×

A1 Point! 寒冷環境で生じるふるえは，**自律性体温調節**である．体温調節には，自律性体温調節，行動性体温調節がある． ×

A2 Point! **行動性体温調節**には，日射のある場所への移動，着衣の調整のほか空調機の操作なども含む． ○

A3 Point! 常温で安静の場合における人体からの放熱量は，**放射**によるものが最も多い． ×

A4 Point! 有効な熱放散は**蒸発**のみとなる． ○

A5 Point! **基礎代謝量**は，睡眠時のエネルギー代謝量より大きい． ×

A6 Point! **アポクリン腺**は局部的，**エクリン腺**は全身に分布． ○

A7 Point! 暑い時の汗は，**エクリン腺**から分泌される． ×

A8 Point! 南方の民族は，一般に**能動汗腺**の数が多い． ×

A9 Point! **温暖環境**では体内と身体表層部との温度差は小さい

の温度差は小さくなる.

生体機能の恒常性

☒ Q1 恒常性とは，外部環境変化に対して内部環境を一定の水準に保つことである.

☒ Q2 体温調節機能は，恒常性の一例である.

☒ Q3 ストレスをもたらす刺激をホメオスタシスという.

☒ Q4 フィードバック機構により，生体機能の恒常性が破綻する.

☒ Q5 外部からの刺激は，受容器で受容されて中枢に伝達され，その後，拡散器に興奮が伝えられて反応が起こる.

☒ Q6 加齢とともに摂取エネルギー量，エネルギーを予備力として蓄えておく能力は低下する.

産熱と放熱

☒ Q1 対流による放熱は，人体が動いたり風がある時に促進される.

☒ Q2 放射による放熱は，電磁波としての熱の流れである.

☒ Q3 熱放散のうち放射は，流体の流れに伴う熱エネルギーの移動現象である.

☒ Q4 蒸発による放熱は，蒸発面から凝縮熱を奪うものである.

☒ Q5 人体からの水分蒸発には，発汗と排泄がある.

☒ Q6 皮膚温より冷たい床面に皮膚が接触すると，放射により床へ放熱する.

☒ Q7 発汗すると汗の蒸発により放熱される.

が，**寒冷環境**では温度差が大きくなる．　×

A1 Point! 恒常性を**ホメオスタシス**という．恒常性は主に神経系，内分泌系，免疫系の機能によって維持される．　○

A2 Point! 核心温は，ホメオスタシスによって**約37℃**に保たれている．　○

A3 Point! ストレスをもたらす刺激を**ストレッサー**という．　×

A4 Point! **フィードバック機構**により，生体機能の恒常性が維持される．　×

A5 Point! 外部からの刺激は，**受容器**で受容されて中枢に伝達され，その後，**効果器**に興奮が伝えられて反応が起こる．　×

A6 Point! 加齢とともにエネルギーを蓄えておく能力（**スタミナ**）は低下し，耐ストレスも低下する．　○

A1 Point! 熱放散（**放熱**）は，対流，放射，伝導，蒸発の物理的過程からなる．　○

A2 Point! **放射**は，熱の移動に媒体を必要としない．　○

A3 Point! 流体の流れに伴う熱エネルギーの移動現象は，**対流**である．**放射**は，電磁波による熱エネルギーの移動である．　×

A4 Point! **蒸発**による放熱は，蒸発面から気化熱を奪うものである．　×

A5 Point! 人体からの水分蒸発には，**発汗と不感蒸泄**（じょうせつ）がある．　×

A6 Point! 皮膚温より冷たい床面に皮膚が接触すると，**伝導**により床へ放熱する．　×

A7 Point! 発汗は**自律性体温調節**である．　○

☒ Q8 呼吸による放熱は，呼吸量に反比例する．

☒ Q9 熱放散量が熱産生量より大きければ体温は上昇する．

☒ Q10 低温環境でのふるえは，熱産生量を低下させる．

☒ Q11 高温環境下においては，人体の熱産生量は低下する．

代謝

☒ Q1 早朝覚醒後の歩行時における代謝量を基礎代謝という．

☒ Q2 一般に安静時代謝量は，基礎代謝量に比べて，10％増である．

☒ Q3 小児と大人の体表面積当たりで表した代謝量は，大人のほうが小児より大きい．

☒ Q4 成人の平均的基礎代謝量は，女性と比較して男性が多い．

☒ Q5 低温環境では，代謝量が減少する．

温熱環境指数

☒ Q1 温冷感は心理反応であり，主観的評価による指標である．

☒ Q2 不快指数は，気温と湿球温度，又は気温と相対湿度から算出される．

☒ Q3 黒球（グローブ）温度は，鋼製の黒球の中心温を測定したものである．

☒ Q4 新有効温度は，気温・湿度・風速の3要素による温熱環境の指標である．

☒ Q5 湿球黒球温度（WBGT）は，屋内外での暑熱作業時の暑熱

A8 Point! **呼吸**による放熱は，呼吸量に比例する．　×
A9 Point! **熱放散量**が**熱産生量**より大きければ体温は下がる．　×
A10 Point! 低温環境での**ふるえ**は，熱産生量を増加させる．　×
A11 Point! 汗の分泌増加，血流量の増加で**代謝量**はわずかであるが増加する．　×

A1 Point! 早朝覚醒後，空腹時仰臥(ぎょうが)位における代謝量を**基礎代謝**という．　×
A2 Point! 一般に安静時代謝量は，基礎代謝量に比べて，**20%増**である．なお，睡眠時代謝量は，基礎代謝量より低い．　×
A3 Point! 小児と大人の体表面積当たりで表した代謝量は，**小児のほうが大きい**．　×
A4 Point! 男性が約**35%多い**．　○
A5 Point! 低温環境（冬）では，代謝量が増加する．**夏の約10%増**である．　×

A1 Point! **温冷感**は，暑い，寒いという感じ方である．　○
A2 Point! **不快指数**は，夏の蒸し暑さを表した数値で，85になると全員不快になるといわれる．　○
A3 Point! **黒球（グローブ）温度**は，銅製の黒球の中心温を測定したものである．　×
A4 Point! **新有効温度**は，気温・湿度・風速の3要素（有効温度の要素）に，放射熱，作業量，着衣量を加えた**6要素**による温熱環境の指標である．　×
A5 Point! **WBGT指数**＝湿球温度×0.7＋黒球温度×0.2＋乾

ストレスの評価に用いられる．

☒ Q6 WBGT値は，熱中症予防のため，スポーツ時のガイドラインとして利用されている．

☒ Q7 着衣の保温性を表す量として，クロ値（clo）がある．

☒ Q8 人体側の温熱環境要素は，代謝量（作業量）と着衣量である．

快適温度

☒ Q1 快適温度は，作業強度によって影響を受けない．

☒ Q2 夏の快適温度は，一般に冬に比べ2～3℃低い．

☒ Q3 一般に床暖房を用いた居室では，上下の室温の差が大きくなる．

☒ Q4 一般に暖房時に比べて，冷房時の室温による身体の不調の訴えは少ない．

☒ Q5 寒い部屋から暖かい部屋へ行く際の大きな温度差は，脳卒中を起こす原因となりやすい．

☒ Q6 女性の快適温度は，一般に男性より1～2℃高い．

☒ Q7 快適感は，核心温の状態に関わらず一定である．

環境要因

☒ Q1 健康に影響を与える環境要因のうち，オゾンは物理的要因

球温度×0.1で求められる．太陽照射が無い場合は，湿球温度×0.7＋黒球温度×0.3で求める．**熱中症の指標**となる．○

A6 Point! WBGT値を職場の暑熱基準として利用する場合，作業強度を考慮する必要がある．○

A7 Point! clo＝clothing（衣類）で，裸が0，合着の背広が約1である．○

A8 Point! **周囲環境側の温熱環境要素**は空気温度，放射温度，湿度，気流風速である．○

A1 Point! **快適温度**は，作業強度や着衣量によって影響を受ける．×

A2 Point! 夏の快適温度は，**冬より2～3℃高い**．×

A3 Point! 一般に**床暖房**を用いた居室では，上下の室温の差が小さく，快適な室温分布となる．×

A4 Point! 一般に冷房時のほうが室温による身体の不調の訴えは多い．**冷房病**という言葉はあるが，暖房病はあまり聞かない．×

A5 Point! 暖かい部屋から寒い部屋へ行く際の大きな温度差は，**脳卒中**を起こす原因となりやすい．×

A6 Point! 女性は筋肉量が少なく，**熱産生しにくい**．○

A7 Point! **快適感**とは，熱環境に対して満足感を表現できる心の状態をいい，核心温の状態で変わる．なお，**温冷感**は核心温の影響を受けない．×

A1 Point! **化学的要因**である．環境要因には，物理的要因，化学

である．

☒ Q2 健康に影響を与える環境要因のうち，振動は物理的要因である．

熱中症

☒ Q1 熱中症は，暑熱障害による症状の総称である．

☒ Q2 熱中症における熱けいれんは，高ナトリウム血症による筋肉のけいれんである．

☒ Q3 熱射病は，体温上昇による中枢神経系機能の異常である．

☒ Q4 日射病は，太陽光が原因で起きる熱射病である．

☒ Q5 熱疲労は，多量の発汗により体内の水分や塩分が不足することに加え，全身的な循環不全による重要諸臓器の機能低下によって起こる．

☒ Q6 熱失神は，頭頸部が直射日光などにさらされたことにより末梢血管の拡張を生じることによって起こる．

高齢者

☒ Q1 高齢者は，一般に若年者より低体温症になりやすい．

☒ Q2 高齢者は，一般に若年者より寒冷による血圧上昇が顕著である．

☒ Q3 高齢者は，一般に若年者より，皮膚の痛点，冷点が多い．

☒ Q4 高齢者は,若年者に比べてストレスに対する耐性は優れる．

的要因，生物的要因，社会的要因がある．その他，化学的要因としては空気，水，二酸化炭素，粉じんなどがある． ×

A2 Point! その他，**物理的要因**としては温度，湿度，気流，音などがある． ○

A1 Point! **体温調節機能**が働かず，体内に熱がこもる． ○

A2 Point! **熱けいれん**は，低ナトリウム血症による筋肉のけいれんである．大量に発汗した後に水分を大量に摂取すると起こる． ×

A3 Point! **熱射病**の治療は，全身の冷却が第一であるが，冷やしすぎに注意する． ○

A4 Point! 熱中症のなかで，**日射病**と**熱射病**は重症である． ○

A5 Point! **熱疲労**は熱中症の中で中等症である． ○

A6 Point! 血圧低下がみられる．**熱失神**と**熱けいれん**は，熱中症の軽症に分類される． ○

A1 Point! 高齢者は，体温を上げる**機能が低下**している． ○

A2 Point! **冬期は血管が収縮**して血圧が高くなる．高齢者は顕著である． ○

A3 Point! 高齢者は，一般に若年者より，皮膚の**痛点，冷点が少ない**といわれている． ×

A4 Point! 高齢者は，若年者に比べてストレスに対する**耐性は劣る．** ×

☒ **Q5** 高齢者では，会話域の音に比較して，低音域の音に対して聴力が低下していることが多い．

☒ **Q6** 高齢者にとっては，居住環境全体の明るさを減らし，局所照明を有効に活用する必要がある．

☒ **Q7** 白と黄色の組合せ，又は黒と青色の組合せの標識は，高齢者にとって見にくい．

☒ **Q8** 一般に50歳代で老眼が始まる．

冷房障害

☒ **Q1** 冷房障害は，複数の症状からなる症候群である．

☒ **Q2** 冷房障害は，短時間の激しい温度変化によって起きやすいと考えられている．

☒ **Q3** 冷房障害の発生と，気流の速さは無関係である．

☒ **Q4** 冷房障害は，女性より男性に多い．

冷房障害対策

☒ **Q1** 室内の風速を減らす．

☒ **Q2** 冷房時の室内温度を20℃以下にしないようにする．

☒ **Q3** 室温と外気温の差を10℃以内にする．

☒ **Q4** 冷熱に当たると，末梢血管は膨張する．

☒ **Q5** 軽い運動，ぬるめのお湯への入浴，マッサージなどが有効である．

高湿度・低湿度

☒ **Q1** 高湿度になると，静電気が発生しやすくなる．

☒ **Q2** 高湿度になると，カビ・ダニが発生しやすい．

☒ **Q3** 低湿度による悪影響として，ほこりの発生がある．

A5 Point! 高齢者は，**高音域の音**に対して**聴力が低下**していることが多い． ×

A6 Point! 居住環境全体の明るさを増すほか，**局所照明**を有効に活用する必要がある． ×

A7 Point! 高齢者は**白内障**をもつ人の割合が高くなる． ○

A8 Point! 一般に**40歳代で老眼**が始まる． ×

A1 Point! **冷房障害**の症状として，体がだるくなる． ○

A2 Point! また，**体が長時間冷やされる**と起きやすいと考えられている． ○

A3 Point! 気流が速いと**冷房障害**となりやすい． ×

A4 Point! 冷房障害は，男性より**女性に多い**． ×

A1 Point! また，吹出口の**風を直接受けない**ようにする． ○

A2 Point! 冷房時の室内温度を**24℃以下にしない**ようにする． ×

A3 Point! 室温と外気温の差を**7℃（7 K（ケルビン））以内**にする． ×

A4 Point! 冷熱に当たると，**末梢血管は収縮**する． ×

A5 Point! 冷房によって体の芯は冷えているので，軽い運動，入浴などによって**血流をよくする**． ○

A1 Point! **静電気**は，乾燥すると発生しやすい． ×

A2 Point! **結露**も発生しやすくなる． ○

A3 Point! **低湿度**は，ほこりが飛散しやすい． ○

☒ Q4 低湿度になると，汗の蒸発が妨げられる．
☒ Q5 高湿度では，風邪などの呼吸器疾患に罹患しやすくなる．

☒ Q6 気管支喘息の憎悪予防には，部屋の湿度を下げる．

☒ Q7 高湿度では塗装の剥離が起きやすい．

アスベスト

☒ Q1 アスベストは，自然界に存在するケイ酸塩の繊維状鉱物である．
☒ Q2 アスベストは，肺がんの原因となる．
☒ Q3 アスベストは，悪性中皮腫の発生率を増加させる．
☒ Q4 アスベストは，肺の線維化を生じさせる．
☒ Q5 アスベストは，過敏性肺炎の原因となる．

☒ Q6 アスベストは過去に断熱材として建築物に使用され，現在は一部建物に残ったままになっている．
☒ Q7 健康障害は, アスベスト製品製造工場の従業員に限られる．

シックビル症候群

☒ Q1 シックビル症候群の発生原因として，揮発性有機化合物 (VOCs) があげられている．
☒ Q2 シックビル症候群の発生要因として，気密性が高いことがあげられている．
☒ Q3 シックビル症候群は，仕事のストレスとは無関係である．
☒ Q4 低湿度は，シックビル症候群の症状の発現に影響する．

A4 Point! **高湿度**になると，汗の蒸発が妨げられる. ×

A5 Point! 低湿度では，風邪などの**呼吸器疾患に罹患**しやすくなる. ×

A6 Point! 部屋の湿度を上げる．**気管支喘息**の原因は**ダニ**による粉じんが最も多い. ×

A7 Point! **低湿度**では塗装の剥離が起きやすい. ×

A1 Point! **アスベスト**は，繊維状の水和化した**ケイ酸塩鉱物の総称**である．合成された化学物質ではない. ○

A2 Point! **喫煙**との相乗作用が疫学的に示唆されている. ○

A3 Point! 発生の危険度は，**累積ばく露量**が多いほど高い. ○

A4 Point! 肺の線維化により，肺に空気が送られにくくなる. ○

A5 Point! **過敏性肺炎**は**アレルギー疾患**であり，アスベストとは関係ない. ×

A6 Point! 製造は禁止されている．労働安全衛生法により，試験研究を除き**使用禁止**である. ○

A7 Point! **健康障害**は，アスベスト製品製造工場の従業員に限られたものではない. ×

A1 Point! **シックビル症候群**は，VOCsなどの空気汚染でおこる健康被害である. ○

A2 Point! **シックビル症候群**は，外気の取入れ量が少ないと起こりやすい. ○

A3 Point! **仕事のストレス**が発生要因の一つである. ×

A4 Point! 低湿度は呼吸器疾患も起こしやすい. ○

☒ **Q5** シックビル症候群は，アトピー体質には起きにくい．

☒ **Q6** シックビル症候群の原因となる物質が同定されている．

☒ **Q7** シックビル症候群の症状として，気分の昂揚や幻覚をおこす．

☒ **Q8** そのビルを使用，利用するすべての人に症状がみられる．

☒ **Q9** シックビル症候群は，問題となるビルを離れても症状はほとんどなくならない．

☒ **Q10** そのビルを使用，利用する全ての人に症状がみられる．

揮発性有機化合物（VOCs）

☒ **Q1** 揮発性有機化合物には，多くの種類があり，その発生源も多様である．

☒ **Q2** 揮発性有機化合物は，開放式燃焼器具からは発生しない．

☒ **Q3** TVOCは，高揮発性有機化合物と訳されている．

☒ **Q4** 狭義のVOCsは，沸点が50～100℃から240～260℃の揮発性有機化合物である．

ホルムアルデヒド

☒ **Q1** ホルムアルデヒドは，シックハウス症候群の発生要因といわれる．

☒ **Q2** ホルムアルデヒドは，刺激臭はないが，有毒である．

☒ **Q3** ホルムアルデヒドは，常温では無色の液体である．

☒ **Q4** ホルムアルデヒドの35～38％水溶液は，ホルマリンと呼ばれる．

A5 Point! シックビル症候群は，**アトピー体質**に起きやすい． ×

A6 Point! **同定**されていない． ×

A7 Point! 吐き気，胸やけ，粘膜刺激，息切れ，かゆみ，めまいなどをおこし，**気分の昂揚や幻覚はない**． ×

A8 Point! **一部の人**に症状が見られる． ×

A9 Point! 問題となる**ビルを離れると症状はほとんどなくなる**．特異的な症状が見られない． ×

A10 Point! そのビルに居住する人の**20％以上が不快感**に基づく症状を認める． ×

A1 Point! **揮発性有機化合物**の発生源として，合板，接着材，殺虫剤，喫煙などがある． ○

A2 Point! **揮発性有機化合物**は，開放式燃焼器具からも発生する． ×

A3 Point! TVOCは，総揮発性有機化合物と訳されている． ×

A4 Point! VOCsより沸点が低いものを高揮発性有機化合物，高いものを準揮発性有機化合物という． ○

A1 Point! **建築基準法**により，含有建材の使用が制限されている． ○

A2 Point! **刺激臭**があり，**有毒**である．発がん性，肺水腫を起こす． ×

A3 Point! 常温では**気体**で，**可燃性**である． ×

A4 Point! ホルマリンは**消毒効果**がある． ○

☒ Q5 ホルムアルデヒドは，水，アルコールには溶けない．
☒ Q6 ホルムアルデヒドは，たばこ煙中には存在しない．
☒ Q7 ホルムアルデヒドは，合成樹脂や接着剤の原料として使われる．
☒ Q8 ホルムアルデヒドは酸化力が強い．

アレルギー

☒ Q1 アレルギー反応は，体に有害である免疫反応をいう．
☒ Q2 アレルギーの原因となる抗原を，アレルゲンという．
☒ Q3 花粉やソバガラは，アレルゲンではない．
☒ Q4 住宅内のダニアレルゲン量は，春に最大になると考えられている．
☒ Q5 アレルゲンは，気管支喘息やアトピー性皮膚炎の原因となる．
☒ Q6 アレルギー体質者は，すべての抗原に対して反応する．

☒ Q7 気管支喘息の原因となるアレルゲンは，ペットの毛が最も多い．
☒ Q8 抗体は，免疫グロブリンと呼ばれるたんぱく質である．
☒ Q9 免疫グロブリンをアレルゲンと称する．

☒ Q10 アレルギー疾患の発症，増悪には，患者の素因が関係している．
☒ Q11 アトピー性皮膚炎は，アレルギー疾患である．
☒ Q12 アトピー性皮膚炎では，高湿度が増悪因子となりうる．

☒ Q13 日本国民の10％は，何らかのアレルギーに罹患している

A5 Point! 水，アルコールに**溶ける**. ×

A6 Point! **たばこ煙中**に存在する. ×

A7 Point! **防腐剤**としても用いられる. ○

A8 Point! 酸化力は弱く，**還元力が強い**. ×

A1 Point! **アレルギー反応**は，抗原抗体反応の一種である. ○

A2 Point! アレルギー反応を引き起こす抗原物質である. ○

A3 Point! 花粉やソバガラは，**アレルゲン**となる. ×

A4 Point! 住宅内の**ダニアレルゲン量**は，秋に最大になると考えられている．発生場所としては，畳の中，布団の中がある. ×

A5 Point! **アレルゲンの同定**は，予防，治療のうえで重要である. ○

A6 Point! アレルギー体質者は，**特定の抗原**に対してのみ反応する. ×

A7 Point! 気管支喘息の原因となるアレルゲンは，ハウスダストが最も多い．**ハウスダストの多くはダニ類**である. ×

A8 Point! 異物が体内に入ったとき，排除する働きがある. ○

A9 Point! **免疫グロブリン**は，**抗体**であり，抗原（アレルゲン）ではない. ×

A10 Point! 体内の**肥満細胞**の働きなども関係する. ○

A11 Point! かゆみのある**湿疹**を引き起こす. ○

A12 Point! アトピー性皮膚炎では，**低湿度が増悪因子**となりうる. ×

A13 Point! 日本国民の**50%**は，何らかのアレルギーに罹患して

といわれる．

☒ Q14 ヒスタミンは，アレルゲンの一種である．

浮遊微生物

☒ Q1 事務所建築物における室内浮遊細菌の主な発生源は，在室者自身である．

☒ Q2 室内空気中のアレルゲン粒子は，エアフィルタによる除去ができない．

☒ Q3 地下街の浮遊菌濃度は，事務室内濃度に比べて低い場合が多い．

☒ Q4 くしゃみによって発生する浮遊微生物の量は，咳によるものよりはるかに少ない．

浮遊粉じん

☒ Q1 室内浮遊粉じんは，たばこ，人の活動，外気等に由来する．

☒ Q2 肺に沈着して，人体に有害な影響を及ぼす粉じんは，通常5 μmの大きさのものが多い．

☒ Q3 20 μm以上の粉じんは，長い時間空気中に浮遊する．

☒ Q4 建築物環境衛生管理基準により，測定の対象としている粒子は，相対沈降径がおおむね1 μm以下のものである．

たばこ

☒ Q1 たばこ煙は，揮発性有機化合物（VOCs）を含まない．

☒ Q2 たばこ煙の粒子相は，タール，ニコチン及び水分である．

いるといわれる．花粉症もアレルギー疾患である．　×

A14 Point! **ヒスタミン**は，**食中毒**を起こす化学物質であり，アレルゲンの一種ではない．　×

A1 Point! 在室者が持ち込んだものである．　○

A2 Point! 室内空気中のアレルゲン粒子のうち，比較的粒径の大きいものは，**エアフィルタによる除去**が可能である．　×

A3 Point! 地下街の**浮遊菌濃度**は，事務室内濃度に比べて高い場合が多い．およそ1ケタ違うこともある．　×

A4 Point! **くしゃみ**によって発生する**浮遊微生物の量**は，咳によるものよりはるかに多い．**約100倍**である．　×

A1 Point! たばこの煙によるものは多い．　○

A2 Point! 人体に有害な影響を及ぼすのは，**通常1 μm前後**から，それ以下の大きさである．　×

A3 Point! **10μm以上**の粉じんは，発じんしてもすぐに沈降する．　×

A4 Point! 建築物環境衛生管理基準により，測定の対象としている粒子は，**相対沈降径**がおおむね**10 μm以下**のものである．　×

A1 Point! たばこ煙は，**揮発性有機化合物**（VOCs）を含んでいる．　×

A2 Point! 発がん物質を含み，**肺気腫**のリスクが増大する．　○

☒ Q3 たばこが燃えている部分から直接発生する煙を，副流煙という．

☒ Q4 たばこ煙の粒子相に含まれるニコチンは，主流煙の方が副流煙より多い．

☒ Q5 主流煙と副流煙の組成は異なる．

☒ Q6 たばこ1本当たりのアンモニア発生量は，副流煙からのものが主流煙からのものより少ない．

☒ Q7 主流煙中の成分は質量比で約75%が，たばこの先端から入り込む空気である．

☒ Q8 公共の建築物内における喫煙は，医療法によって原則敷地内は禁煙とされている．

☒ Q9 改正健康増進法により受動喫煙防止対策が進められており，住宅での喫煙も禁止されている．

☒ Q10 受動喫煙による低出生体重児の出産リスクはない．

☒ Q11 喫煙専用室には，二十歳未満の者は立ち入れない旨の掲示が必要である．

☒ Q12 喫煙は，慢性閉塞性肺疾患（COPD）の原因の大部分を占める．

酸素欠乏

☒ Q1 酸素欠乏とは，酸素濃度が16%未満である状態をいう．

☒ Q2 酸素濃度が17～16%になると，呼吸及び脈拍の増加やめまいを起こす．

☒ Q3 健常者が感覚鈍重となり，知覚を失う場合の酸素濃度は，7～6%である．

A3 Point! 喫煙者がたばこから直接吸い込む煙は**主流煙**. ○

A4 Point! たばこ煙の粒子相に含まれる**ニコチン**は，主流煙より**副流煙の方が多い**. ×

A5 Point! **副流煙**による悪影響は大きい. ○

A6 Point! アンモニア発生量は主流煙より**副流煙の方が多い**. 一酸化炭素も同様に，副流煙の方が多い. ×

A7 Point! 他に，タール，一酸化炭素など. ○

A8 Point! 医療法ではなく，改正された**健康増進法**によって定められている.（令和元年改正） ×

A9 Point! 住宅はプライベート空間であり，**法の適用除外**であるが，周囲の状況に配慮する義務はある. ×

A10 Point! 受動喫煙により，**低出生体重児の出産リスク**が増加するといわれている. ×

A11 Point! 喫煙開始年齢が低いほど健康被害が大きいため，二十歳からの喫煙となっている. ○

A12 Point! COPDは慢性気管支炎と肺気腫の総称で，たばこの煙を長期間吸入・ばく露することで肺に炎症を起こす. ○

A1 Point! **酸素欠乏**とは，**酸素濃度が18%未満**である状態をいう. ×

A2 Point! **大気中の酸素濃度は約21%**である．なお，大気中には約78%の窒素がある. ○

A3 Point! **10%以下**になると意識障害やけいれんが生じる. ○

一酸化炭素

☒ Q1 一酸化炭素は，血液中の酸素の運搬を阻害する．

☒ Q2 一酸化炭素のヘモグロビン親和性は，酸素の約100倍である．

☒ Q3 血液中の一酸化炭素ヘモグロビン濃度は，喫煙者の方が非喫煙者より低い．

☒ Q4 血中一酸化炭素ヘモグロビンの濃度が2%の時，拍動性頭痛を起こす．

☒ Q5 血中の一酸化炭素ヘモグロビン濃度が20～30%になると軽度の頭痛を示す．

☒ Q6 一酸化炭素は，石油ストーブやガス器具などの不完全燃焼により発生する．

☒ Q7 一酸化炭素は，特有の臭気を有する．

☒ Q8 大気汚染物質としての一酸化炭素の環境中濃度は年々低下している．

二酸化炭素

☒ Q1 大気中の二酸化炭素濃度は0.04%程度である．

☒ Q2 建築物衛生法では，室内の二酸化炭素濃度が0.1%以下と定められている．

☒ Q3 二酸化炭素は，人の呼気中に約1%存在する．

☒ Q4 二酸化炭素は，通常の事務作業に従事する大人からは，およそ100 mL/minが吐き出される．

☒ Q5 居室における二酸化炭素の濃度が，5%を超えると生命が危険となる．

A1 Point! 酸素を運ぶ**ヘモグロビンと反応**する. ○

A2 Point! **ヘモグロビン親和性**は，酸素の**約200倍**であり，酸素の運搬能力を低下させる. ×

A3 Point! 血液中の**一酸化炭素ヘモグロビン濃度**は，喫煙者の方が非喫煙者より高い. ×

A4 Point! 血中一酸化炭素ヘモグロビンの濃度が**5%以下では無症状**のことが多い. ×

A5 Point! **60～70%**になると，昏睡とともにけいれんを起こし，**時に死亡**することがある. ○

A6 Point! 燃焼器具の劣化等で，十分な**酸素が供給されず**，不完全燃焼をおこす. ○

A7 Point! 一酸化炭素は，**無臭**である. ×

A8 Point! 室内許容値も6 ppm以下に下げられた. ○

A1 Point! 日本でも空気環境の良い場所では**0.04%程度**である.
0.04%＝400 ppm ○

A2 Point! 0.1% =1,000 ppm
　なお，学校保健安全法の**学校環境衛生基準**では，教室は0.15%以下である. ○

A3 Point! 二酸化炭素は，人の**呼気中に約4%**存在する. ×

A4 Point! おおよそ**200 mL/min**が吐き出される. ×

A5 Point! 居室における濃度が，**20%を超える**と生命が危険となる. ×

☒ **Q6** 二酸化炭素濃度は，全般的な空気の汚れの指標に使われることはない．

オゾン

☒ **Q1** オゾンは，無色無臭である．

☒ **Q2** オゾンは，自然界では落雷の際の放電で発生する．

☒ **Q3** オゾンは，水に溶けにくく，吸入すると肺の奥まで達する．

☒ **Q4** オゾンは，赤外線の光化学反応で生成される．

☒ **Q5** オゾンは，室内で熱利用している機器からの発生が問題となる．

☒ **Q6** 光化学オキシダントの主成分である．

音

☒ **Q1** 音の感覚の三要素とは，音の大きさ，高さ，音色である．

☒ **Q2** 音の1秒間の振動回数を周波数という．

☒ **Q3** 人の聴覚で聴き取ることができる周波数帯は，約10～40 kHzの範囲である．

☒ **Q4** 音声の主要周波数は，約20～8,000 Hzである．

☒ **Q5** 4 kHz付近での騒音による聴力の低下をc^5ディップという．

☒ **Q6** 加齢に伴い高い周波数よりも低い周波数領域で，聴力低下が起こりやすい．

☒ **Q7** 最大可聴値とは，これ以上の音圧レベルでは，不快感や痛みなどの他の感覚が生ずる閾（いき）値である．

☒ **Q8** 一つの音により他の音が遮蔽されて聴こえなくなる現象を，音のマスキングという．

☒ **Q9** マスキング効果は，一般に低い周波数よりも高い周波数に

A6 Point! 二酸化炭素濃度は，室内空気の**汚染や換気の総合指標**として使われる． ×

A1 Point! オゾンは特有の**臭気**がある． ×

A2 Point! オゾン特有の臭気も放っている． ○

A3 Point! 高濃度であると呼吸困難となることもある． ○

A4 Point! **紫外線**の光化学反応で生成される． ×

A5 Point! **コピー機**など，高電圧を利用している機器からの発生が問題となる． ×

A6 Point! 大気の汚染に係る**環境基準**が定められている． ○

A1 Point! 音色とは，**聴覚に関する音の属性**をいう． ○

A2 Point! **周波数**の低い音は低音で，高いと高音である． ○

A3 Point! 人における音の可聴範囲は，20～20,000 Hz（20 kHz）である．超音波は約 20 kHz 以上の周波数の音をいう． ×

A4 Point! 音声の主要周波数は，約 100～4,000 Hz である． ×

A5 Point! 人の聴覚が最も敏感な周波数は，4 kHz（4,000 Hz）付近である． ○

A6 Point! 加齢に伴い低い周波数よりも**高い周波数領域で，聴力低下**が起こりやすい． ×

A7 Point! **閾値**とは，ある生態反応を起こさせる最小値をいう． ○

A8 Point! **マスキング量**は，マスクされる音の最小可聴域の音圧レベルの上昇量で示される． ○

A9 Point! 例として，大きな音をならす自動車が近くを通るとき，

おいて大きい．

☒ Q10 会話の音声のレベルが55～65 dBの時に，騒音レベルが45 dB以下であれば，十分な了解度が得られる．

☒ Q11 超低周波空気振動は，低い周波数であるがヒトが聴き取ることができるものをいう．

☒ Q12 オージオメータを用いた聴力検査で測定されたマイナスの測定値は，聴力が基準よりも良いことを意味する．

☒ Q13 騒音のある職場で4000 Hzの聴力レベルが20 dBであれば，騒音性難聴と判断される．

☒ Q14 音の感覚の受容器である耳は，外耳，中耳，内耳に分けられる．

☒ Q15 ヒトの聴器で聴き取ることのできる周波数帯の範囲は，約5オクターブである．

☒ Q16 聴覚の刺激となる音には，頭蓋骨を伝わる音が含まれる．

☒ Q17 聴覚系の周波数特性に基づき補正した尺度をC特性音圧レベルという．

☒ Q18 騒音によって，末梢血管の収縮，血圧の上昇，胃の働きの抑制等が起きる．

☒ Q19 住民の騒音苦情は聴取妨害によるものが大半である．

振動

☒ Q1 振動の基本的物理量は，変位，速度，加速度，周波数等である．

☒ Q2 振動レベルの単位はHzである．

話し声が聞こえにくくなる. ○

A10 Point! 十分な**了解度**を得るには，騒音レベルが会話レベルより少なくとも**10 dB以上小さい**ことが必要である． ○

A11 Point! **超低周波空気振動**は，低い周波数でヒトが聴き取ることができないものをいう． ×

A12 Point! 聴力レベルのスクリーニングとして，職場の定期健康診断では**1,000 Hzと4,000 Hz**の聴力レベルが測定される． ○

A13 Point! **30 dB未満**なら，騒音性難聴ではない． ×

A14 Point! **中耳**は，鼓膜，耳小骨，鼓室，耳管等で構成されている． ○

A15 Point! 可聴周波数は20～20,000 Hz（1,000倍の開き）で $2^{10} \fallingdotseq 1,000$ → 約**10オクターブ**である． ×

A16 Point! 聴覚の刺激となる音には，**鼓膜**を通じた空気の振動による音と，**骨**を通じて伝わる音がある． ○

A17 Point! 聴覚系の周波数特性に基づき補正した尺度をA特性音圧レベルという．**騒音計はA特性**である． ×

A18 Point! 環境省の基準では，**地域の類型別**に騒音の基準値が設定されている． ○

A19 Point! 住民の騒音苦情は聴取妨害とともに，うるさい，不快だ，迷惑だという**心理的影響が大半**を占めている． ×

A1 Point! 人が受ける振動は**全身振動と局所振動**に分けられる． ○

A2 Point! **振動レベル**の単位はdBである． ×

☒ Q3 人の振動感覚は，振幅によって変わるが，周波数によって変わることはない．

☒ Q4 振動感覚閾値は，地震の震度段階0（無感）の限界に相当する55 dBである．

☒ Q5 全身振動の大きさの感覚は，振動継続時間によらず一定である．

☒ Q6 水平振動では，1～2 Hzの振動に最も感じやすい．

☒ Q7 鉛直振動では，4～8 Hzの振動に最も感じやすい．

☒ Q8 乗り物酔いや動揺病は，周波数が1 Hz未満で振幅が小さい場合に起こりやすい．

☒ Q9 交通車両の運転業務により受ける振動障害は，強い水平振動による．

☒ Q10 局所振動による健康障害は，夏期に多くみられる．

☒ Q11 短時間の全身振動により，レイノー現象（白ろう病）が生ずる．

光環境と視覚

☒ Q1 視力は照度10 lx付近で大きく変化する．

☒ Q2 ヒトが色を識別できる照度は，約1 lx以上である．

☒ Q3 照度が低下すると瞳孔は収縮する．

☒ Q4 網膜にある錐体細胞には，赤，青，緑の光に反応する3種類の細胞がある．

☒ Q5 網膜にある杵体細胞は，明るいときに働きやすい．

☒ Q6 明るい場所から暗い場所に入ったとき，目が完全に順応するには約40分以上かかる．

☒ Q7 光度は，まぶしさを表す指標である．

A3 Point! 人の**振動感覚**は，周波数によって異なる. ×

A4 Point! **震度**0でも，わずかに揺れる. ○

A5 Point! 全身振動の大きさの感覚は，**振動継続時間**によって異なる. ×

A6 Point! 全身振動は，**水平振動**と**垂直振動**に分けられる. ○

A7 Point! **低周波の振動**は感じやすい. ○

A8 Point! 乗り物酔いや動揺病は，**周波数が1 Hz未満**で振幅が大きい場合に起こりやすい. ×

A9 Point! 交通車両の運転業務により受ける振動障害は，強い**垂直振動**による．上下動により胃下垂などを起こす. ×

A10 Point! 局所振動による健康被害は，**冬期**に多い. ×

A11 Point! 長時間の局部振動により，**レイノー現象（白ろう病）**が生ずる．手持ち振動工具による**指の血行障害**である. ×

A1 Point! 視力は**照度0.1 lx付近**で大きく変化する. ×

A2 Point! ヒトが**色を識別**できる照度は，約3 lx**以上**である. ×

A3 Point! 照度が低下すると**瞳孔**は拡大する. ×

A4 Point! **錐体細胞**は，解像力に優れ，色覚に必要な化学物質を含んでいる. ○

A5 Point! 網膜にある**杆体細胞**は，暗いときに働きやすい．感光度が高く，**錐体細胞の約500倍の感度**をもつ. ×

A6 Point! **明順応は約2分．暗順応は約40分以上**で，明順応に比べて順応に要する時間が長い. ○

A7 Point! まぶしさを表す指標は**輝度**である. ×

☒ **Q8** 色温度が低い光源は，休息や団らんに適している．

☒ **Q9** 照明の質を向上させるためには，グレアを促進する必要がある．

☒ **Q10** 近年普及している発光ダイオード（LED）は，指向性が弱く，拡散光が得やすい．

☒ **Q11** 目が視対象物の細部を見分ける能力を視力という．

☒ **Q12** 明視の条件は，大きさ，対比，時間，明るさである．

☒ **Q13** 視細胞は角膜に存在する．

☒ **Q14** 杆体細胞と錐体細胞を比較すると，数は錐体細胞の方が多い．

色彩

☒ **Q1** マンセル表色系は，色彩の表現の一方法である．

☒ **Q2** マンセルの色彩調節の原理は，色彩を使って環境を調節する指針である．

☒ **Q3** 色彩は，色相，明度，輝度の三つの属性の組合せによって表現される．

☒ **Q4** 彩度によって暖色系と寒色系が区別される．

☒ **Q5** 寒色系は，手前に進出して見える進出色である．

☒ **Q6** 暗い色は明るい色に比べて，より重厚な感覚を与える．

JISの安全色

☒ **Q1** JISの安全色において，赤は禁止，停止を示す．

☒ **Q2** JISの安全色において，黄赤は危険を示す．

☒ **Q3** JISの安全色において，黄は通路を示す．

A8 Point! 色温度が低い光源は，**赤み**を帯びた光色である． ○

A9 Point! 照明の質を向上させるためには，**グレア（まぶしさ）**を防止する必要がある． ×

A10 Point! LEDは，指向性が強く，拡散光が得にくい． ×

A11 Point! 視力は**ランドルト環**の切れ目を見ることで測る． ○

A12 Point! 視対象を正確に認識することを**明視**という． ○

A13 Point! 視細胞は**網膜に存在**する．杆体細胞（棒状）と錐体細胞（円錐状）がある． ×

A14 Point! **杆体細胞**の方が約20倍多い． ×

A1 Point! **マンセル**は画家． ○

A2 Point! **ジャッド**の色彩調節の原理は，色彩を使って環境を調節する指針である． ×

A3 Point! 色彩の性質を決める要素は，**色相**，**明度**，**彩度**である． ×

A4 Point! **色相**によって暖色系と寒色系が区別される． ×

A5 Point! **寒色系の色彩**は，後ろに下がって見える**後退色**である． ×

A6 Point! 暗い色は明度が低く，重く，硬く，縮んで見える． ○

A1 Point! 赤信号は停止． ○

A2 Point! 黄信号は赤に変わるので注意を促す． ○

A3 Point! **黄色は警告**，**注意**で，**通路は白**で示す． ×

☒ Q4 JISの安全色において，緑は安全状態を示す．

☒ Q5 JISの安全色において，青は指示，誘導を示す．

情報機器作業

☒ Q1 書類やキーボード面における明るさと周辺の明るさの差はできるだけ大きくする．

☒ Q2 書類及びキーボード上の照度を200 lx以上とする．

☒ Q3 ディスプレイ画面における照度を500 lx以下とする．

☒ Q4 ディスプレイ画面に，高輝度のものが映り込まないように調節する．

☒ Q5 「眼と表示画面との距離」と「眼と書類などとの距離」の差があると，目の疲労の原因となる．

☒ Q6 ディスプレイのグレア防止には，直接照明を用いる．

☒ Q7 ディスプレイ画面の上端は，目の高さより上になるようにする．

電場，磁場，電磁波

☒ Q1 電場の強度の単位は，A/mである．

☒ Q2 磁場の強さを示す単位として，ジュール（J）が用いられる．

☒ Q3 レーザ光線は，複数の波長を組み合わせた電磁波のことである．

☒ Q4 レーザ光線による生体の障害作用では，目が最も障害を受けやすい．

A4 Point! 緑信号は安全状態なので走行可能. ○
A5 Point! 他に黄赤，赤紫がある. ○

A1 Point! 書類やキーボード面における明るさと周辺の明るさの**差を，できるだけ小さく**する. ×
A2 Point! 厚生労働省のガイドラインでは，書類及びキーボード上における照度は，**300 lx以上**とすることとされている. ×
A3 Point! 令和3年にガイドラインが改正され，「500 lx以下が推奨される」という規程が**削除**された. ×
A4 Point! 窓からの太陽光の入射に対して，カーテンなどを使って明るさを調節する. **グレア防止用の照明器具**を用いる. ○
A5 Point! **ドライアイ**を引き起こす可能性がある. 作業者の健康調査では，眼の自覚症状が最も多い. ○
A6 Point! グレア防止には，**間接照明**を用いる. ×
A7 Point! ディスプレイ画面の上端は，**目の高さより下**になるようにする. ×

A1 Point! **電場**の強度の単位は，V/mである. ×
A2 Point! **磁場**の強度の単位は，A/m，T(テスラ)，G(ガウス)が使われる. ×
A3 Point! **レーザ光線**は，**位相のそろった単一の波長**からなる電磁波である. 紫外線，可視光線，赤外線のレーザーがある. ×
A4 Point! 直視すると非常に危険である. ○

☒ **Q5** 周波数が300 MHz～300 GHzの電磁波をレーザ光線という.

☒ **Q6** 可視光線の波長は，赤外線の波長より短い.

☒ **Q7** 携帯電話端末等の無線設備は，局所SAR（Specific Absorption Rate）の許容値が4 W/kgを超えないことが総務省令により義務付けられている.

☒ **Q8** 電磁波の周波数が高くなると波長は短くなる.

☒ **Q9** 赤外線は，電離作用を持っている.

電離放射線

☒ **Q1** 放射線の人体に与える影響の単位は，Bq（ベクレル）である.

☒ **Q2** 体外被曝に対する防護の3原則は，「距離を離す」，「遮蔽」，「被曝時間短縮」である.

☒ **Q3** 生体内に取り込まれた放射性物質が3分の1の量になるまでの時間を生物学的半減期という.

☒ **Q4** 電離放射線の生体における確定的な影響として，皮膚潰瘍，脱毛，不妊などがある.

☒ **Q5** 放射線の健康影響のうち，悪性腫瘍は確率的影響である.

☒ **Q6** 放射線の健康影響のうち，遺伝子異常は確定的影響である.

☒ **Q7** リンパ球の放射線感受性は，神経細胞のそれより高い.

☒ **Q8** β線は，鉛・鉄の板を透過する.

A5 Point! 周波数が300 MHz～300 GHzの電磁波を一般にマイクロ波という．**電子レンジ**に応用されている．　×

A6 Point! **可視光線**は**紫外線**の波長より長い．　○

A7 Point! 携帯電話端末等の無線設備は，局所SARの許容値が**2 W/kgを超えないこと**が総務省令により義務付けられている．　×

A8 Point! 周波数：f，波長：λ，光速：cとすると，**c＝fλ**である．　○

A9 Point! エックス線，γ線などが**電離放射線**と呼ばれる．　×

A1 Point! 電離放射線の生体影響の度合いを示す単位として，Sv (**シーベルト**) が用いられる．Bqは放射線の強さの単位．　×

A2 Point! 放射性物質を遮蔽すること，離れること，長時間被曝しないこと．　○

A3 Point! 生体内に取り込まれた放射性物質が2分の1の量になるまでの時間を**生物学的半減期**という．　×

A4 Point! 電離放射線の生体影響には**確定的影響**と**確率的影響**がある．　○

A5 Point! 被曝線量が増えるとともに，発生確率は高くなる．　○

A6 Point! 遺伝子異常は，**確率的影響**である．　×

A7 Point! 感受性が最も高い細胞は**リンパ球**である．　○

A8 Point! **β線**は，鉛・鉄の板を透過しない．薄い金属板も透過しない．　×

赤外線・紫外線

☒ **Q1** 赤外線による生体影響として，電気性眼炎がある．

☒ **Q2** 赤外線はマイクロ波と比較して,生体組織の深部に達する．

☒ **Q3** 赤外線はビタミンD形成作用により，クル病を予防する．

☒ **Q4** 赤外線の生体影響として，白血病を生ずる．

☒ **Q5** 赤外線の生体影響として，白内障を生ずる．

☒ **Q6** 赤外線の生体影響として，代謝を高める．

☒ **Q7** 赤外線の生体影響として，熱中症を生ずる．

☒ **Q8** 赤外線の生体影響として，皮膚血管を収縮させる．

☒ **Q9** 紫外線は，過剰な曝露により皮膚癌を発生させる．

☒ **Q10** 紫外線は，赤外線より皮膚透過性が大きい．

☒ **Q11** 紫外線領域であるドルノ線の波長は，380～410 nmである．

☒ **Q12** マイクロ波は，殺菌灯として用いられる．

水分量

☒ **Q1** 成人の体内の水分量は，体重の50%～70%である．

☒ **Q2** 血液成分の多くは，水分である．

☒ **Q3** 小児が生理的に必要とする水分量は，体重当たりに換算すると成人とほぼ同じである．

☒ **Q4** 加齢とともに体内の水分割合は，減少する．

☒ **Q5** 一般に，女性の体内水分量は，男性より少ない．

☒ **Q6** 人が生理的に必要とする水分量は，1日約5Lである．

A1 Point! **電気性眼炎**（赤目）は，アーク溶接による紫外線が原因である． ×

A2 Point! **マイクロ波**は赤外線より波長が長く，**生体組織の深部に達する．** ×

A3 Point! 紫外線は**ビタミンD**形成作用により，**クル病**を予防する． ×

A4 Point! 赤外線により**白血病**は生じない． ×

A5 Point! 白内障は目の**水晶体**が濁り視界がぼやける． ○

A6 Point! 特に，遠赤外線は体の芯を温める． ○

A7 Point! 熱が体内にこもる． ○

A8 Point! 赤外線の生体影響として，**皮膚血管を拡張**させる． ×

A9 Point! 紫外線を過剰に浴びると**免疫が低下**する． ○

A10 Point! 赤外線のほうが，紫外線より**皮膚透過性**が大きい． ×

A11 Point! **ドルノ線（健康線）**の波長は280～310 nmである．
$1\ nm = 10^{-9}\ m$ ×

A12 Point! 殺菌灯は**殺菌作用**のある紫外線を用いる． ×

A1 Point! 約60％の内訳は，**細胞内液**（約40％）と**細胞外液**（約20％）である． ○

A2 Point! 血清と血しょうがあり，**血しょうの約90％が水**． ○

A3 Point! 小児が必要とする**水分量**は，体重当たりに換算すると**成人の3～4倍**である． ×

A4 Point! 子どもから老人になるにつれて水分割合が減る． ○

A5 Point! 約10％少ない． ○

A6 Point! 生理的に必要とする水分量は，**1日約1.5 L**である． ×

☒ **Q7** 通常の食事及び水分摂取の状態で，成人が1日に排泄する尿の量は1～2Lである．

☒ **Q8** 体内で生成された老廃物の排泄のため，成人では1日に最低0.4～0.5Lの尿が必要である．

水分欠乏率と脱水症状

☒ **Q1** 健常者における体重当たりの水分欠乏率が1%で喉の渇きを覚え，2%になると，強い渇きを覚える．

☒ **Q2** 健常者における体重当たりの水分欠乏率が4%になると，失神，腎機能不全となる．

☒ **Q3** 健常者における体重当たりの水分欠乏率が12%になると，尿生成の停止となる．

☒ **Q4** 健常者における体重当たりの水分欠乏率が20%以上になると死亡する．

水銀等有害物質

☒ **Q1** 水銀及びその化合物は，水道法に基づく水質基準項目の一つである．

☒ **Q2** 水銀による急性中毒では，口内炎や腎障害などがある．

☒ **Q3** イタイイタイ病は，水銀による慢性中毒である．

☒ **Q4** ヒ素化合物の毒性の強さは，その結合形によらず一定である．

☒ **Q5** ヒ素はヒトに対する発がん性は，認められない．

☒ **Q6** 水俣病は，ヒ素による急性中毒である．

☒ **Q7** ヒ素は，急性ばく露により皮膚の色素沈着や角化を起こす．

A7 Point! **尿量**と人が生理的に必要とする1日約1.5Lとほぼ見合っている. ○

A8 Point! これを**不可避尿**という. ○

A1 Point! 健常者における体重当たりの**水分欠乏率が**6%になると，手・足の**ふるえ**が生じ，水分欠乏率が8%になると，**呼吸困難**，**チアノーゼ**を起こす. ○

A2 Point! 失神，腎機能不全は10~12%. ×

A3 Point! 18%で尿生成の停止となる. ×

A4 Point! 尿も出ず，死に到る. ○

A1 Point! 一般に**有機水銀**と**無機水銀**に分けられる. 有機水銀(特に**メチル水銀**)は**生物濃縮**によりヒトに健康被害を及ぼす. ○

A2 Point! 口腔に潰瘍ができる. ○

A3 Point! **イタイイタイ病**は，**カドミウム**による慢性中毒である. ×

A4 Point! **ヒ素**化合物の毒性の強さは，結合形により異なる. 5価より**3価**が強い. ×

A5 Point! ヒ素は，ヒトに対する**発がん性**が認められている. ×

A6 Point! **水俣病**は**メチル水銀**による中毒である. ×

A7 Point! 慢性ばく露により**色素沈着**などを起こす. ×

☒ Q8 カドミウムは，腎臓に過剰に蓄積すると，尿細管に障害が起こり，蛋白尿などの症状を示す．

☒ Q9 カドミウムは，水道法に基づいて定められる，飲料水の水質基準の項目に含まれていない．

☒ Q10 鉛及びその化合物は，神経系の障害や貧血などの中毒症状を起こす．

☒ Q11 トリハロメタンは，消毒副生成物の中に含まれる．

水系感染

☒ Q1 水系感染症患者の発生は数カ月にわたって緩やかに増加することが多い．

☒ Q2 水系感染症による患者の発生と給水範囲は，一般には一致しない．

☒ Q3 水系感染症による患者の発生は梅雨期から夏季に限定される．

☒ Q4 水系感染症は，一般に致死率は低く，軽症例が多い．

感染症と病原体

☒ Q1 インフルエンザの病原体は，ウイルスに分類される．

☒ Q2 B型肝炎の病原体は，リケッチアに分類される．

☒ Q3 ペストの病原体は，細菌に分類される．

☒ Q4 マラリア，クリプトスポリジウム症の病原体は，ウイルスに分類される．

☒ Q5 麻しんは，細菌に分類される．

☒ Q6 カンジダ症，白癬症の病原体は，真菌に分類される．

A8 Point! **蛋白尿**は，非常に多くの蛋白質を含んだ尿をいう．○

A9 Point! **カドミウム**は，水道法に基づいて定められる，飲料水の水質基準の項目に含まれている．×

A10 Point! 鉛に汚染された食物を食べたり，多量に吸い込むと，数カ月後から症状が出る．○

A11 Point! **トリハロメタン**中，**クロロホルム**が最も高濃度で検出される．塩素消毒の際に生じる．○

A1 Point! **水系感染症患者**の発生は，短期に集中して増える．×

A2 Point! 水系感染症による**患者の発生と給水範囲**は，一般には**一致**する．×

A3 Point! 梅雨期から夏季に限定されない．水系感染症は，**年間を通して発生**しうる．×

A4 Point! 感染率は高いが，重症例は少ない．○

A1 Point! 病原体の大きさによる分類は，**小さい順に，ウイルス，リケッチア，細菌，真菌，スピロヘータ，原虫**の順である．○

A2 Point! **B型肝炎**の病原体は，ウイルスに分類される．×

A3 Point! ペストは**一類感染症**である．○

A4 Point! マラリア，クリプトスポリジウム症の病原体は，**原虫**に分類される．×

A5 Point! **麻しん（はしか）**の病原体は**ウイルス**に分類される．×

A6 Point! **真菌はカビ**である．○

☒ **Q7** 梅毒，ワイル病の病原体は，リケッチアに分類される．

☒ **Q8** つつが虫病，発疹チフスの病原体は，リケッチアに分類される．

☒ **Q9** 日本脳炎は，ウイルスによって引き起こされる疾患である．

☒ **Q10** ノロウイルスは，ヒトからヒトへ感染する．

☒ **Q11** ノロウイルスは，食中毒の原因となる．

☒ **Q12** ノロウイルスは，感染力が弱い．

☒ **Q13** ノロウイルス感染症は，夏季を中心に発生する．

☒ **Q14** ノロウイルス感染症の主な症状は，嘔吐，下痢，発熱である．

☒ **Q15** マイコプラズマ肺炎はヒトからヒトへ感染する．

レジオネラ症

☒ **Q1** 感染症の予防及び感染症の患者に対する医療に関する法律に基づき，レジオネラ症は五類感染症に分類されている．

☒ **Q2** レジオネラの病原体はウイルスである．

☒ **Q3** レジオネラ属菌は，自然界の土壌や淡水中等に生息するグラム陰性の桿菌（かんきん）である．

☒ **Q4** 冷却塔の冷却水を介して感染する場合がある．

☒ **Q5** 病原体によって汚染された水のエアロゾル吸入は，感染経路の一つである．

☒ **Q6** 呼吸により病原体を吸い込む，肺炎型の病型である．

☒ **Q7** 病原体は一般に50～60℃で繁殖し，55℃前後で最もよく繁殖する．

☒ **Q8** 感染の起こりやすさには，人の個体差や体調差が影響すると考えられる．

A7 Point! 梅毒，ワイル病の病原体は，**スピロヘータ**に分類される． ×

A8 Point! **リケッチア**は，ウイルスより大きく細菌より小さい． ○

A9 Point! 日本脳炎は，**コガタアカイエカ**が媒介する． ○

A10 Point! 感染すると，12～48時間で発症することが多い． ○

A11 Point! カキなどの**貝類**により当たることが多い． ○

A12 Point! ノロウイルスは，**感染力が強い**． ×

A13 Point! **冬期**を中心に発生する． ×

A14 Point! その他に，腹痛，筋肉痛など． ○

A15 Point! **マイコプラズマ**という細菌によって感染する． ○

A1 Point! **レジオネラ症**は，**四類**感染症に分類されている． ×

A2 Point! レジオネラ属菌の病原体は**細菌**である． ×

A3 Point! 桿菌は**棒状の細菌**をいう． ○

A4 Point! **循環式浴槽**を介して感染する場合もある． ○

A5 Point! レジオネラは，水系感染症である． ○

A6 Point! **肺炎型と非肺炎型**の二つの病型がある． ×

A7 Point! 病原体は一般に**20～50℃で繁殖**し，36℃前後で最もよく繁殖する． ×

A8 Point! 老人や乳幼児がかかりやすい，いわゆる**日和見感染**である． ○

クリプトスポリジウム

☒ Q1 クリプトスポリジウムの病原体は，細菌である．

☒ Q2 水の塩素消毒は，クリプトスポリジウム病原体に対して有効である．

☒ Q3 病原体による水の汚染のおそれがあるときは，大腸菌及び嫌気性芽胞菌の検査を行う．

☒ Q4 クリプトスポリジウムを含む微細な水滴が肺に吸入されて発症する．

☒ Q5 クリプトスポリジウム症は，人のみが感染する．

☒ Q6 クリプトスポリジウム症の潜伏期間は，約1日でその後，急性の下痢などを発症する．

感染症対策

☒ Q1 患者の治療は，感染源対策として適当である．

☒ Q2 患者の隔離は，感染源対策として適当である．

☒ Q3 マスクの着用は，感染経路対策として適当である．

☒ Q4 水や空気の浄化は，感染源対策である．

☒ Q5 予防接種は，病原体に対する人の感染源対策として適当である．

☒ Q6 体力の向上は，宿主の感受性対策として適当である．

☒ Q7 媒介動物の駆除は，宿主の感受性対策として適当である．

結核

☒ Q1 結核は，第二類感染症である．

☒ Q2 感染するとほとんどの人が発病する．

☒ Q3 結核菌は，感染すると体内で1カ月程度存在する．

A1 Point! 病原体は4～6 μmの**原虫**である. ×

A2 Point! **塩素に対して抵抗性**があり，水の塩素消毒は病原体に対して有効でない. ×

A3 Point! 水質基準では，**大腸菌は検出されないこと**とされているが，検出された場合，水質汚染が疑われる. ○

A4 Point! クリプトスポリジウムが混入した**水を飲む**ことによって発症する. ×

A5 Point! **人畜共通性**であり，糞便が感染源となる. ×

A6 Point! 感染すると，2～5日後に**下痢**や**腹痛**等の症状が表れる．その後1～2週間続く. ×

A1 Point! 感染症対策としては，①**感染源**対策　②**感染経路**対策　③**感受性**対策　がある. ○

A2 Point! 患者の隔離，治療は感染源対策である. ○

A3 Point! 他に，**手洗いやうがい**なども感染経路対策である. ○

A4 Point! **水や空気の浄化**は，感染経路対策である. ×

A5 Point! **予防接種**は，病原体に対する人の**感受性対策**として適当である. ×

A6 Point! **体力の向上**により抵抗力が向上する. ○

A7 Point! ネズミなど媒介動物の**駆除**は，感染経路対策である. ×

A1 Point! 結核による死亡者数は年間約1,800人である. ○

A2 Point! 感染しても多くの人は，**発病に至らない**. ×

A3 Point! **結核菌**は，体内で数年から数十年存在する. ×

☒ Q4 多量喫煙者と感染した場合の発病のリスクには関係性が見られない.

☒ Q5 建築物の気密性の向上と集団感染の増加との関連が示唆されている.

消毒・滅菌

☒ Q1 ホルマリンは，皮膚や粘膜に対して刺激作用を示す.

☒ Q2 次亜塩素酸ナトリウムは，消毒の対象となる物に有機物が多く含まれるほど，効力が増す.

☒ Q3 逆性石けんは，手指や金属器具などの消毒に用いられる.

☒ Q4 クレゾールは，ほとんど全ての物件の消毒に利用できるが，食器の消毒には適さない.

☒ Q5 ある環境中のすべての微生物を死滅させることを滅菌といい，そのなかの病原体のみを死滅させることは消毒という.

☒ Q6 紫外線は滅菌に用いられる.

☒ Q7 次亜塩素酸ナトリウムは，芽胞にも有効である.

溶液

☒ Q1 5%溶液として市販されている次亜塩素酸ナトリウム30 mLに適当な量の水を加えて，25 mg/Lの濃度に希釈したい.加える水の量はおよそ60 Lである.

地下空間

☒ Q1 地下空間は，年間を通じて一定の温度環境が得られやすい.

A4 Point! **多量喫煙者**は，感染すると発病のリスクが高い． ×

A5 Point! 建物の**気密性**が向上したため，感染の増加が指摘されている． ○

A1 Point! **ホルマリン**は，すべての微生物に有効である． ○

A2 Point! **次亜塩素酸ナトリウム**は，対象物に**有機物**が多く含まれていると**消毒力が減退**する． ×

A3 Point! 結核菌などに対する**殺菌力は弱い**． ○

A4 Point! 独特の臭いがある． ○

A5 Point! 滅菌＞消毒である． ○

A6 Point! 紫外線は**消毒**に用いられる． ×

A7 Point! 無効である．**芽胞**とは，細菌が強固な殻にこもった状態をいう． ×

A1 Point! ①1 mL＝1,000 mg ②次亜塩素酸ナトリウム溶液は水に比べてごく少量なので，**水の比重と同じ**と考える．
30 mL × 0.05 ＝ 1.5 mL ≒ 1,500 mg　1,500 ÷ 25 ＝ 60 L ○

A1 Point! 自然換気は限られているため，**室内空気汚染は起こりやすい**． ○

☒ Q2 地下空間においては年間を通じて湿度が低く，結露やカビの発生はほとんどない．

☒ Q3 地下空間では外部からの音や，内部で発生する音が遮断されるので，静かさを保つことができる．

☒ Q4 地下空間は地震時には，地上階と比較して揺れの程度が大きい．

日本産業衛生学会の「許容濃度の勧告」

☒ Q1 日本産業衛生学会の「許容濃度の勧告」は，労働者の有害物質による健康障害を予防するために勧告される．

☒ Q2 許容濃度は，安全と危険の明らかな境界を示したものである．

☒ Q3 許容濃度は，人及び動物についての実験研究などから得られた知見に基礎を置いて決められる．

☒ Q4 空気中濃度が許容濃度以下では健康障害は起こらない．

☒ Q5 許容濃度は，新しい科学的根拠により見直されることがある．

☒ Q6 日本産業衛生学会の「許容濃度の勧告」は，労働が激しい場合の許容の限界値を定めている．

A2 Point! 地下空間においては**湿度が高く**なりやすく，結露やカビが発生しやすい．　×

A3 Point! 外部からの音が遮断され，静かさを保つことができるが，地下空間において発生する音は**騒音として籠**（こも）**りやすい**．　×

A4 Point! 地下空間は，地上階と比較して**揺れの程度が低い**とされている．　×

A1 Point! **日本産業衛生学会**は，許容濃度のほか，騒音，振動，電磁場などについても勧告している．　○

A2 Point! **許容濃度**は，安全と危険の明らかな境界を示したものと考えてはならない．　×

A3 Point! **一般の室内汚染**の許容の限界値として用いられる値ではない．　○

A4 Point! 空気中濃度が**許容濃度以下でも健康障害**が起こることはある．　×

A5 Point! 毎年，改訂して公表している．　○

A6 Point! 1日8時間，週40時間程度の労働基準法に定められた，**一般的な労働**に当てはまる濃度を定めている．　×

2章 コラム 「覚えてビル管マスター！」

基礎代謝：木曽大社（基礎代謝）に仰臥安置（仰臥安静時）

アレルゲン：アレルギーの原因アレルゲン

酸素欠乏の状態：酸欠はいや（18%未満）

大気・呼気中の二酸化炭素濃度：兄さん方（二酸化炭素）大芝居（0.04%）で失敗（4%）

※大気中0.04%（400 ppm），呼気中4%

可聴範囲：花鳥（可聴）はつれづれ（20 Hz～20 kHz）なるままに

振動レベルの単位：振動レベルはデシベル（dB）で表す

※Hzではない

よく聞こえる周波数：聞こえるからよせ（4,000 Hz）

騒音計はA特性：騒音をアレンジ（Aレンジ）

錐体細胞が反応する色：衰退（錐体細胞）するアーミー（赤，青，緑）に反応する　※黄色ではない

レイノー症候群：震度（振動）0の証拠は（レイノー症候群）？

色の三属性：いろんな迷彩（色相・明度・彩度）

体内水分量：これ（50%）からなれ（70%）

ドルノ線の波長：市街（紫外線）は賑やか（280）な祭礼（310）で混んどるの（ドルノ線）

カドミウムによる慢性中毒：角（カドミウム）に当たると痛い（イタイイタイ病）

ヒ素化合物の毒性の強さ：ひそひそ（ヒ素）参加だい（3価の毒性大）　※5価よりも

大きさの小さい順：売（ウイルス）り（リケッチア）最（細菌）新（真菌）す（スピロヘータ）げー（原虫）→売り最新すげー！

3章

空気環境の調整

試験での出題数
45問
（午前実施）

試験合格のアドバイス

全科目中，最も出題数が多い科目です．熱，湿り空気，結露，流体等に関する基礎知識や，空気調和機，熱源機器，搬送機器，付属品等の空気調和設備，換気設備，測定器，音，振動，光環境の管理などが出題されます．

範囲は広いですが，繰り返し出題される問題が多く，特に近年は，換気に関する問題が多い傾向にあります．

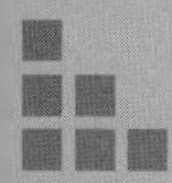

用語と単位

☒ Q1 音の強さの単位は，〔N/m²〕である．

☒ Q2 吸音力の単位は，〔m²〕である．

☒ Q3 振動加速度の単位は，〔m/s〕である．

☒ Q4 振動加速度レベルは，〔dB〕で表示される．

☒ Q5 音圧の単位は，〔dB〕である．

☒ Q6 透過損失の単位は，〔dB〕である．

☒ Q7 熱伝導率の単位は，〔W/(m²·K)〕である．

☒ Q8 光束の単位は，〔lm〕である．

☒ Q9 輝度の単位は，〔lm/m²〕である．

☒ Q10 色温度の単位は，〔K〕である．

☒ Q11 熱伝達抵抗の単位は，〔m²·K/W〕である．

☒ Q12 比熱の単位は，〔kJ/(kg·K)〕である．

☒ Q13 比エンタルピーの単位は，〔W/kg(DA)〕である．

☒ Q14 立体角の単位は，〔rad〕である．

用語

☒ Q1 LCCはライフサイクルコストのことである．

☒ Q2 HIDは発光ダイオードである．

☒ Q3 BRIはビル関連病をいう．

☒ Q4 CFUは集落形成単位をいう．

☒ Q5 MRTは平均放射温度である．

A1 Point! 音の強さの単位は，〔W/m²〕である． ×
A2 Point! 吸音力＝吸音率×壁面積〔m²〕 ○
A3 Point! 加速度の単位は，〔m/s²〕である． ×
A4 Point! 〔Hz〕ではない． ○
A5 Point! 音圧の単位は，〔Pa〕である． ×
A6 Point! 透過損失は大きいほどよい． ○
A7 Point! 熱伝導率の単位は〔W/(m·K)〕である． ×
A8 Point! なお，光度の単位は，〔cd〕である． ○
A9 Point! 輝度の単位は，〔cd/m²〕であり，〔lm/m²〕は照度の単位である．なお照度は〔lx〕でもある． ×
A10 Point! 色温度は**光源の色**を表すのに用いる． ○
A11 Point! 熱伝達率の単位は，〔W/m²·K〕である． ○
A12 Point! 熱容量の単位は，〔kJ/K〕である． ○
A13 Point! 比エンタルピーの単位は，〔kJ/kg (DA)〕である． ×
A14 Point! 立体角の単位は，〔sr（ステラジアン)〕である． ×

A1 Point! LCC：Life Cycle Cost ○
A2 Point! HID（High Intensity Discharge Lamp）は高輝度放電灯をいう．発光ダイオードはLED（Light Emitting Diode）． ×
A3 Point! BRI：Building Related Illness ○
A4 Point! CFU：Colony Forming Unit ○
A5 Point! MRT：Mean Radiation Temperature ○

湿り空気

☒ Q1 水蒸気を限界まで含んだ湿り空気の状態を飽和という.

☒ Q2 湿り空気中の水蒸気のもつ分圧を水蒸気分圧という.

☒ Q3 飽和水蒸気圧に対する水蒸気圧の比を絶対湿度という.

☒ Q4 湿り空気が飽和する温度を絶対温度という.

☒ Q5 露点温度の空気の相対湿度は50%である.

☒ Q6 絶対湿度とは，湿り空気中の乾燥空気1 kgと共存している水蒸気の質量である.

☒ Q7 熱水分比とは，比エンタルピーの変化量と絶対湿度の変化量との比である.

☒ Q8 顕熱比とは，潜熱の変化量に対する顕熱の変化量の比率である.

☒ Q9 飽和度とは，ある湿り空気の絶対湿度とその湿り空気と同一温度の飽和空気の絶対湿度との比を百分率で表したものである.

☒ Q10 露点温度における湿り空気では，乾球温度と湿球温度は異なる.

空気線図

☒ Q1 絶対湿度が増加すると，露点温度は上昇する.

☒ Q2 絶対湿度が一定の状態で，温度が低下すると相対湿度は上昇する.

☒ Q3 湿り空気を加熱すると，相対湿度は上昇する.

☒ Q4 湿り空気を加熱すると，比エンタルピーは上昇する.

☒ Q5 湿り空気を冷却すると，比容積は小さくなる.

A1 Point! このときの相対湿度は100％である． ○

A2 Point! 水蒸気分圧とは，空気中の水蒸気が示す分圧のこと． ○

A3 Point! 飽和水蒸気圧に対する水蒸気圧の比を**相対湿度**という． ×

A4 Point! 湿り空気が飽和する温度を**露点温度**という． ×

A5 Point! 露点温度の空気の相対湿度は100％である． ×

A6 Point! 絶対湿度とは，乾き空気1 kgに含まれる水蒸気の質量のことである． ○

A7 Point! 熱水分比＝熱量：水分量 ○

A8 Point! **顕熱比**とは，全熱（顕熱＋潜熱）の変化量に対する顕熱の変化量の比率である． ×

A9 Point! 絶対湿度の単位は，〔kg/kg（DA)〕である．**DAは乾き空気**を表す． ○

A10 Point! 乾球温度と湿球温度は等しい． ×

A1 Point! 絶対湿度が低下すると，露点温度は低下する． ○

A2 Point! この種の問題は**空気線図**を思いうかべて考えるとよい． ○

A3 Point! 湿り空気を加熱すると相対湿度は低下する． ×

A4 Point! 加熱すると空気の熱量は増加する． ○

A5 Point! 比容積の単位は，〔m^3 /kg〕である． ○

☒ **Q6** 湿り空気を加湿すると，露点温度は低下する.

☒ **Q7** 湿り空気を減湿すると，湿球温度は低下する.

☒ **Q8** 絶対湿度が一定の条件で温度が上昇すると，比エンタルピーは減少する.

☒ **Q9** 比エンタルピーが等しい湿り空気において，温度が高い湿り空気の絶対湿度は，温度が低い湿り空気の絶対湿度より高い.

熱の移動

☒ **Q1** 熱は，固体内では対流により伝わる.

☒ **Q2** 熱は，液体や気体中では，主として放射で伝わる.

☒ **Q3** 熱は，気体中に置かれた物体の表面どうしの間では，主として放射で伝わる.

☒ **Q4** 温度が0℃の固体表面からは，熱は放射しない.

☒ **Q5** 物体表面から射出される単位面積当たりの放射熱流は，表面の絶対温度の２乗に比例して増加する.

☒ **Q6** 同一温度の物体間では，放射に関し，放射率と吸収率は等しい.

☒ **Q7** 太陽放射は，可視光である0.38 μm～0.78 μm付近の電磁波の比率が大きい.

熱伝導率・熱伝導抵抗

☒ **Q1** 同一材料でも，一般に温度が高いほど熱伝導率は大きくなる.

☒ **Q2** 密度が大きい材料ほど，一般に熱伝導抵抗は小さくなる.

A6 Point! 湿り空気を加湿すると，露点温度は上がる． ×

A7 Point! 乾球温度も下がる． ○

A8 Point! 比エンタルピーとは，単位質量（1 kg）当たりの熱量である．絶対湿度が一定の条件で温度が上昇すると，**比エンタルピー**は増加する． ×

A9 Point! 比エンタルピー〔J/kg〕＝顕熱（温度が表す熱）＋潜熱（絶対湿度が表す熱） ×

A1 Point! 熱は，固体内では**伝導**により伝わる． ×

A2 Point! 熱は，液体や気体中では，主として**対流**で伝わる． ×

A3 Point! 熱の伝わり方には，伝導，対流，放射があり，固体→空気，空気→固体は，主に**放射**である． ○

A4 Point! 温度が0℃の固体表面からも，一般に熱を放射している． ×

A5 Point! 物体表面から射出される単位面積当たりの放射熱流は，表面の絶対温度の**4乗に比例**して増加する． ×

A6 Point! 2つの物体AB間でAからBへの放射率とBからAが受ける吸収率は等しい． ○

A7 Point! 波長が0.38 μmより短いものを**紫外線**，0.78 μmより長いものを**赤外線**と称している． ○

A1 Point! 温度が高いほど熱が伝わりやすくなる． ○

A2 Point! **密度が大きい材料**ほど，**熱伝導率は大きくなる**傾向がある．つまり，熱伝導抵抗は小さくなる． ○

☒ Q3 同一材料でも，一般に内部に水分を多く含むほど熱伝導率は大きくなる.

☒ Q4 固体内の熱流は，局所的な温度勾配に熱伝導抵抗を乗じて求められる.

☒ Q5 壁体内の単位面積当たりの熱流量は，壁体内の温度勾配と壁材料の熱伝導率の積に比例する.

☒ Q6 木材の熱伝導率は，コンクリートの熱伝導率の1/10程度である.

☒ Q7 硬質ウレタンフォームの方が，木材よりも熱伝導率が大きい.

☒ Q8 合板の熱伝導率は，グラスウールとほぼ同じである.

☒ Q9 板ガラスの熱伝導率は，木材とほぼ同じである.

☒ Q10 コンクリートは板ガラスよりも，熱伝導率は大きい.

☒ Q11 アルミニウムの熱伝導率は，鋼材のそれより小さい.

☒ Q12 中空層の熱抵抗は，一定の厚さ（2～5 cm）までは厚さが増すにつれて増大するが，それ以上ではほぼ一定となる.

熱伝達・熱貫流

☒ Q1 熱伝達は熱放射と対流によって行われ，その熱流量はそれぞれの熱流量の和となる.

☒ Q2 建築物内外の表面の熱伝達率は，一般に外部の方が大きい値をとる.

☒ Q3 壁と壁表面に接する空気との間の単位面積当たりの熱流は，壁表面温度と空気温度の差と対流熱伝達率の積で表される.

☒ Q4 強制対流の場合の対流熱伝達率は，境界層外部風速が小さ

A3 Point! 内部に湿気を多く含むほど熱伝導抵抗は小さくなる. ○

A4 Point! 熱流＝温度勾配×熱伝導率 ×

A5 Point! **温度勾配**は，2地点間の温度差を距離で割ったもの. ○

A6 Point! 木材は，**断熱性**に優れる. ○

A7 Point! 硬質ウレタンフォームの方が，木材よりも熱伝導率は小さい．硬質ウレタンフォームは断熱材である. ×

A8 Point! 合板の**熱伝導率**は，グラスウールのそれより大きい. ×

A9 Point! 板ガラスの熱伝導率は，木材より数倍大きい. ×

A10 Point! コンクリートは，板ガラスの1.6倍程度大きい. ○

A11 Point! アルミニウムの熱伝導率は，鋼材のそれより大きい. ×

A12 Point! 中空層の**熱抵抗**は，密閉の程度にも関係する. ○

A1 Point! **熱伝達**とは，気体（空気）から固体（壁）あるいはその逆の熱の伝わりをいう. ○

A2 Point! 室外側熱伝達率の方が室内側熱伝達率より大きい値をとる. ○

A3 Point! 熱流：Q，熱伝達率：K，温度差：θとすると，**Q＝Kθ**で表される. ○

A4 Point! 強制対流の場合の対流熱伝達率は，境界層外部**風速が**

くなると増加する.

☒ **Q5** 熱貫流率は，外部の風速が大きいほど小さくなる.

☒ **Q6** 熱貫流抵抗は，壁体の内表面及び外表面の熱伝達抵抗，固体壁の熱伝導抵抗，中空層の熱抵抗の合計で表される.

結露

☒ **Q1** 室内の絶対湿度を下げると，結露が発生しにくい.

☒ **Q2** 気密性が高く，自然換気の少ない建築物は，結露しにくい.

☒ **Q3** ガラス面の結露は，カーテンを用いると悪化する.

☒ **Q4** 窓ガラスを複層ガラスにすると，表面結露が発生しにくい.

☒ **Q5** 熱橋部分は，熱が伝わりやすいので結露しにくい.

☒ **Q6** 冬季においては，収納家具の裏面などでは温度が上がりやすく，結露は発生しにくい.

☒ **Q7** 内断熱を施すと，内部結露が発生しにくい.

☒ **Q8** 壁体内部の室外側に防湿層を設けると，内部結露が発生しにくい.

☒ **Q9** 冬季において戸建住宅では，外部に面した壁の出隅部分の室外側で表面結露しやすい.

流体の圧力損失

☒ **Q1** ダクト内気流の静圧と動圧の差を全圧として扱う.

☒ **Q2** 動圧は，流速の二乗と流体の密度に比例する.

☒ **Q3** 直線ダクトに生じる圧力損失は，流れの動圧に比例して増加する.

大きくなると増加する．×

A5 Point! 熱貫流率は，外部の風速が大きいほど大きくなる．×

A6 Point! **熱貫流**とは，熱が外から壁に伝わる（熱伝達）＋壁内を伝わる（熱伝導）＋壁から外に伝わる（熱伝達）一連をいう．○

A1 Point! 空気中の水蒸気量を下げるということ．○

A2 Point! 気密性が高いと自然換気が少なく，**結露**しやすい．×

A3 Point! ガラス面とカーテンの間の空気が冷やされる．○

A4 Point! **複層ガラス**（ペアガラス）は，断熱性が向上する．○

A5 Point! **熱橋部分**は，熱が伝わりやすいので結露しやすい．×

A6 Point! 収納家具の裏面などでは温度が下がりやすく，**結露**が発生しやすい．×

A7 Point! 外断熱を施すと，**内部結露**が発生しにくい．×

A8 Point! 壁体内部の室内側に湿気伝導率の低い**防湿層**を設けると，内部結露が発生しにくい．×

A9 Point! 外部に面した壁の出隅部分の室内側で**表面結露**しやすい．×

A1 Point! **静圧＋動圧＝全圧** ×

A2 Point! 動圧は，流速 v の二乗と流体の密度 ρ に比例する．

動圧$=\dfrac{\rho v^2}{2}$である．○

A3 Point! **圧力損失**$=\dfrac{\lambda l \rho v^2}{2d}$であり（$\lambda$ は摩擦係数，l はダクト長さ，d はダクト直径），動圧$=\dfrac{\rho v^2}{2}$ ○

3章 空気環境の調整

☒ **Q4** 直線ダクトの圧力損失は，風速に比例して増加する．

☒ **Q5** 直線ダクトの圧力損失は，ダクト直径に比例する．

ベルヌーイの定理ほか

☒ **Q1** 流れの運動エネルギーの保存を仮定すると，

$$\frac{\rho v^2}{2} + P + \rho gh = 一定が成り立つ．$$

ただし，ρ：密度，v：速度，P：圧力（静圧），g：重力加速度，h：高さ とする．

☒ **Q2** 摩擦のないダクト中の流れの上流側に A断面，下流側に B断面をとると，AB断面間に，単位時間に流入する流れと流出する流れの質量は等しい．

☒ **Q3** ダクトの途中に漏れがなければ，単位時間にダクトへ流入する空気の質量と，そのダクトから流出してくる空気の質量は等しい．

動圧・静圧の計算

☒ **Q1** ダクト内気流速度が5.0 m/sであったとすると，この気流の動圧の値は，10 Paである．

☒ **Q2** 常温空気が速度5.0 m/sで流れているダクト中で，周辺大気圧を基準とした全圧が40 Paであったとすると，同じ点の静圧は25 Paである．

A4 Point! 圧力損失＝$\frac{\lambda l \rho v^2}{2d}$より，風速$v$の2乗に比例する． ×

A5 Point! 圧力損失＝$\frac{\lambda l \rho v^2}{2d}$より，ダクト直径$d$に反比例する． ×

A1 Point! この式を「**ベルヌーイの定理**」という．3つの項の単位はすべて〔Pa：パスカル〕であり，第一項を動圧，第二項を静圧，第三項を位置圧と呼び，摩擦のない理想流体の流れでは，その合計値は一定となる．なお，ベルヌーイの式は完全流体（粘性係数＝0）で成り立つ． ○

A2 Point! 摩擦のないダクト中の理想流体の流れでは，どの断面においても動圧と静圧と位置圧との合計が等しくなる．この関係を示す式を**連続の式**という． ○

A3 Point! 連続の式は，ダクト中の流体の密度，断面積，流速の積が一定となることを意味する． ○

A1 Point! 動圧 $= \frac{\rho v^2}{2} = \frac{1.2 \times 5^2}{2} = 15$ Pa

空気の密度$\rho = 1.2$ kg/m^3 ×

A2 Point! 全圧＝静圧＋動圧である．上問より動圧は15 Paとなり，静圧は全圧から動圧を引くことで求められるので，静圧$= 40 - 15 = 25$ Pa ○

吹出口・吸込口の気流

☒ **Q1** 吹出口からの自由噴流は，周囲の空気を巻き込みながら拡がる．

☒ **Q2** 自由噴流は，吹出口付近では吹出風速が大幅に下がる．

☒ **Q3** 自由噴流は，中心軸速度の減衰傾向により，吹出口からの距離に対して4つの領域に区分して表される．

☒ **Q4** 自由噴流では，吹出口から離れた中心軸速度が，距離の二乗に反比例して減衰する領域がある．

☒ **Q5** スロット型吹出口から広い空間に吹き出された気流の性状は，自由噴流と考えることができる．

☒ **Q6** 天井面に沿った噴流の到達距離は，自由噴流よりも短くなる．

☒ **Q7** 中心線速度が一定速度まで低下する距離を，到達距離と呼ぶ．

☒ **Q8** 吹出しの影響は吹出口付近に限定される．

☒ **Q9** コールドドラフトは，冷たい壁付近などで生じる下降冷気流である．

レイノルズ数

☒ **Q1** 浮力に対する慣性力の比を表す無次元数をレイノルズ数という．

☒ **Q2** 無秩序な乱れによる流体塊の混合を伴う流れを乱流という．

A1 Point! 周囲の空気を巻き込むことを，**誘引作用**といい，これが大きい吹出口が良いとされる． ○

A2 Point! **自由噴流**は，吹出口付近では吹出風速がそのまま維持される． ×

A3 Point! 噴流速度が，吹出口速度とほぼ等しい**第1領域**，$1/\sqrt{x}$（吹出口からの距離をxとする）の**第2領域**，$1/x$となる**第3領域**，xとは関係なく，周囲の静穏気流と同じになる**第4領域**からなる． ○

A4 Point! 距離の二乗に反比例して減衰する領域はない． ×

A5 Point! **スロット型吹出口**は細長い帯状をしており，気流は自由噴流と考えられる． ○

A6 Point! 天井面に沿った噴流は，周囲の巻き込む空気量が少ないので，到達距離は自由噴流よりも長くなる． ×

A7 Point! 一般に，残風速が0.25 m/sになるまでの距離をいう． ○

A8 Point! 吹出しの影響は吹出口から遠方まで及ぶ．吸込みの影響は**吸込口付近に限定**され，遠方には及ばない． ×

A9 Point! **コールドドラフト**は，不快な局部気流である． ○

A1 Point! 粘性力に対する慣性力の比（慣性力/粘性力）を**レイノルズ数**という． ×

A2 Point! レイノルズ数が大きいと乱流で，**小さいと層流**である． ○

☒ Q3 摩擦抵抗係数は，レイノルズ数によって変化する．

自然換気

☒ Q1 自然換気は，通風があるときだけ換気が促進される．

☒ Q2 自然換気は開口部が大きくとれて，比較的天井の高い建物に用いられる．

☒ Q3 自然換気を行うには，給気口を高くし，排気口を低くする．

☒ Q4 自然換気量は，外部風速に比例する．

☒ Q5 風による換気力は，風速に比例する．

機械換気

☒ Q1 安定した換気量の確保には，機械換気が適している．

☒ Q2 清浄な環境を必要とする室は，周囲より室内の圧力を低くする．

☒ Q3 業務用のちゅう房では，ちゅう房内を正圧（大気圧より高い圧力）にする．

☒ Q4 病院では，病原菌が他の病室に流れ込むことのないように，ダクト系統を分ける．

☒ Q5 第1種換気は，室内の圧力を自由に設定できる．

☒ Q6 ハイブリッド換気とは，第1種機械換気方式をいう．

A3 Point! 管内の流れでは，レイノルズ数が4,000程度以上で乱流となる． ○

A1 Point! **自然換気**は，風圧力のほか，内外温度差による浮力が原動力となる． ×

A2 Point! **換気量**は，開口部の面積に比例し，給気口と排気口の高さの差の平方根に比例する． ○

A3 Point! 自然換気を行うには，給気口を低く，排気口を高くする必要がある． ×

A4 Point! 換気量は単位時間に入れ替わる新鮮空気の量をいう． ○

A5 Point! 風による**換気力は，風速の二乗に比例**する．なお，**換気量は風速に比例**する． ×

A1 Point! 自然換気では**通風と温度差**があるときだけ換気される． ○

A2 Point! 周囲より室内の圧力を高くしないと他から塵埃などが入ってくる． ×

A3 Point! 業務用のちゅう房では，臭気が食堂などへ漏れないように，ちゅう房内をやや負圧（大気圧より低い圧力）にする． ×

A4 Point! ダクト系統を細分化する． ○

A5 Point! 正圧にも，負圧にもできる． ○

A6 Point! ハイブリッド換気とは，**自然換気と機械換気を組み合わせ**た換気方式をいう． ×

☒ Q7 第2種換気は，機械給気により室内は正圧となる.

☒ Q8 ボイラ室では，燃焼空気量を給気に加算するとともに，室内を正圧にする.

☒ Q9 第3種換気は，機械排気により室内は正圧となり，汚染源の換気をする.

☒ Q10 感染症室は，第3種換気方式が利用できる.

☒ Q11 置換換気方式では，室温よりやや低温の新鮮空気を床面下部より供給し，室上部から排出する.

必要換気量ほか

☒ Q1 換気回数〔回/h〕とは，1時間当たりに室内に取り入れる新鮮空気（外気）量を室容積で除したものである.

☒ Q2 一人当たりの必要換気量は，湿度を基準として求めることが多い.

☒ Q3 電気室では，室温が許容温度以下になるように必要換気量を算定する.

☒ Q4 局所換気は，室全体でなく，汚染物質が発生する場所を局部的に換気する方法である.

☒ Q5 夏季におけるナイトパージは，省エネルギー対策となる.

☒ Q6 局所平均空気齢とは，新鮮空気の給気口から任意の点に移動するのにかかる平均時間をいう.

浮遊粒子

☒ Q1 抵抗係数は，ストークス域ではレイノルズ数に無関係である.

A7 Point! 第2種は，機械給気で自然排気する. ○

A8 Point! ボイラ室では**過剰空気**が必要である. ○

A9 Point! 第3種換気は，機械排気により室内は負圧となり，**汚染源の換気**をする. ×

A10 Point! 感染症室は，他への感染を防止するため，**室内を負圧**にする必要がある. ○

A11 Point! **置換換気方式**は室内空気を大量に新鮮空気と置き換える（入れ替える）方式. ○

A1 Point! 住宅等の居室のシックハウス対策として機械換気を用いる場合の換気回数は**0.5回以上**である. ○

A2 Point! 一人当たりの必要換気量は，呼吸による**二酸化炭素の発生量**を基準として求めることが多い. ×

A3 Point! 電気機器の放熱を排除するため，一般に，**サーモ付きの換気扇**を設置する. ○

A4 Point! 汚染物質を発生源の近くで捕集するため捕集効率が高く，換気量も比較的少ない. ○

A5 Point! ナイトパージとは**夜間放射**のことをいう. ○

A6 Point! 空気齢は空気の新鮮度を表すもので，**数値が小さいほど新鮮な空気**である. ○

A1 Point! 抵抗係数は，ストークス域ではレイノルズ数に反比例する．レイノルズ数が小さい領域を**ストークス域**，中間を**アレン域**，大きい領域を**ニュートン域**という. ×

☒ **Q2** 粒子の抵抗は，ニュートン域ではレイノルズ数に反比例する．

☒ **Q3** 微粒子が気体中を運動する場合の粒子の抵抗は，粒子の流体に対する相対速度の二乗に比例する．

☒ **Q4** 抵抗係数は，粒子が小さくなると，気体の分子運動の影響を受けない．

☒ **Q5** 粒子の抵抗は，粒子の体積に比例する．

☒ **Q6** 電気移動度は，電界中の電荷をもつ粒子の移動速度を電界強度で除した値である．

☒ **Q7** 球形粒子の拡散係数は，粒径に比例する．

☒ **Q8** 球形粒子の重力による終末沈降速度は，粒径の二乗に比例する．

空気汚染物質

☒ **Q1** 一酸化炭素の建築物内の発生源は，燃焼器具や駐車場排気の侵入などである．

☒ **Q2** 二酸化炭素の発生源は, ヒトの呼吸や燃焼器具などである．

☒ **Q3** 二酸化硫黄は，無色，無臭の気体で，石炭や重油などの燃焼排気に含まれる．

☒ **Q4** 窒素酸化物の発生源として，自動車排気ガスや燃焼器具などがある．

☒ **Q5** アスベストは, 人工的に作られた繊維状鉱物の総称である．

☒ **Q6** オゾンは，コピー機やレーザプリンタなどが室内発生源である．

A2 Point! 粒子の抵抗は，ニュートン域ではレイノルズ数に関係なく一定である． ×

A3 Point! 粒子の抵抗：F，抵抗係数：k，粒子の投影面積：A，流体密度：ρ，粒子の相対速度：vのとき，$F \propto kA\rho v^2$ ○

A4 Point! 抵抗係数は，粒子が小さくなると，気体分子運動の影響を受ける． ×

A5 Point! 粒子の抵抗は，粒子の投影面積，流体密度に比例する．投影面積に比例するが，体積に比例するとはいえない． ×

A6 Point! **電子の移動のしやすさ**を示したもので，電子移動度ともいう． ○

A7 Point! 球形粒子の拡散係数は，粒径に反比例する． ×

A8 Point! 粒子は沈降直後は加速するが，その後は等速運動をする．その速度が**終末沈降速度**である． ○

A1 Point! 燃焼器具や駐車場からの排気は，室内に入らないようにする． ○

A2 Point! 呼気には約**4%**の二酸化炭素が含まれる． ○

A3 Point! 二酸化硫黄は刺激性の気体である． ×

A4 Point! 窒素酸化物は，火山，森林火災など自然発生の量も多い． ○

A5 Point! **アスベスト（石綿）**は，自然界にある繊維状ケイ酸塩鉱物である． ×

A6 Point! **オゾン**（O_3）は，強い酸化力をもつ． ○

☒ Q7 におい物質は，揮発性，化学反応性に富む比較的高分子の有機化合物が多い．

☒ Q8 ホルムアルデヒドは，無色の刺激臭を有する気体で水に溶けにくい．

☒ Q9 PM 2.5は，中位径が2.5 μm以下の微小粒子状物質のことである．

アレルゲンと微生物

☒ Q1 オフィスビル内のアレルゲンの大部分は細菌類である．

☒ Q2 住宅内のダニアレルゲン量は，秋に最大になる場合が多い．

☒ Q3 ダニアレルゲンの大部分は，ナノサイズの粒子である．

☒ Q4 住環境内の主なダニアレルゲンに，ヒョウヒダニの糞がある．

☒ Q5 事務所建築物の室内では，浮遊細菌濃度より浮遊真菌濃度の方が高い場合が多い．

☒ Q6 ウイルスは，生きている細胞中でしか増殖できない．

☒ Q7 酵母は，細菌に分類される．

☒ Q8 スギ花粉の除去にエアフィルタは有効ではない．

☒ Q9 結露した壁などの表面では，真菌が発生し，空気汚染源となることが多い．

☒ Q10 空気調和機内は，微生物の増殖にとって好環境となる．

熱負荷

☒ Q1 冷房負荷計算において，北面窓ガラスからの透過日射熱負荷は考慮しない．

A7 Point! におい物質は，比較的低分子の有機化合物が多い． ×

A8 Point! **ホルムアルデヒド**は水溶性である． ×

A9 Point! PM：particulate matter．中位径とは，粒度分布で50%を超える粒子径をいう． ○

A1 Point! オフィスビル内のアレルゲンの大部分はダニ，花粉などである．アレルゲンは**アレルギーの原因物質**のこと． ×

A2 Point! 高温多湿の夏にダニが増え，その死骸が増加する． ○

A3 Point! ダニアレルゲンの大部分は，2 μm以上の粒子である． ×

A4 Point! ダニの糞や死骸はアレルギーの原因となる． ○

A5 Point! **浮遊細菌濃度**の方が高い． ×

A6 Point! **ウイルスは最も微小**である． ○

A7 Point! 酵母は，キノコやカビと同じ**真菌**に分類される． ×

A8 Point! エアフィルタは有効である． ×

A9 Point! 結露の発生を防ぐため，室内換気，湿度を下げるなどを考慮する． ○

A10 Point! 夏はコイル，冬は加湿器にカビが発生しやすい． ○

A1 Point! 北面窓ガラスからも熱取得はあり，**透過日射熱負荷**を考慮する． ×

☒ Q2 外壁の面する方位によって，空気調和のゾーニングが行われる.

☒ Q3 ガラス面の貫流（通過）熱負荷は，潜熱負荷である.

☒ Q4 建築物の空気調和設計における熱負荷の大小関係として，熱源負荷＞空調機負荷＞室内負荷である.

☒ Q5 人体負荷には，顕熱負荷と潜熱負荷がある.

☒ Q6 空調系内のポンプや送風機による負荷は，一般に暖房時には無視する.

☒ Q7 百貨店やスーパーマーケットの売場は，特に照明負荷が大きい.

☒ Q8 TAC温度は，危険率（設計値を超える確率）を設定して求めた外気温度である.

空気調和機（エアハンドリングユニット）

☒ Q1 空気調和とは，室内の温度を良好な状態に処理，調整することをいう.

☒ Q2 空気調和は，人間を対象とする保健空調を意味する.

☒ Q3 空気調和設備は，一般に，熱源設備，熱搬送設備，空気調和機設備，自動制御設備等によって構成される.

☒ Q4 熱源設備は，冷凍機，冷却塔，ボイラ，蓄熱槽等によって構成される.

☒ Q5 空気調和機は，一般に上流側からエアフィルタ，冷却コイル，加熱コイル，加湿器，送風機の順に構成される.

☒ Q6 自動制御設備は，計測器（検出器），操作器，調節器，中央監視装置等で構成される.

A2 Point! 日射熱などの熱負荷が異なるので，**ゾーニング**（エリア分け）により空調計画を行う. ○

A3 Point! ガラス面の貫流（通過）熱負荷は，**顕熱負荷**である. ×

A4 Point! 熱源機器→空調機→室内と運ばれる際，熱が逃げていく. ○

A5 Point! そのほかに，外気やすきま風にも顕熱負荷と潜熱負荷がある. ○

A6 Point! ポンプや送風機は冷房負荷なので，暖房時には無視する. ○

A7 Point! **照明器具は顕熱負荷**であり，冷房負荷となる. ○

A8 Point! TAC**温度**を元に空気調和機の能力を決める. ○

A1 Point! 空気調和とは，室内の温度，湿度だけでなく，気流及び清浄度を良好な状態に処理，調整することを意味する. ×

A2 Point! 空気調和には，人間を対象とする**保健空調**のほか，物品を対象とする**産業空調**がある. ×

A3 Point! 空気調和機の代表的な装置として，ユニット型空調機，ターミナル型空調機，パッケージ型空調機等がある. ○

A4 Point! 熱源設備から，空気調和設備に熱を供給する. ○

A5 Point! **冷温水コイル**は冷却コイルと加熱コイルを兼用したものをいう. ○

A6 Point! 中央監視装置は，省エネルギーや室内環境の確保を目的に設備機器を監視，制御する設備である. ○

☒ **Q7** エアハンドリングユニットは，冷却・加熱のための熱源を内蔵している．

☒ **Q8** エアフィルタとしては，通常，ユニット型の乾式フィルタを用いることが多い．

☒ **Q9** 冷却コイルの凝縮水や噴霧加湿により生じた水滴が下流側に飛散するのを防ぐために，エリミネータが設置されることがある．

☒ **Q10** 送風機としては，軸流送風機が多用される．

定風量単一ダクト方式

☒ **Q1** ダクトで空気を室内に供給する空気調和方式は，一般に，室内に設置された機器へ冷温水を送水し空気調和を行う方式に比べて，熱媒体の搬送動力は少なくてよい．

☒ **Q2** 定風量単一ダクト方式は，熱負荷の変動に対応して風量を変化させる．

☒ **Q3** 定風量単一ダクト方式は，必要な新鮮外気量を確保しにくい．

☒ **Q4** 定風量単一ダクト方式は，負荷の変動が類似している室をゾーニングし，一つの系統とする場合が多い．

☒ **Q5** 定風量単一ダクト方式では，自動制御用の検出器が設置されている代表室以外は，目標温度を維持できないことが多い．

変風量単一ダクト方式

☒ **Q1** 変風量単一ダクト方式では，VAVユニットが用いられる．

☒ **Q2** 変風量単一ダクト方式は，風量が減少した場合でも，室内

A7 Point! エアハンドリングユニットは，冷却・加熱のための熱源を内蔵していない． ×

A8 Point! 交換は容易である． ○

A9 Point! 冷却コイルは夏期に使用し，噴霧加湿は主に冬期に使用するが，いずれも水滴を生じる．**エリミネータ**は水滴を除去する装置である． ○

A10 Point! 送風機としては，**多翼送風機（シロッコファン）**が多用される． ×

A1 Point! ダクトで空気を室内に供給する空気調和方式は，一般に，室内に設置された機器へ冷温水を送水し空気調和を行う方式に比べて，熱媒体の搬送動力を多く必要とする． ×

A2 Point! **定風量単一ダクト方式**は，熱負荷の変動に対応して給気温度を変化させる． ×

A3 Point! 外気量を確保しやすい．新鮮な外気を十分確保できる点ですぐれている． ×

A4 Point! 吹出し風量が各室同じであるためである． ○

A5 Point! 定風量単一ダクトはCAV（Constant Air Volume）と呼ばれ，どの室も一定風量となる． ○

A1 Point! **変風量**ユニット（VAVユニット）をゾーンごとに配置することにより，**ゾーン制御が可能**である． ○

A2 Point! **変風量単一ダクト方式**は，風量が減少した場合，室内空気の清浄度は保たれる.

☒ Q3 変風量単一ダクト方式では，必要外気量を確保するための対策は不要である.

☒ Q4 変風量単一ダクト方式では，送風機の風量制御を行うことにより，部分負荷時の搬送エネルギー消費量を軽減できる.

☒ Q5 変風量単一ダクト方式では，間仕切り変更や熱負荷の増減に対応しにくい.

ヒートポンプ方式

☒ Q1 ヒートポンプは，高い温度のところから低い温度のところへ熱を移動する装置である.

☒ Q2 ヒートポンプ方式では，水熱源方式に比べて，空気熱源方式の方が多く使われている.

☒ Q3 ヒートポンプの空気熱源方式は，水熱源方式に比べて，一般に成績係数が高い.

☒ Q4 ヒートポンプ方式は，冷水と温水を同時に取り出せる機種がある.

☒ Q5 空気熱源ヒートポンプ方式は，冷却塔を必要とする.

パッケージ型空気調和機

☒ Q1 パッケージ型空気調和機は，空気調和機の基本構成要素に冷凍機又はヒートポンプの機能を組み込んだものである.

☒ Q2 パッケージ型空気調和機は，冷房専用機と暖房専用機に分類される.

☒ Q3 パッケージ型空気調和機の圧縮機の駆動源としては，電動

空気の**清浄度が悪化**する可能性がある. ×

A3 Point! 変風量単一ダクト方式では，各室の風量が減少した場合，室内空気の清浄度が悪化する可能性がある．送風量が絞られた場合でも，必要外気量を確保するための対策が必要である. ×

A4 Point! 通常，給気温度は一定で運転され，変風量装置（VAVユニット）で**給気風量**，**還気風量**を変えている. ○

A5 Point! 変風量単一ダクト方式では，間仕切り変更や多少の熱負荷の増減に対応しやすい. ×

A1 Point! **ヒートポンプ**は，低い温度のところから高い温度のところへ熱をくみ上げる装置である. ×

A2 Point! 一般家庭のエアコンは**空気熱源方式**である. ○

A3 Point! 水熱源のほうが温度変化は小さく，空気熱源方式に比べて，一般に**成績係数が高い**. ×

A4 Point! **クリーンルーム**などは，一定の温湿度に保つため，同時に冷水と温水をつくる. ○

A5 Point! 直接大気と熱交換する. ×

A1 Point! 一般住宅向けではなく，食堂やビル，大型施設などに用いられる空気調和機である. ○

A2 Point! パッケージ型空気調和機で現在採用されているほとんどのものは，**冷暖房兼用**機である. ×

A3 Point! 圧縮機の駆動源には，電動機だけでなく**ガスエンジン**

機のみである.

☒ **Q4** 空気熱源方式のパッケージ型空気調和機では，室内において水損事故がない.

☒ **Q5** ビル用マルチパッケージは，圧縮機のオン・オフ制御が主流である.

☒ **Q6** 個別方式の空気調和機は，外気処理機能を持っている.

☒ **Q7** マルチユニット型ヒートポンプシステムは，加湿器を組み込むことで，冬期の湿度調節も可能である.

☒ **Q8** ビル用マルチエアコンは,十分な換気の能力を有している.

☒ **Q9** マルチ方式のパッケージ型空気調和機（ビル用マルチ）は，一台の室外ユニットと複数の室内ユニットを端末分岐方式の冷媒配管で接続したもので，室内ユニットの個別運転はできない.

その他

☒ **Q1** 低温冷風空調システムは，給気温度を下げることにより，風量を削減できるが，搬送動力の低減化は困難である.

☒ **Q2** 低温冷風空調システムは，給気の低温化に伴う結露対策や室内温度の低下などに留意する必要がある.

☒ **Q3** ターミナルエアハンドリングユニット方式は,各室や細分されたゾーンに小風量タイプの空気調和機を用いる方式である.

☒ **Q4** 外調機併用ターミナルエアハンドリングユニット方式は,細分されたゾーンの空調に適している.

☒ **Q5** ターミナルエアハンドリングユニット方式は，全空気方式に分類される.

もある. ×

A4 Point! 水熱源と違い水を使用しないので，室内における**水損事故**の心配はない. ○

A5 Point! **インバータ制御**が主流である. ×

A6 Point! 個別方式の空気調和機は特殊なものを除き，通常，**外気処理機能**をもたない. ×

A7 Point! 冬期は外気の湿度が低いため**加湿器**を組み込む. ○

A8 Point! ビル用マルチエアコンは，換気の能力を有していない. ×

A9 Point! **マルチ方式**は，一台の室外ユニットと複数の室内ユニットを接続したもので，室内ユニットの個別運転が可能である. ある室内で冷房，他の室で暖房も可能. ×

A1 Point! **低温冷風空調システム**は，給気温度を下げることにより，風量を削減できるので，搬送動力の低減化が可能である. ×

A2 Point! 給気が低温になるので，**結露や室内温度の過剰な低下**に気をつける必要がある. ○

A3 Point! 機械室を用いずに，天井内のいんぺいとすることができる. ○

A4 Point! ダクト併用ファンコイルユニット方式に比べ，高品位な空調空間が達成されやすい. ○

A5 Point! ターミナルエアハンドリングユニット方式は，空気-水方式に分類される. ×

☒ Q6 室の負荷に応じて再熱する，ターミナルレヒート方式が併用されることもある．

☒ Q7 床吹出空調システムは，二重床を空気調和に利用している．

☒ Q8 天井パネルを用いる放射冷暖房方式では，冷房運転時の結露対策に配慮する．

☒ Q9 放射冷暖房方式は，単独で換気の能力を有している．

ファンコイルユニット

☒ Q1 ファンコイルユニットは，比較的室数の少ない建築物に利用される．

☒ Q2 ファンコイルユニットは，エアフィルタ，冷温水コイル，送風機等で構成される．

☒ Q3 ファンコイルユニットは，床置型に限定される．

☒ Q4 ファンコイルユニットまでの熱の搬送は，冷温水で行う．

☒ Q5 ファンコイルユニットは，加湿機能がある．

☒ Q6 ファンコイルユニットは，電動機としては三相200 Vが多用される．

☒ Q7 ファンコイルユニットで用いられる配管方式は，二管式と三管式である．

☒ Q8 四管式ファンコイルユニット方式は，各ユニットごとに冷水，温水を選択して冷暖房を行うことが可能である．

A6 Point! 吹出口の上流に**レヒータ（再熱器）**を設置することで，温度調節が可能である． ○

A7 Point! **居住域**までの空調でよい． ○

A8 Point! ダクトを用いないので，搬送動力の低減が期待できる． ○

A9 Point! 放射冷暖房方式は，換気の能力を有していない．別に換気のできる方式との併用となる． ×

A1 Point! 比較的室数の多い建築物に利用される．**ファンコイルユニットごとの発停**ができる． ×

A2 Point! 送風機（ファン）とコイル等をユニット化したものである．他に**ドレンパン**も組み込まれている． ○

A3 Point! 設置方法により，床置型，天井つり型等がある． ×

A4 Point! 夏期は冷水で，冬期は温水を搬送する． ○

A5 Point! ファンコイルユニットは，**一般に加湿機能がない**． ×

A6 Point! ファンコイルユニットの送風機用電動機としては**単相100 V**が多用され，巻線切り替えで回転数を変える． ×

A7 Point! ファンコイルユニットの配管方式には，二管式，三管式，四管式がある． ×

A8 Point! **四管式**ファンコイルユニット方式は，冷水と温水を，往き管，還り管ともに独立させて別々に配管する方式である．

	往き管	還り管
二管式	冷水管と温水管は共通	冷水管と温水管は共通
三管式	冷水管と温水管は別	冷水管と温水管は共通
四管式	冷水管と温水管は別	冷水管と温水管は別

○

☒ **Q9** ファンコイルユニットは分散して多数設置されるため，保守点検が繁雑になりやすい．

ダクト併用ファンコイルユニット方式

☒ **Q1** ダクト併用ファンコイルユニット方式は，汎用性の高いファンコイルユニットを用い，単一ダクト方式と併用するシステムである．

☒ **Q2** ダクト併用ファンコイルユニット方式は，個別制御性が低い．

☒ **Q3** ファンコイルユニットは，熱負荷変動が小さいインテリアゾーンに配置されることが多い．

☒ **Q4** ダクト併用ファンコイルユニット方式は，単一ダクト方式に比べ，空気調和機やダクトを小型化できる．

☒ **Q5** ダクト併用ファンコイルユニット方式は，ダクト吹出空気とファンコイル吹出空気で混合損失が発生する場合がある．

☒ **Q6** ダクト併用ファンコイルユニット方式は，空気-冷媒方式に分類される．

冷凍機

☒ **Q1** 一般に普及している冷凍機には，蒸気圧縮式と吸収式とがある．

☒ **Q2** 蒸気圧縮冷凍機の冷媒の一つとして，アンモニアが使われている．

☒ **Q3** 往復動式冷凍機は，シリンダ内のピストンを往復動させることにより，冷媒ガスを圧縮するものである．

☒ **Q4** 遠心型冷凍機は，インペラの回転によって生ずる遠心力で

A9 Point! 病院の病室や，ホテルの客室などで**個別制御**することがあるため，多数設置される. ○

A1 Point! ファンコイルユニットに単一ダクト方式を併用することで，個別制御性を高めたシステムである．ホテル，病院で多用される. ○

A2 Point! ダクト併用ファンコイルユニット方式は，個別制御性が高い. ×

A3 Point! ファンコイルユニットは, 熱負荷変動が大きい**ペリメータゾーン**(窓際などの部分)に配置されることが多い. ×

A4 Point! ペリメータゾーンをファンコイルユニットで熱処理するため，**インテリアゾーン**（内部）のみダクトでまかなえばよい．ただ，外気冷房を行うには不利である. ○

A5 Point! ダクトとファンコイルで，それぞれ異なる温度で吹き出すと，エネルギーの損失が生じる. ○

A6 Point! ダクト併用ファンコイルユニット方式は，**空気-水方式**に分類される. ×

A1 Point! 蒸気圧縮式には，圧縮の方法により往復動，遠心，スクロール，スクリューなどがある. ○

A2 Point! アンモニアは**自然冷媒**のひとつである. ○

A3 Point! 往復動式冷凍機は，蒸気圧縮式冷凍機のひとつで**レシプロ冷凍機**ともいう. ○

A4 Point! 遠心型冷凍機は，**蒸気圧縮式冷凍機**のひとつである.

冷媒ガスを圧縮するものである.

☒ Q5 遠心型冷凍機は，小規模な空気調和に用いられる.

☒ Q6 回転式冷凍機は，圧縮機本体の小型化が可能である.

☒ Q7 二重効用吸収冷凍機は，再生器及び溶液熱交換器が高温，低温にそれぞれ分かれている.

☒ Q8 オゾン層破壊係数ゼロで，地球温暖化係数も低い冷凍機用冷媒の開発が行われている.

吸収冷凍機

☒ Q1 吸収冷凍機の冷媒には，臭化リチウムが用いられる.

☒ Q2 吸収冷凍機の吸収剤には，水が用いられる.

☒ Q3 吸収冷凍機は，蒸発器，吸収器，再生器，凝縮器で構成される.

☒ Q4 吸収冷凍機は，冷凍機内は高圧であり，圧力による破裂などのおそれがある.

☒ Q5 吸収冷凍機は，騒音，振動は小さい.

☒ Q6 直焚(だき)吸収冷温水機は，夏季冷房期には冷水を，冬季暖房期には温水を1台で製造できる.

☒ Q7 直焚吸収冷温水機は，運転管内圧力が高いので，運転資格が必要である.

☒ Q8 吸収冷凍機は，冷凍機本体及び冷却塔ともに小型である.

ターボ型冷凍機ともいう. ○

A5 Point! 遠心型冷凍機は，一般に中・大規模な空気調和に用いられる. **地域冷暖房**にも用いられる. ×

A6 Point! 回転子の回転運動で冷媒ガスを圧縮するものである. 回転式冷凍機は，圧縮機本体の小型化・低振動化が進んでいる. ○

A7 Point! **二重効用吸収冷凍機**は，単効用吸収冷凍機よりもエネルギー効率に優れる. ○

A8 Point! 代替フロンは**オゾン層破壊係数**は0であるが，**地球温暖化係数**は0ではない. ○

A1 Point! 吸収冷凍機の**冷媒には，水が用いられる**. 臭化リチウムは吸収液として用いられる. ×

A2 Point! 吸収冷凍機の**吸収剤には，臭化リチウム**が用いられる. ×

A3 Point! 冷水をつくる**蒸発器**，水蒸気を吸収する**吸収器**，薄くなった吸収剤を濃縮する**再生器**，液化する**凝縮器**からなる. ○

A4 Point! 吸収冷凍機は，**冷凍機内は真空**であり，圧力による破裂などのおそれがない. ×

A5 Point! 回転部分が少ないため. ○

A6 Point! **再生器**は，ガスによる直焚きにより水蒸気と吸収液に分離して吸収液を濃縮する. ○

A7 Point! 管内圧力は小さいので，**運転資格は不要**である. ×

A8 Point! 蒸気圧縮冷凍機と比べて**大型**である. ×

☒ Q9 吸収冷凍機は蒸気圧縮冷凍機と比べて，消費電力量は少ない．

温水発生器

☒ Q1 真空式温水発生機は，大規模建築物などの給湯や暖房用として使われる．

☒ Q2 真空式温水発生機は，運転中の内部圧力が大気圧より高いので，労働安全衛生法の規定によるボイラに該当する．

☒ Q3 真空式温水発生機は，缶体内を大気圧より低く保持しながら水を沸騰させる．

ボイラ

☒ Q1 炉筒煙管式ボイラは，負荷変動に対して不安定である．

☒ Q2 炉筒煙管ボイラでは，横型鋼板製の胴内に炉筒と多数の直管煙管が設けられている．

☒ Q3 炉筒煙管ボイラは，中規模建築物などの暖房用として使われる．

☒ Q4 セクショナル式ボイラは，分割搬入できないので機械室の扉を大きなものとする必要がある．

☒ Q5 鋳鉄製ボイラは，地域冷暖房などの高圧蒸気が必要な場合に使用される．

☒ Q6 貫流ボイラは，水管壁に囲まれた燃焼室及び水管群からなる対流伝熱面で構成される．

☒ Q7 立てボイラは，小規模建築物などの暖房用として使われる．

☒ Q8 水管ボイラは，低温水を熱媒体としている．

A9 Point! 圧縮式冷凍機はコンプレッサーなど使用するが，吸収式は**大型電気機器が少ない**． ○

A1 Point! **真空式温水発生機**は，中小規模建築物などの給湯や暖房用として使われる． ×

A2 Point! 真空式温水発生機は，運転中の内部圧力が大気圧より低いので，労働安全衛生法の規定による**ボイラに該当しない**． ×

A3 Point! 缶体内を70 kPa（大気圧の70%）程度にして100℃より低い温度で水を沸騰させる． ○

A1 Point! **炉筒煙管式ボイラ**は，負荷変動に対して安定性がある． ×

A2 Point! 直径の大きな横型ドラムを本体とし，燃焼室，煙管群で構成される． ○

A3 Point! 炉筒煙管ボイラは，筒状の燃焼室と燃焼ガス（煙）を排出する煙管からなる． ○

A4 Point! **セクショナル式ボイラ**は，分割搬入が可能で寿命が長い． ×

A5 Point! **鋳鉄製ボイラ**は，給湯，暖房用として使用される．大容量のものの製作が難しい． ×

A6 Point! **貫流ボイラ**は，大きなドラムがないことが特徴である． ○

A7 Point! 立て長の缶体の下に燃焼炉のあるボイラである． ○

A8 Point! **水管ボイラ**は，蒸気を熱媒体としている． ×

地域冷暖房システム

☒ **Q1** 地域冷暖房システムは，冷水，温水，蒸気，高温水などを，地域配管を通じて集中供給する方式である．

☒ **Q2** 地域冷暖房システムは，個別熱源に比べ，環境負荷は増大する．

☒ **Q3** 地域冷暖房システムは，熱源装置の小型化分散化により効率的な運用が可能となる．

☒ **Q4** 地域冷暖房システムは，供給対象が広範囲であるため，効率は低下する．

☒ **Q5** 地域冷暖房システムは，大気汚染防止などの公害防止対策とならない．

☒ **Q6** 地域冷暖房システムは，設備の運転，保守要員の削減が行われ，人件費の節約が図られる．

☒ **Q7** 地域冷暖房システムにおけるごみ清掃工場からの排熱は，ヒートポンプのヒートソースとしての利用に限定される．

蓄熱

☒ **Q1** 蓄熱システムは，熱源設備により製造された冷熱・温熱を計画的に効率よく蓄熱し，必要な時に必要な量だけ取り出して利用するシステムである．

☒ **Q2** 熱源機器が故障した時や停電時は，蓄熱された熱で対処できない．

☒ **Q3** 夜間の蓄熱運転時は，熱源機器を定格出力に近いところで運転でき，効率的である．

☒ **Q4** 時間外空調などの部分負荷に対する対応が困難である．

☒ **Q5** 熱源機器のオン・オフ運転が少なくなるので，機器の耐久

A1 Point! 各建物では，**熱源設備が不要**となる方式である．個別の建物の機械室スペースを小さくできる． ○

A2 Point! 個別熱源に比べ，集約化が図れるため一般に**環境負荷は減少**する． ×

A3 Point! 熱源装置の大型化集約化により効率的な運用が可能となる．地域配管敷設のための公共スペースが必要である． ×

A4 Point! 供給対象が広範囲であるため，平均的負荷運転が行われ，**効率の向上**が望める． ×

A5 Point! 大気汚染防止などの**公害防止対策**となる． ×

A6 Point! ゴミ焼却廃熱や，未利用エネルギーの活用による，**省エネルギー**が図れる． ○

A7 Point! ごみ清掃工場からの排熱は，ヒートポンプによる昇温を必要とせず，暖房設備や給湯設備へ直接利用できる． ×

A1 Point! 蓄熱により，安価な深夜電力の利用が可能となり，**ランニングコストの低減**が可能である． ○

A2 Point! 熱源機器が故障した時や停電時にも，短時間であれば**蓄熱された熱で対処**できる． ×

A3 Point! 能力がフルに発揮できる． ○

A4 Point! 時間外空調などの部分負荷に対する対応が容易である． ×

A5 Point! オン・オフが多いと，機器に少なからぬショックを与

性が向上する．

☒ Q6 ピークカットにより，熱源装置容量を小さくできる．

☒ Q7 蓄熱槽の水を，消火用水として利用することはできない．

☒ Q8 開放式蓄熱槽は，密閉式蓄熱槽に比べて搬送動力を小さく抑えることができる．

☒ Q9 開放式蓄熱槽の場合，水質が悪化するので水質管理が必要となる．

☒ Q10 蓄熱システムにおける顕熱利用蓄熱材としては，主に氷が用いられる．

冷却塔

☒ Q1 冷却塔は，主として冷凍機の凝縮熱を大気に放出するための装置として利用され，冷却水循環系統の一部を形成する．

☒ Q2 冷却塔には,冷却塔内における水と空気の接触方向により，水平型と垂直型がある．

☒ Q3 開放型冷却塔は，循環する冷却水が直接空気と接触し，冷却水の一部が蒸発することにより，残りの水が冷却される．

☒ Q4 開放型冷却塔は，密閉型冷却塔に比べて大型である．

☒ Q5 開放型冷却塔は，通風抵抗の増加に伴い送風機動力が増加する上，散布水ポンプにかかわる機構が付加されるため，コストも割高となる．

☒ Q6 密閉型冷却塔は，外気に開放されていない冷却水を散布水で冷却する構造である．

☒ Q7 密閉型冷却塔は，開放型冷却塔に比べて冷却水が汚れないため，冷凍機の性能低下などの問題が少ない．

えることになる.　○

A6 Point! 夜間に蓄熱したものを**昼のピーク時に利用**する.　○

A7 Point! 蓄熱槽の水を，**火災時に消火用水**として利用できる.　×

A8 Point! 開放式蓄熱槽は，ポンプの揚程が大きいため，搬送動力が大きくなる.　×

A9 Point! 開放式は大気に開放された部分がある.　○

A10 Point! 氷は，潜熱利用の蓄熱材として用いられる.　×

A1 Point! 冷却塔は，冷凍機で温度上昇した冷却水の温度を下げて，冷凍機に返送する.　○

A2 Point! 水と空気の接触方向により，**向流型と直交流型**がある.　×

A3 Point! 一般に開放型冷却塔は，充填材，下部水槽，散水装置，送風機等から構成される.　○

A4 Point! **密閉型冷却塔**は，開放型冷却塔に比べて**大型**である.　×

A5 Point! 密閉型冷却塔は，通風抵抗の増加に伴い送風機動力が増加する上，散布水ポンプにかかわる機構が付加されるため，コストも割高となる.　×

A6 Point! 密閉型冷却塔は，熱交換器の外面に散布した水の蒸発潜熱を利用して管内の冷却水を冷却する.　○

A7 Point! 密閉型冷却塔は，信頼性を要求される電算室や**クリーンルーム系統**などへの採用例が多い.　○

冷却塔の維持管理

☒ **Q1** 建築物環境衛生管理基準に基づき，冷却塔の使用開始後は，6カ月以内ごとに1回，定期に汚れの状況を点検する．

☒ **Q2** 建築物環境衛生管理基準に基づき，冷却塔と冷却水の水管は，それぞれ1年以内ごとに1回，定期に清掃する．

☒ **Q3** 冷却塔に供給する水は，水道法に規定する水質基準に適合させる必要はない．

☒ **Q4** 密閉型冷却塔は，散布水系統で不純物が濃縮することがないため，水質管理が不要である．

☒ **Q5** 冷却水系のスライム除去は，レジオネラ属菌の増殖防止に有効である．

☒ **Q6** 冷却水の pHを連続的に測定して，補給水量を調整する濃縮管理方法が普及している．

☒ **Q7** スライムやレジオネラ属菌の対策としては，殺菌の単一機能薬剤を月に1回，間欠的に投入する．

☒ **Q8** スライム防止やレジオネラ属菌対策として，多機能型薬剤を月に1回，間欠的に投入する．

☒ **Q9** スケール防止及び腐食防止効果を高め，節水に寄与するために，防スケール・防食剤を添加する．

☒ **Q10** 冷却塔の強制ブローは，冷却水の濃縮防止に有効である．

☒ **Q11** 開放型冷却塔では，循環水量の0.5％程度の補給水量を見込んでおく必要がある．

加湿装置

☒ **Q1** 水噴霧方式は，噴霧圧力，遠心力，超音波振動等を利用して水を霧状にし，空気中に放出して加湿する方式である．

A1 Point! 冷却塔の使用開始後は，1カ月以内ごとに1回，定期に汚れの状況を点検する．　×

A2 Point! 冷却水系を化学的に殺菌洗浄するには，**過酸化水素水や塩素剤**などを循環させる．　○

A3 Point! 冷却塔に供給する水は，水道法に規定する水質基準に適合させる．　×

A4 Point! 密閉型冷却塔は，散布水系統で保有水量が少ないため不純物が濃縮する．　×

A5 Point! 開放式冷却塔内の冷却水は，**レジオネラ属菌の繁殖**に注意する．　○

A6 Point! 冷却水の電気伝導度を連続的に測定して，補給水量を調整する濃縮管理方法が普及している．　×

A7 Point! スライムやレジオネラ属菌の対策としては，殺菌の単一機能薬剤を**週に1～3回**，間欠的に投入する．　×

A8 Point! 多機能型薬剤は連続使用する．　×

A9 Point! **スケール**が発生すると，冷却塔の冷却効率の低下を招く．冷却水の濃縮管理方法に併せて，防スケール，防食剤を添加すると，節水効果が得られる．　○

A10 Point! 冷却水中の**ミネラル分などが濃縮**する．　○

A11 Point! 一般に，循環水量の**2%程度の補給水量**を見込む．　×

A1 Point! 給水中の不純物を放出し，吹出し空気の温度も降下する．　○

☒ Q2 回転式加湿装置は，加湿材を回転し，水槽でぬらして通風気化する方式である．

☒ Q3 電熱式加湿装置は，シーズヒータにより水を加熱する方式である．

☒ Q4 超音波式加湿装置は，加熱蒸気で加湿する方式である．

☒ Q5 超音波式加湿装置は，水中に含まれている不純物が室内に放出されることがある．

☒ Q6 蒸気ノズル式加湿装置は，使用によって空気温度が降下しない．

☒ Q7 蒸気吹出方式は，気化方式より加湿効率が低い．

☒ Q8 直接蒸気スプレー式は，ノズルが目詰まりすることがある．

☒ Q9 エアワッシャ式加湿装置を使用した場合，空気温度は降下する．

☒ Q10 電極式は，保守点検は不要である．

熱交換器

☒ Q1 全熱交換器は，排気中の顕熱・潜熱を同時に回収して省エネルギー化を図るための熱交換器である．

☒ Q2 全熱交換器は，ちゅう房や温水プールの換気に多く使用される．

☒ Q3 全熱交換器は，顕熱交換器と比べ，結露凝縮を生じやすい．

☒ Q4 全熱交換器を使用する方式では，別に外気取入用系統が必要である．

A2 Point! 気化式は**吹出し温度が降下**する. ○

A3 Point! 無菌でクリーンな加湿ができ，設置スペースが小さい. ○

A4 Point! 超音波式加湿装置は，**超音波振動子により水を霧化**する方式である. ×

A5 Point! 熱を発生しないため, タンク内に**雑菌が繁殖**しやすく，不純物とともに放出される. ○

A6 Point! 超音波式加湿装置，エアワッシャ式加湿装置，スプレーノズル式加湿装置，滴下式加湿装置などは，**空気温度が降下**する. ○

A7 Point! 蒸気吹出方式は，気化方式より加湿効率が高い. ×

A8 Point! 蒸発した水のミネラル分がスケールになりやすい. ○

A9 Point! **エアワッシャ**は，空気中にある汚染物質を除去するが水で加湿するため空気温度は下がる. ○

A10 Point! 電極式は，シーズンごとにシリンダの清掃又は交換を行うことが望ましい. ×

A1 Point! 外気負荷の軽減を目的としている冬期･夏期は省エネルギー効果が期待できるが, 中間期は注意する必要がある. ○

A2 Point! ちゅう房や温水プールは潜熱を交換する必要がないので，**顕熱交換器**が用いられる. ×

A3 Point! 全熱交換器は湿気も取るため, 結露凝縮を生じにくい. ×

A4 Point! 外気取入系統は不要である. ×

☒ Q5 静止型全熱交換器は，給排気を隔てる仕切り板が伝熱性と透湿性を有する材料で構成されている．

☒ Q6 回転型全熱交換器は，円筒形のエレメントの回転によって熱交換を行う．

☒ Q7 回転型全熱交換器のエレメントには，シリカゲルやイオン交換樹脂などが吸着材として利用される．

☒ Q8 回転型は，処理風量が小さなものが多い．

☒ Q9 回転型では，ロータ内の排気側残留空気が給気側に持ち込まれることはない．

☒ Q10 ヒートパイプは，構造・原理が単純で，熱輸送能力の高い全熱交換器である．

送風機

☒ Q1 送風機は，ファンとブロワに分類される．

☒ Q2 空気調和用の送風機には，ブロワが多用される．

☒ Q3 空気調和用の送風機の吐出し圧力は，約1.5 kPa以下のものが多く用いられる．

☒ Q4 遠心式送風機は，空気が羽根車の中を軸方向から入り，直進する．

☒ Q5 後(あと)向き送風機は，遠心送風機の一種である．

☒ Q6 多翼送風機は，小型で大風量を扱うことができる．

☒ Q7 多翼送風機は，ダクト系への接続により，空気の脈動と振動・騒音を発生しない．

☒ Q8 軸流式送風機は，空気が軸方向から入り，軸方向に通り抜ける構造である．

A5 Point! 静止型全熱交換器の仕切り板には，**伝熱性と同時に透湿性**が求められる． ○
A6 Point! **エレメントが低速回転**して吸湿と放湿が連続的に切り替わる． ○
A7 Point! 回転型は，静止型に比べ目詰まりを起こしにくい． ○

A8 Point! 回転型は，処理風量が大きなものが多い． ×
A9 Point! 回転型では，ロータ内の排気側残留空気が給気側に持ち込まれることがある． ×
A10 Point! **ヒートパイプ**は，構造・原理が単純で，熱輸送能力の高い顕熱交換器である． ×

A1 Point! **ファン**は風量の小さなもの，**ブロア**は大きなものをいう． ○
A2 Point! 空気調和用の送風機には，ファンが多用される． ×
A3 Point! 吐出し圧力は小さい． ○

A4 Point! 径方向に通り抜ける構造である． ×

A5 Point! 羽根の**わん曲が逆向き**になっている． ○
A6 Point! **多翼送風機**は**シロッコファン**とも呼ばれ，低速ダクト空気調和用に多用されている． ○
A7 Point! **多翼送風機**は，比較的騒音値が高い．オーバーロードに注意する． ×
A8 Point! **軸流送風機**は，一般に騒音値が高い． ○

☒ Q9 プロペラ型送風機は，小型冷却塔などに用いられる．

☒ Q10 斜流式送風機は，空気が軸方向から入り，軸に対して傾斜して通り抜ける構造である．

☒ Q11 横流式送風機は，空気が軸方向から入り，軸方向に通り抜ける構造である．

☒ Q12 サージングとは，送風機，ポンプを大流量域で使用するとき，圧力や流量が激しく変動する現象である．

☒ Q13 サージングが起きたら，ダンパの開度を閉じる．

☒ Q14 送風機の特性曲線は，右グラフのようにグラフの横軸に風量をとり，縦軸には圧力（静圧）をとってＰのように示される．一方，送風系の抵抗曲線は，同じグラフ上に，二次曲線Ｒとして示される．ここで，２曲線の交点Ａは，運転点を示している．その送風量 Q_A が設計風量 Q_B よりも大きいことが判明した場合には，送風系のダンパを操作することで，設計風量と同一となるように調整することができる．

ダクト

☒ Q1 ダクトの形状としては，長方形，円形，楕円形などがある．

☒ Q2 円形ダクトでは，フレキシブルダクトが主に使用される．

☒ Q3 丸ダクトは，一般にスパイラルダクトよりも強度に優れる．

☒ Q4 グラスウールダクトは，断熱が不要で吸音性に優れる．

A9 Point! 軸流送風機の一種である. ○

A10 Point! 斜流送風機は，ダクトの中間に設置されて，便所などの**局所換気**に使用される. ○

A11 Point! 横流式送風機は，空気が羽根車の外周の一部から入り，反対側の外周の一部へ通り抜ける構造である．**エアカーテン**などに用いられる. ×

A12 Point! **サージング**とは，送風機，ポンプを低流量域で使用するとき，圧力や流量が激しく変動する現象である. ×

A13 Point! サージングが起きたら，ダンパの開度を開く. ×

A14 Point! ダンパを絞り，吐出抵抗を大きくする.

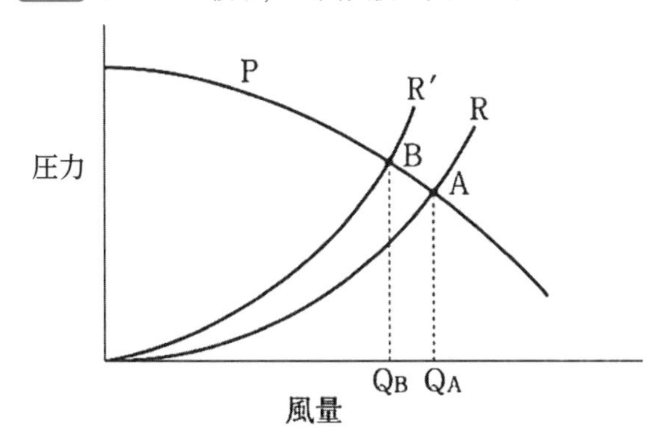

○

A1 Point! 平たいダクトは抵抗が大きくなるので注意. ○

A2 Point! 円形ダクトでは，**スパイラルダクト**が主に使用される. ×

A3 Point! スパイラルダクトには，**甲はぜ**があり，丸ダクトよりも強度に優れる. ×

A4 Point! **消音効果**が期待できる. ○

3章 空気環境の調整

☒ **Q5** 耐食性を必要とするダクトには，ステンレス鋼板が使用される．

☒ **Q6** 組み立てられて筒状となったダクト同士を接続するには，溶接を用いる．

☒ **Q7** フレキシブル継手は，ダクトと吹出口や消音ボックスなどを接続する際に，位置調整のために設けられる．

☒ **Q8** たわみ継手（キャンバス継手）は，ダクトの伸縮防止の目的で設けられる．

☒ **Q9** 等摩擦法は，ダクトの単位体積当たりの風量が一定となるようにサイズを決める方法である．

☒ **Q10** 亜鉛鉄板製長方形の低圧ダクトでは，一般に板厚が0.5～1.2 mmのものが用いられる．

☒ **Q11** 鋼板ダクトの組立てには，甲はぜが用いられる．

ダンパ

☒ **Q1** ダンパには，風量調整ダンパ，防火ダンパ，防煙ダンパの3種類がある．

☒ **Q2** 風量調整用のダンパには，バタフライ型，平行翼型等がある．

☒ **Q3** 防火ダンパの温度ヒューズの溶解温度は，一般換気用で72℃である．

☒ **Q4** 防火ダンパは，防火区画を貫通するダクト内に設置される．

☒ **Q5** 防火ダンパは，煙感知器と連動して流路を遮断する．

A5 Point! ステンレスダクトや塩化ビニルライニングダクトは，水蒸気や**腐食性ガスのある系統**に用いられる． ○

A6 Point! ダクト同士を接続するには，フランジを用いる．接合方法の一つに，**アングルフランジ工法**がある． ×

A7 Point! **キャンバス継手**とは異なるので注意． ○

A8 Point! **たわみ継手**は，送風機などの振動する機器とダクトを接続する場合に，振動防止の目的で設けられる． ×

A9 Point! 等摩擦法は，ダクトの単位長さ当たりの摩擦損失が一定となるようにサイズを決める方法である． ×

A10 Point! **低圧ダクト**の流速範囲は，常用圧力が－490～＋490 Paで，15 m/s以下である． ○

A11 Point! 鋼板ダクトの組立てには，**ピッツバーグはぜ**が用いられる． ×

A1 Point! ダンパには，風量調整ダンパ，防火ダンパ，防煙ダンパ，防煙防火ダンパ，逆流防止ダンパ等がある． ×

A2 Point! **風量調整ダンパ**には，多翼型・スライド型等もある． ○

A3 Point! **厨房排気用は120℃，排煙用は280℃**である． ○

A4 Point! 防火ダンパは，防火区画貫通部に火炎遮断の目的で設けられる． ○

A5 Point! 防火ダンパは，**温度感知器**（温度ヒューズ）と連動して流路を遮断する． ×

☒ **Q6** 防火ダンパの羽根及びケーシングは，一般に0.6 mmの鋼板で作られる．

☒ **Q7** 防火ダンパには，点検口を設ける．

吹出口と吸込口

☒ **Q1** 軸流吹出口の吹出気流は，到達距離が短い．

☒ **Q2** ふく流吹出口は，誘引比が小さく，温度分布が不均一になりやすい．

☒ **Q3** アネモ型は，ふく流吹出口に分類される．

☒ **Q4** アネモスタット型は数層に分かれたコーンからノズル状に吹き出す．

☒ **Q5** 天井ディフューザの場合，アンチスマッジリングを吹出口の内側コーンと一緒に設置すれば，天井板の汚染を防止することが可能である．

☒ **Q6** ノズル型は，ふく流吹出口に分類される．

☒ **Q7** ノズル吹出口は，誘引比が大きく，到達距離が短い．

☒ **Q8** 吹出し空気に対する周囲空気の誘引比が低い線状吹出口は，居住域の温度分布を良好にする．

☒ **Q9** ラインディフューザは線状吹出口である．

☒ **Q10** スロット型は縦横比が小さく円状の形をしている．

☒ **Q11** 線状吹出口は，インテリアゾーンの負荷処理用として，室内中央部に設置されることが多い．

☒ **Q12** 線状吹出口は，誘引比が大きく，均一な温度分布を得やすい．

☒ **Q13** 面状吹出口は，天井板に細孔をあけた有孔天井を用い，吹出空気は天井全面から微風速で吹き出す方式が一般的である．

A6 Point! 防火ダンパの羽根及びケーシングは，一般に**1.5 mm以上の鋼板**で作られる．　×

A7 Point! 防火ダンパが目視で確認できる位置とする．　○

A1 Point! 軸流吹出口からの気流は，到達距離は長い．　×

A2 Point! **ふく流吹出口**は，誘引比が大きく，温度分布が均一になる．**誘引比**が大きいとは，吹出口周囲の空気を多く巻き込むことをいう．　×

A3 Point! パン型も**ふく流吹出口**である．　○

A4 Point! **アネモスタット**型は数層に分かれたコーンから放射状に吹き出す．　×

A5 Point! **アンチスマッジリング**を吹出口の外コーンと一緒に設置すれば，天井板の汚染を防止することが可能である．　×

A6 Point! ノズル型は，**軸流吹出口**に分類される．　×

A7 Point! ノズル吹出口は，誘引比が小さく，到達距離が長い．　×

A8 Point! 誘引比が高い**線状吹出口**は，居住域の温度分布を良好にする．　×

A9 Point! 細長で，エアカーテンなどに使用される．　○

A10 Point! **スロット型**は縦横比が大きく帯状の形をしている．　×

A11 Point! **線状吹出口**は，ペリメータ負荷処理用として，窓近傍に設置されることが多い．　×

A12 Point! 周囲の空気を巻き込む．　○

A13 Point! 天井板に細孔をあけた多孔パネル型，天井パネル型がある．　○

☒ **Q14** パンカールーバ型は筒型をしており，一方向のみに吹き出す．

☒ **Q15** グリル型は，軸流吹出口に分類される．

☒ **Q16** 吸込み気流にも，吹出し気流のような指向性がある．

空気浄化装置

☒ **Q1** 空気浄化装置が除去対象とする汚染物質は，一般に粉じんとガスである．

☒ **Q2** 汚染除去（粉じん保持）容量は，kg/m³で表示される．

☒ **Q3** エアフィルタの性能は，定格風量時における除去率，圧力損失，除去容量で示される．

☒ **Q4** 一般空調用に用いられる中・高性能粒子用エアフィルタの性能試験には，ほとんど光散乱積算法が用いられる．

☒ **Q5** 粉じん捕集率は，質量法，比色法，計数法のいずれにおいても，得られる数値は同じである．

☒ **Q6** 静電式空気浄化装置は，高圧電界による荷電及び吸引吸着によって微細な粉じんも効率よく捕集できる．

☒ **Q7** ろ過式空気浄化装置は，高圧電界による荷電及び吸引吸着によって，粉じんを繊維に捕集する．

フィルタ

☒ **Q1** 自動更新型フィルタは，タイマーにより一定時間経過後に自動的に巻き取る方式である．

☒ **Q2** 折込み形エアフィルタは，ろ材通過風速を上げることにより，圧力損失を減らしている．

A14 Point! **パンカールーバ型**は首が振れるようになっており，吹出し気流の方向を変えることができる. ×

A15 Point! 格子状の吹出口で，たてとよこの羽根は可動. ○

A16 Point! 吸込み気流には，吹出し気流のような**指向性がない**. ×

A1 Point! 空気浄化装置は，**ろ過式**と**電気集じん器**に大別される. ○

A2 Point! 汚染除去（粉じん保持）容量は，kg/m² か kg/ 個で表示される. ×

A3 Point! 空気がフィルタを通過するとき，**圧力損失**が生じる. ○

A4 Point! **光散乱粉じん濃度計**を用いて測定する. ○

A5 Point! **粉じん捕集率**は，質量法，比色法，計数法により得られる数値が異なる. ×

A6 Point! 高圧電界により荷電し，静電気力により粉じんを捕集するものである．**電気集じん機**が代表的なものである. ○

A7 Point! ろ過式空気浄化装置は，**慣性・拡散等の作用**を利用して，粉じんを繊維に捕集する. ×

A1 Point! 自動更新型フィルタは，ロール状のろ材を汚れに応じて**自動的に巻き取る**方式である．捕集効率はよくない. ×

A2 Point! 折込み形エアフィルタは，**ろ材通過風速を下げる**ことにより，圧力損失を減らしている. ×

☒ Q3 高速の気流がフィルタ面に吹き付ける場合には，じゃま板をフィルタの下流側に設置する．

☒ Q4 活性炭フィルタは，ガス除去用エアフィルタの一種である．

☒ Q5 ガスフィルタには，シリカゲルを使用するものがある．

☒ Q6 ガスフィルタの使用に伴う圧力損失の変化は，一般にエアフィルタのそれと比較して大きい．

HEPAフィルタ

☒ Q1 HEPAフィルタは，ろ過式折込み形エアフィルタの一種である．

☒ Q2 HEPAフィルタは，主にルームエアコンの空気浄化装置に用いられる．

☒ Q3 HEPAフィルタは，プレフィルタを設置する必要がなく，単独で用いられる．

☒ Q4 高性能フィルタは，ろ過風速を上げて圧力損失を低くしている．

☒ Q5 HEPAフィルタの圧力損失は，一般空調用フィルタのそれと比較して小さい．

室内環境の測定

☒ Q1 浮遊真菌の測定には，フィルタ法がある．

☒ Q2 アスベストの測定には，紫外線吸収スペクトル法がある．

☒ Q3 オゾンの測定には，赤外線吸収法がある．

☒ Q4 一酸化炭素の測定法には，検知管法がある．

☒ Q5 二酸化炭素の測定法には，非分散型赤外線吸収法がある．

A3 Point! **じゃま板**をフィルタの上流側に設置する. ×

A4 Point! **活性炭フィルタ**は，主にガス状汚染物質の吸着除去を目的とする. ◯

A5 Point! **イオン交換線維**を使用したものもある. ◯

A6 Point! ガスフィルタの使用に伴う圧力損失の変化は，エアフィルタのそれと比較して小さい. ×

A1 Point! ろ過式フィルタの一種である. **HEPAフィルタ**や**ULPAフィルタ**は，極微細な粉じん粒子を捕集できる. ◯

A2 Point! HEPAフィルタは，クリーンルームなどのろ過式の空気浄化装置に用いられる. ×

A3 Point! HEPAフィルタは，通常，上流側に粗じんを除去する**プレフィルタ**を設置する. ×

A4 Point! 高性能フィルタは，ろ材を折り込み，ろ過風速を遅くすることにより，圧力損失を低くしている. ×

A5 Point! HEPAフィルタの圧力損失は大きい. 圧力損失は浄化装置の上流と下流側の全圧差〔Pa〕で表示される. ×

A1 Point! フィルターで捕捉して培地（培養）する. ◯

A2 Point! **アスベスト**の測定には，赤外線吸収スペクトル法がある. 他に，X線回折分析法など. ×

A3 Point! **検知管法**，紫外線吸収法，半導体法など. ×

A4 Point! 他に，**ガスクロマトグラフ法**，定電位電解法など. ◯

A5 Point! 検知管法などもある. ◯

☒ Q6 微生物の測定法には，培地法がある．
☒ Q7 窒素酸化物の測定法には，化学発光法がある．
☒ Q8 酸素の測定法には，ザルツマン法がある．
☒ Q9 窒素酸化物の測定法には，エライザ（ELISA）法がある．

☒ Q10 硫黄酸化物の測定法には，溶液導電率法がある．
☒ Q11 臭気の測定には，オルファクトメータ法がある．

ポンプ・配管

☒ Q1 渦巻きポンプは，容積型に分類される．
☒ Q2 渦巻きポンプには，片吸込型と両吸込型があり，水量が多い場合，両吸込型が用いられる．
☒ Q3 多段渦巻きポンプは，2枚以上の羽根車を並列に組み込むことで，高揚程を確保できる．
☒ Q4 インラインポンプは，配管の末端に取り付けられる．

☒ Q5 ダイヤフラムポンプは，ターボ型に分類される．
☒ Q6 歯車ポンプは，2個の歯車がケーシングの中で回転し，吐出圧力にかかわらず，流量がほぼ一定に保たれる．
☒ Q7 ポンプの吸込み圧力がキャビテーションに対して安全か否かを判断するのに，摩擦損失水頭が用いられる．

☒ Q8 実際に水をくみ上げる高さに相当する圧力を有効揚程という．
☒ Q9 密閉回路では，実揚程は0となる．
☒ Q10 小水量域で遠心ポンプを運転すると，ポンプ内の水温が下がる．

A6 Point! ATP法，免疫クロマトグラフ法などもある． ○

A7 Point! **吸光光度法（ザルツマン）**もある． ○

A8 Point! ザルツマン法は，窒素酸化物の測定法である． ×

A9 Point! **エライザ（ELISA）法**は，ダニアレルゲンの測定法である． ×

A10 Point! 硫酸にして**導電率の変化**で濃度を測る． ○

A11 Point! **官能試験法**もある． ○

A1 Point! **渦巻きポンプ**は，ターボ型の遠心ポンプである． ×

A2 Point! 両吸込型は多くの水量を吸い込める． ○

A3 Point! 多段渦巻きポンプは，2枚以上の羽根車を直列に組み込むことで，**高揚程を確保**できる． ×

A4 Point! インラインポンプは，**配管の途中**に取り付けられる． ×

A5 Point! **ダイヤフラムポンプ**は，容積型に分類される． ×

A6 Point! 油輸送などの粘度の高い液体の輸送用途に用いられることが多い． ○

A7 Point! ポンプの吸込み圧力が**キャビテーション**に対して安全か否かを判断するのに，**有効吸込みヘッド**（NPSH）が用いられる． ×

A8 Point! 実際に水をくみ上げる高さに相当する圧力を**実揚程**という． ×

A9 Point! 実揚程は全揚程から損失水頭を引いたもの． ○

A10 Point! 小水量域で遠心ポンプを運転すると，ポンプ内の**水温が上昇**する． ×

☒ **Q11** ポンプのインバータ運転は，インバータ出力に含まれる高調波により，電動機の発熱が問題となる場合がある．

☒ **Q12** グランドパッキンを使用しているポンプは，運転時に漏水があってはならない．

☒ **Q13** 系内水温が100℃以上の場合には開放式膨張水槽が用いられる．

☒ **Q14** 渦流ポンプは，ターボ型ポンプに分類される．

☒ **Q15** 水撃作用の防止には，緩閉式逆止弁を用いる方法がある．

冷温水配管

☒ **Q1** 直接還水式（ダイレクトリターン方式）は，水量のバランスが取りやすい．

☒ **Q2** リバースリターン方式は，配管抵抗が等しいため，流量のバランスが取りやすい．

☒ **Q3** 配管内の空気を排除するため，管径50 mm以下の管では最低流速を0.6 m/s以上とする．

☒ **Q4** 変流量（VWV）方式は，供給する水量を負荷に合わせて増減させるものである．

☒ **Q5** ウォータハンマとは，管路における水栓，弁等の急閉により，閉止部分の下流側で生じる急激な圧力上昇が圧力波となって伝わる現象のことである．

配管と温度・圧力

☒ **Q1** 氷蓄熱用不凍液配管は，－10～－5℃の流体を扱う．

☒ **Q2** 冷水配管は，5～10℃である．

☒ **Q3** 冷却水配管は，10～15℃である．

A11 Point! **高調波**とは，基本周波数（50 Hz，60 Hz）の整数倍（2倍，3倍……）の周波数をいう. ○

A12 Point! **グランドパッキン**を使用しているポンプは，運転時に**微量の漏れ**が必要である. ×

A13 Point! 系内水温が100℃以下の場合には開放式膨張水槽を用い，100℃以上の場合には密閉式膨張水槽が用いられる. ×

A14 Point! **渦流ポンプ**は，特殊型ポンプに分類される ×

A15 Point! ポンプの急停止による**水撃作用**を防止するときに用いる. ○

A1 Point! **ダイレクトリターン方式**は，機器ごとの配管経路の全抵抗が異なるため，水量のバランスが取りにくい. ×

A2 Point! 給湯管と返湯管では配管径が異なるため，循環給湯では**リバースリターン方式**は有効とはいえない. ○

A3 Point! 空気を排除するためには，先上り勾配とする. 冷温水管においては，これが**順勾配**となる. ○

A4 Point! 変流量方式は定流量方式に比べて省エネルギーである. ○

A5 Point! **ウォータハンマ**とは，管路における水栓，弁等の急閉により，閉止部分の手前で生じる急激な圧力上昇が圧力波となって伝わる現象のことである. ×

A1 Point! 不凍液は，**氷点下でも凍結しない**. ○

A2 Point! 冷凍機からの冷水温度はこの程度である. ○

A3 Point! 冷却水配管は，20～40℃である. ×

☒ Q4 温水配管は40～80℃である.

☒ Q5 高温水配管は，80～100℃である.

☒ Q6 低圧蒸気配管は，0.1～1 MPaである.

☒ Q7 高圧蒸気配管は，0.1～1 MPaである.

温熱環境要素の測定

☒ Q1 グローブ温度は，室内気流速度が小さくなるにつれ，平均放射温度に近づく傾向にある.

☒ Q2 グローブ温度計は，気流変動の大きいところの測定に適する.

☒ Q3 グローブ温度計の値は，平均放射温度（MRT）と反比例する関係にある.

☒ Q4 サーミスタ温度計は，2種類の金属の膨張率の差を利用するものである.

☒ Q5 電気抵抗式湿度計は，感湿部の電気抵抗が吸湿，脱湿によって変化することを利用している.

☒ Q6 アスマン通風乾湿計の乾球温度は，一般に湿球温度より高い値を示す.

☒ Q7 アウグスト乾湿計の湿球における水の蒸発量は，通風速度に影響されない.

☒ Q8 熱式風速計は，白金線などから気流に奪われる熱量が風速に関係する原理を利用している.

☒ Q9 自記毛髪湿度計は，振動の多い場所での使用も可能である.

A4 Point! 耐熱性の**塩化ビニル管であれば85℃**まで. ○

A5 Point! 高温水配管は，120～180℃である. ×

A6 Point! 低圧蒸気配管は，0.1 MPa未満である．一般に，低圧蒸気配管は，0.01～0.05 MPaを扱う. ×

A7 Point! 高圧蒸気配管は0.1 MPa以上である. ○

A1 Point! 気流速度＝0のとき，**グローブ温度計**の指度（黒球温度）と平均放射温度は等しくなる. ○

A2 Point! グローブ温度計は，熱放射の測定に用いられるもので，気流の影響を受ける. ×

A3 Point! グローブ温度計（黒球温度）は，平均放射温度（MRT）とほぼ比例する．気流風速が0のとき黒球温度＝MRTである. ×

A4 Point! **サーミスタ温度計**は，金属の温度による抵抗変化を利用するものである．2種類の金属の膨張率の差を利用するのは，**バイメタル式温度計**である. ×

A5 Point! 感湿部に空気中の水分が付着し，その量を，**電気抵抗**としてとらえる. ○

A6 Point! **アスマン通風乾湿計**は，周辺気流及び熱放射の影響を防ぐ構造となっている. ○

A7 Point! 通風速度に影響される. ×

A8 Point! **熱線風速計**には，定電圧式や定温度式などがある．長時間使用すると指示値に誤差を生じることがある ○

A9 Point! **自記毛髪湿度計**は，振動の多い場所での使用は避けるべきである. ×

☒ **Q10** ピトー管による風速測定では，ストークスの定理を用いている.

☒ **Q11** 風速の測定法として，超音波の到着時間と気流との関係を利用する方法がある.

浮遊粉じんの測定

☒ **Q1** ピエゾバランス粉じん計は，圧電天秤の原理に基づくものであり，試料空気中の浮遊粉じんを静電沈着により圧電結晶素子に捕集する.

☒ **Q2** 光散乱式粉じん計で測定した結果，3分間当たり90カウントであった．バックグランド値は10分間当たり70カウント，感度は1カウント0.001 mg/m^3，校正係数1.3とすると，粉じん量は0.03 mg/m^{3}である.

☒ **Q3** 浮遊粉じんの不適率は10%程度である.

汚染物質と濃度単位

☒ **Q1** アスベストの濃度単位は，f/Lである.

☒ **Q2** 微生物の濃度単位は，CFUである.

☒ **Q3** 臭気濃度の単位は，cpmである.

☒ **Q4** ダニアレルゲンの濃度単位は，ng/m^{3}である.

☒ **Q5** 浮遊粉じんの濃度単位は，cpmである.

☒ **Q6** 放射能の濃度単位は，Bqである.

☒ **Q7** 二酸化窒素の濃度単位は，ppbである.

A10 Point! **ピトー管**は，ベルヌーイの定理に基づく．全圧と静圧を測定し，動圧$P = \frac{\rho v^2}{2}$から流速vが計算できる． ×

A11 Point! **超音波風速計**に用いられている． ○

A1 Point! 捕集された粉じんの質量により変化する**圧電結晶素子**の固有周波数の差を利用して，相対濃度として指示値を得る測定器である． ○

A2 Point! 1分間当たり，90÷3＝30カウントである．バックグランド値は1分間当たり，70÷10＝7カウントである．したがって，浮遊粉じん量＝1.3×0.001×（30－7）＝0.0299≒0.03 ○

A3 Point! 0～1%程度である． ×

A1 Point! **アスベスト**は，1L（リットル）中の繊維本数で表す．本/Lも単位． ○

A2 Point! **CFU**：colony forming unit．CFU/m^3などで表す． ○

A3 Point! 臭気濃度の単位は，**臭気指数**などで表す．なお，cpmは，1分間のカウント数である． ×

A4 Point! ngはナノグラムである．1 ng＝10^{-9} g ○

A5 Point! cpm：count per minute ○

A6 Point! Bq：ベクレル．Sv：**人に与える影響度**． ○

A7 Point! ppb：part per billion（10億分の1） ○

☒ **Q8** オゾンの濃度単位は，$\mu g/m^3$である．

節電対策

☒ **Q1** 空気調和設備の節電対策として，夏期に，室内の冷房設定温度を上昇させる．

☒ **Q2** 夏期に，冷凍機の冷水出口温度を上昇させると節電対策になる．

☒ **Q3** 夏季に冷凍機の冷却水入口温度を上昇させると節電対策になる．

☒ **Q4** ヒートポンプ屋外機の熱交換器に散水しても節電対策にはならない．

☒ **Q5** 熱源機の熱交換器を洗浄すると節電対策になる．

音

☒ **Q1** 媒質が1回振動している間に進む距離を波長という．

☒ **Q2** 周波数と波長の積は，音速になる．

☒ **Q3** 空気中の音速は，気温の上昇とともに減少する．

☒ **Q4** 純音とは，一つの周波数の音波のことである．

☒ **Q5** 拡散音場は，空間の音のエネルギーが一様に分布している．

☒ **Q6** 1オクターブ幅とは，周波数が10倍になる間隔である．

☒ **Q7** 音の強さとは，音の進行方向に対して垂直な単位断面を単位時間に通過する音のエネルギーである．

☒ **Q8** 空気密度，音速が一定であれば，音の強さは音圧の平方根に比例する．

☒ **Q9** 音の強さの単位には，dBが用いられる．

☒ **Q10** デシベル〔dB〕は，人間の感覚に対応させたものなので，

A8 Point! $1\,\mu g = 10^{-6}\,g$ ○

A1 Point! 冬期には暖房設定温度を下げる. ○

A2 Point! 冷水出口温度を上昇させると，圧縮機の仕事量を減らすことができる. ○

A3 Point! 冷凍機の冷却水入口温度を下げる. 冬期でも, 冷凍機の冷却水入口温度を上昇させることは, **節電対策**にならない. ×

A4 Point! ヒートポンプ屋外機の熱交換器に散水すると節電対策になる. ×

A5 Point! 汚れ除去と冷却効果により節電できる. ○

A1 Point! 波長と振動数は逆数関係にある. ○

A2 Point! f（周波数）×λ（波長）＝c（音速） ○

A3 Point! 空気中の音速は，気温の上昇とともに増加する. ×

A4 Point! 他の周波数の音が混じっていない. ○

A5 Point! 音があらゆる方向に伝搬している状態をいう. ○

A6 Point! 1オクターブ幅とは，**周波数が2倍**になる間隔である. ×

A7 Point! エネルギーの単位は〔J〕で,〔J〕＝〔W·S〕である. ○

A8 Point! 音の強さは音圧の2乗に比例する. ×

A9 Point! 音の強さの単位は,〔W/m²〕である. ×

A10 Point! 〔dB〕は2つの量の関係を対数（log）を用いて表した

単純な加算ができない．

☒ **Q11** 点音源の場合，音源からの距離が2倍になると音圧レベルは約3 dBの減衰となる．

☒ **Q12** 線音源の場合，音源からの距離が2倍になると音圧レベルは約3 dBの減衰となる．

騒音と振動

☒ **Q1** ある騒音環境下で，対象とする特定の音より周波数が小さい音のことを暗騒音という．

☒ **Q2** 広帯域騒音とは，音源を中心とする広い地域に及ぶ騒音のことである．

☒ **Q3** C特性音圧レベルは，人の聴覚の周波数特性を考慮して騒音を評価するものである．

☒ **Q4** コインシデンス効果が生じると，壁体の透過損失が減少する．

☒ **Q5** 軽量床衝撃音は重量床衝撃音と比べて，衝撃源が硬いことが多い．

☒ **Q6** 重量床衝撃音は衝撃源自体の衝撃力が高周波数域に主な成分を含む．

☒ **Q7** 重量床衝撃音は軽量床衝撃音と比べて，床仕上げ材の弾性が大きく影響する．

☒ **Q8** 重量床衝撃音の対策として，床躯体構造の質量の増加が挙げられる．

☒ **Q9** カーペットや畳などを敷くことにより，重量床衝撃音は軽減できる．

☒ **Q10** 空気調和機から発生した音が隔壁・隙間等を透過してくる

ものである。 ○

A11 Point! 約6 dBの**減衰**となる．音源からの距離が十分離れていれば，面音源も点音源と考えてよい． ×

A12 Point! 点音源の場合と異なるので注意． ○

A1 Point! **暗騒音**とは，ある騒音環境下で特定の音以外の音の総称である．つまり，暗騒音とは，**聴きたい音以外のもの**をいう． ×

A2 Point! **広帯域騒音**とは，広い周波数領域の騒音である． ×

A3 Point! 人の聴覚の周波数特性を考慮して騒音を評価するのは，**A特性音圧レベル**である． ×

A4 Point! **コインシデンス効果**とは，遮音効果が減る現象をいう．**透過損失**は大きいほど良い． ○

A5 Point! スプーンをフローリング床に落としたときが**軽量床衝撃音**，子供が飛びはねるのは**重量床衝撃音**である． ○

A6 Point! 重量床衝撃音は衝撃源自体の衝撃力が低周波数域に主な成分を含む． ×

A7 Point! 軽量床衝撃音は重量床衝撃音と比べて，**床仕上げ材の弾性**が大きく影響する． ×

A8 Point! 床衝撃音の遮音等級は**Lr値**で表し，小さいほど遮音性能が高い．なお，壁は**Dr値**で表し，大きいほど良い． ○

A9 Point! カーペットや畳などを敷いても，重量床衝撃音はほとんど軽減できない．軽量床衝撃音は軽減できる． ×

A10 Point! 空気伝搬音の低減には，窓，壁，床等の遮音が必要で

音は，空気伝搬音である.

☒ Q11 ダクト・管路系の振動に起因する音は，空気伝搬音である.

☒ Q12 ダクト内を伝搬して給排気口から放射する音は，空気伝搬音である.

☒ Q13 窓から入る道路交通騒音は，固体伝搬音である.

☒ Q14 固体伝搬音の低減には，振動源の発生振動の低減が必要である.

☒ Q15 低周波数の全身振動よりも，高周波数の全身振動の方が感じやすい.

☒ Q16 防振溝の溝が深いほど，また，溝が振動源に近いほど効果的に道路交通振動を防止することができる.

音圧レベル

☒ Q1 1台78 dBの騒音を発する機械を，測定点から等距離に6台同時に稼動させた場合の騒音レベルは，およそ92 dBである.

ただし，log 2＝0.3010，log 3＝0.4771とする.

☒ Q2 騒音レベル83 dBと92 dBの騒音を合成した場合の騒音レベルは，およそ92.5 dBである.

ただし，log 2 =0.3010，log 3 =0.4771とする.

ある. ○

A11 Point! ダクト・管路系の振動に起因する音は，**固体伝搬音**である. ×

A12 Point! 振動に起因しておらず，**空気伝搬音**といえる. ○

A13 Point! 窓から入る道路交通騒音は，空気伝搬音である. ×

A14 Point! 振動発生機器の防振対策が必要である．**固体伝搬音には振動が関与**する. ○

A15 Point! 高周波数の全身振動よりも，**低周波数の全身振動の方が感じやすい**. ×

A16 Point! 道路交通による振動は不規則に起こり，変動が大きい. ○

A1 Point!

$$78 + 10 \log 6 = 78 + 10 \log (2 \times 3)$$
$$= 78 + 10 \log 2 + 10 \log 3$$
$$\fallingdotseq 78 + 3.01 + 4.771$$
$$\fallingdotseq 86 \text{ dB}$$

×

A2 Point! 92 dBの音は，89 dBの音を2つ合成したものである．以下同様に考えると，

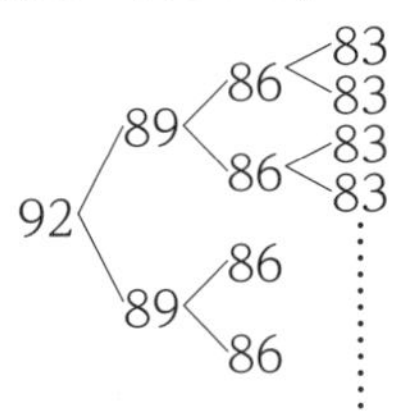

83 dBの音8つの合成になるので，全部で9つ.

$83 + 10 \log 9 = 83 + 20 \log 3 \fallingdotseq 92.5$ dB ○

☒ Q3 音圧レベル80 dBの音源室と面積10 m²，音響透過損失30 dBの隔壁で仕切られた，等価吸音面積（吸音力）が0 m²の受音室の平均音圧レベルは50 dBである．
なお，音源室と受音室の音圧レベルには以下の関係がある．

$$L_1 - L_2 = TL + 10\log_{10}\frac{A_2}{S_w}$$

ただし，L_1，L_2は音源室，受音室の平均音圧レベル〔dB〕，A_2は受音室の等価吸音面積〔m²〕，Swは音の透過する隔壁の面積〔m²〕を表す．

昼光

☒ Q1 光度は，単位立体角当たりから放出される光束である．光度の単位は，通常，〔cd〕と表される．

☒ Q2 大気透過率が等しければ，太陽高度が高いほど直射日光による地上の水平面照度は大きくなる．

☒ Q3 グローバル照度（全天照度）は，直射照度と全天空照度の合計値である．

☒ Q4 設計用全天空照度は，快晴よりも薄曇りの方が低い．

☒ Q5 同じ面積であれば，天窓より側窓の方が多く昼光を採り入れられる．

☒ Q6 昼光率は，窓ガラスの透過率の影響を受ける．

☒ Q7 直接昼光率には，直射日光による照度が関係する．

☒ Q8 直接昼光率は，室内の表面の反射率の影響を受ける．

☒ Q9 間接昼光率は，室内の反射率の影響を受ける．

A3 Point! 式に当てはめると, $L_1=80$, $TL=30$, $A_2=10$, $S_w=10$

だから, $80-L_2=30+10\log\frac{10}{10}$

$$L_2=50-0=50\ \mathrm{dB}$$ ○

A1 Point! 輝度の単位は〔cd/m²〕である. ○

A2 Point! 太陽高度は水平面との角度θで表され, 水平面照度は$\sin\theta$に比例する. ○

A3 Point! 天空光（＝昼光－直射日光）による照度を**全天空照度**という. ○

A4 Point! **設計用全天空照度**は, 快晴よりも薄曇りの方が高い. ×

A5 Point! 同じ面積であれば, **側窓より天窓**の方が多く昼光を採り入れられる. ×

A6 Point! 透過率が高ければ, **昼光率**も高くなる. ○

A7 Point! 昼光率は直射日光を除く天空光が関係する. ×

A8 Point! **直接昼光率**は, 室内の表面の反射率の影響を受けない. ×

A9 Point! 壁や天井の反射率が高いと, **間接昼光率**も高い. ○

光源・照明

☒ **Q1** 水銀ランプは，HIDランプの一種である．

☒ **Q2** 高圧ナトリウムランプは，HIDランプの一種である．

☒ **Q3** 白熱電球は，放電発光である．

☒ **Q4** ハロゲン電球は，一般に蛍光ランプより寿命が長い．

☒ **Q5** 白熱電球の色温度は，2,800 K程度である．

☒ **Q6** 蛍光ランプの発光効率は，一般に20～50 lm/Wである．

☒ **Q7** ブラケットは，壁，柱に取り付ける照明器具である．

☒ **Q8** LEDランプは，HIDランプの一種である．

☒ **Q9** 晴天の青空の色温度は，10,000 K以上となる場合がある．

☒ **Q10** 演色評価数は，100に近いほど基準光源とのずれが大きい．

照度計算

☒ **Q1** 点光源から発する光による照度は，光源からの距離に反比例する．

☒ **Q2** 点光源直下3.0 mの水平面照度が500 lxである場合，直下1.0 mの水平面照度は，1,500 lxである．

☒ **Q3** ある部屋の作業面の必要照度が500 lxであった．ランプ1灯当たりの光束が2,500 lmのランプの灯数は24灯である．

A1 Point! HID：High Intensity Discharge　高輝度放電灯. ○

A2 Point! 高圧はナトリウム蒸気圧のことで，**放電発光**する. ○

A3 Point! 白熱電球，ハロゲン電球は，**温度放射**である. ×

A4 Point! ハロゲン電球は，一般に蛍光ランプより寿命が短い. ×

A5 Point! 光色が赤→黄→白→青となるにつれ，**色温度**は高くなる. ○

A6 Point! 蛍光ランプの発光効率は，一般に50～100 lm/Wである. ×

A7 Point! 一般に，**補助照明**として利用される. ○

A8 Point! LEDは，電界発光である. ×

A9 Point! 曇天の空でも，白熱電球より色温度が高い. ○

A10 Point! **演色評価数**は，基準光で照らしたとき，色をどの程度忠実に再現できるかの判定指標で，100に近いほど基準光源とのずれが小さい. ×

A1 Point! 点光源から発する光による照度は，光源からの距離の2乗に反比例する. ×

A2 Point! 照度E，点光源の光度I，距離rとすると，$E = \frac{I}{r^2}$から，$I = Er^2 = 500 \times 3^2 = 4{,}500$ cd

距離1 mの照度は，$\frac{4{,}500}{1^2} = 4{,}500$ lxである. ×

A3 Point! **平均照度**$E = \frac{FUMN}{S}$から，

ただし，その部屋の床面積は50 m²，照明率を0.6，保守率を0.7とする．

☒ Q4 照明率は，室内表面の反射率の影響を受ける．

☒ Q5 照明率は，照明器具の清掃間隔の影響を受ける．

☒ Q6 保守率は，照明器具構造の影響を受ける．

☒ Q7 保守率は，室内の粉じん発生量の影響を受けない．

照明器具の保守管理

☒ Q1 個別的集団交換方式は，不点灯になった光源をその都度交換し，ある一定期間が経過した時点で，全ての光源を交換する方式である．

☒ Q2 集団交換方式は，光源が不点灯になっても，当初計画した交換時期，あるいは不点灯の光源が一定数に達するまで光源の交換を行わず，あらかじめ定めていた交換時点に達したときに全数を交換する方式である．

☒ Q3 一般の事務所建築では光源の交換方式として，個別交換方式より集団交換方式が多い．

☒ Q4 光源の設計光束維持率は，点灯時間の経過に伴う光源自体の光束減退などによる照度低下を補償するための係数である．

自動制御

☒ Q1 自動制御システムは，検出部・調節部・操作部で構成される．

☒ Q2 電力のデマンド制御は，電力供給者が供給電力を抑制し，

$$ランプ本数N = \frac{SE}{FUM} = \frac{50 \times 500}{2{,}500 \times 0.6 \times 0.7} = 23.8 \fallingdotseq 24灯$$

○

A4 Point! 反射率が大きければ，**照明率**も大きくなる． ○

A5 Point! 照明器具の清掃間隔の影響を受けるのは，**保守率**である． ×

A6 Point! カバー付き照明器具の保守率は低い． ○

A7 Point! 保守率は，室内の粉じん発生量の影響を受ける． ×

A1 Point! **個別的集団交換方式**は，個別交換方式と集団交換方式を組み合わせた方式である． ○

A2 Point! 集団交換方式は，大規模な照明施設で，光源の交換が比較的困難な場所に適している． ○

A3 Point! 一般の事務所建築では光源の交換方式として，集団交換方式より個別交換方式が多い． ×

A4 Point! 使用する光源の初光束値と，光源を取り替える時点での光束の比で表わされる． ○

A1 Point! 人の手を介さず，望ましい状態を自動的につくり出すシステムである． ○

A2 Point! **電力のデマンド制御**は，需要者側でピーク負荷を抑制契約値を管理する制御である．

☒ Q3 空気調和自動制御機器には，電気式と空気式の２種類がある．

☒ Q4 サーモスタットは，湿度調節に用いられる．

☒ Q5 二酸化炭素濃度による最小外気量制御は，外気負荷を低減する方法である．

☒ Q6 冬期の予熱時，外気ダンパ及び排気ダンパを閉鎖し，還気ダンパを全開すると，省エネルギーとなる．

☒ Q7 冷水コイルの流量調節には，三方弁を用いることが省エネルギーにつながる．

☒ Q8 予冷予熱時には，外気導入量を増加させることによって省エネルギーが図れる．

し，契約値を管理する制御である． ×

A3 Point! 空気調和自動制御機器には，電気式・空気式・電子式・DDC方式がある． ×

A4 Point! **サーモスタット**は，温度調節に用いられる．湿度調節に用いられるのは，**ヒューミディスタット**である． ×

A5 Point! 室内の**二酸化炭素濃度が許容値を超えないよう**にして，外気の導入量を最小限にする方法である． ○

A6 Point! 外気ダンパを閉じることで外気導入がなく，排気ダンパを閉じることで暖気をすべて還気ダンパに送ることができる． ○

A7 Point! 冷水コイルの流量調節には，**二方弁**を用いることが省エネルギーにつながる． ×

A8 Point! **予冷予熱時**には，**外気導入量を減らす**ことによって省エネルギーが図れる． ×

3章 コラム「覚えてビル管マスター！」

熱伝導率の単位：熱出るぞとわめけ〔W/m・K〕

熱伝導率の大きい順：どう（銅）あっ（アルミ）て（鉄）もこ（コンクリート）れが（ガラス）岐（木）路（ロックウール）
→どうあってもこれが岐路.

動圧：どうあって（動圧）も自分（1/2）は老美人（ρv^2）
動圧＝$\rho v^2/2$

圧力損失：2台分のラム得る老美人　圧力損失$\Delta P = \lambda L \rho v^2/2d$
λ：係数　L：管長　ρ：流体密度　v：流速　d：管径

換気量：炙(あぶ)ると突飛なエッチ　換気量$Q \propto Av\sqrt{TPH}$
A：開口部面積　v：流速　T：温度差　P圧力差　H；高低差

流体中で粒子に働く抵抗力：自分はキャビンアテンダントの老美人　$F = CA\rho v^2/2$
F：流体中で粒子に働く抵抗力　C：抵抗係数　A：粒子の投影面積　ρ：流体密度　v：流体に対する粒子の相対速度

粒径の小さい順：小さい頃からう（ウイルス）た（たばこの煙）バ（バクテリア）カ（花粉）さ（砂）→小さい頃から歌バカさ.

数式：キューピーは（QPW）回転（N）する1，2，3
→風量・流量$Q \propto N$　　全圧・揚程$P \propto N^2$　軸動力$W = N^3$

流量：クイック（流量Q）サーブ（管の断面積S，流速v）$Q = Sv$

照度：明るいが麺が不満　照度＝FUMN/室面積

防火ダンパの温度ヒューズの溶解温度：僕はダンパ（防火ダンパ）で何人（72℃）もの住人を（120℃）ニヤッと（280℃）させる
※一般換気用72℃，厨房排気用120℃，排煙用280℃

4章

建築物の構造概論

試験での出題数
15問
(午後実施)

試験合格
の
アドバイス

問題数は「ねずみ，昆虫等の防除」と同じ15問で，最も少ない科目です．範囲は，建物の構造や力学，建築材料も出題されますが，建築の設計，建築設備，建築基準法なども出題されます．

地盤，鉄筋コンクリート造，鉄骨造，力学の基礎を固めるほか，建築材料の種類，特徴，建築設備，建築基準法に定められている用語等に留意して，学習してください．

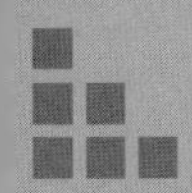

設計

☒ Q1 建築基準法に基づく設計図書には，施工図，現寸図が含まれる．

☒ Q2 仕様書は，設計図書に含まれない．

☒ Q3 実施設計図面は，建築物の施工上必要であるが，建築主との請負契約や見積りには使用されない．

☒ Q4 配置図は，建築物と敷地の関係を示した図で，外構計画などをあわせて示すこともある．

☒ Q5 平面図は，部屋の配置を平面的に示した図で，家具や棚などは記入しない．

☒ Q6 立面図は，建築物の外観を示した図である．

☒ Q7 透視図は，空間の構成や雰囲気がわかりやすいように，透視図法を用いて立体的に表現した図である．

☒ Q8 二級建築士は，建築士法に基づき国土交通大臣の許可を受けて得られる資格である．

☒ Q9 設計者の選定には，特命方式，コンペティション方式，プロポーザル方式等がある．

☒ Q10 建築設備士は，建築士法に基づき建築設備の設計についてのみ建築士に助言できる．

都市環境

☒ Q1 フランスのパリで開催されたCOP21において，温室効果ガス削減の新たな枠組みとなる，パリ協定が採択された．

☒ Q2 温室効果とは，太陽光線が大気中の二酸化炭素などに吸収

A1 Point! **設計図書**とは，図面（設計図面）と仕様書である．施工図，現寸図は含まない． ×

A2 Point! 建築基準法及び建築士法によれば，設計図書とは図面及び仕様書である．仕様書は設計図書に含まれる． ×

A3 Point! **実施設計図面**は，建築物の施工上必要であると同時に，建築主との請負契約や見積りにも必要なものである． ×

A4 Point! **配置図**は，敷地内で建物がどのように配置されているかを示したものである． ○

A5 Point! **平面図**は，部屋の配置を平面的に示した図で，家具や棚なども記入することがある． ×

A6 Point! **立面図**は，建物が立ったままの状態を示したもの． ○

A7 Point! 目で見るのと同じような遠近感が得られる． ○

A8 Point! **二級建築士**は国家資格であるが，**都道府県知事の許可**を受けて得られる資格である．なお，**一級建築士**は，**国土交通大臣**による資格である． ×

A9 Point! 特命は最初から一社に決め，コンペは競争させ，プロポーザルは提案させて一社を決める． ○

A10 Point! 建築設備の設計及び工事監理について，**建築士に助言**できる． ×

A1 Point! 2015年フランスのパリで開催された，第21回目の気候変動枠組条約締約国会議のこと．2020年以降の温室効果ガス排出削減等のための新たな国際枠組みである． ○

A2 Point! **温室効果**とは，地表からの赤外線が大気中の二酸化炭

され，大気が温まることで地球上の気温が上昇することをいう．

☒ **Q3** 熱帯夜とは，夕方から翌朝までの平均気温が25℃以上の日をいう．

☒ **Q4** ストリートキャニオンは，風の弱い日にも熱や汚染物質の拡散能力が高い．

☒ **Q5** アルベドとは，任意の面に入射した日射量に対し，その面での反射した日射量の割合をいう．

☒ **Q6** 都市部は，郊外に比べ，年平均風速が大きい．

☒ **Q7** 都市化により，都市の中心部の気温が郊外と比較して高くなる現象をヒートアイランド現象という．

☒ **Q8** サスティナブルディベロプメントとは，持続可能な開発という意味である．

☒ **Q9** 熱容量が大きい材料は，日射熱を蓄熱しにくい．

☒ **Q10** 熱容量の相異なる材料に，同一熱量をそれぞれ与えた場合，同じ容積なら熱容量の大きい方が温まりにくい．

☒ **Q11** 街路や広場などに面する建築物の正面をなす外観をファサードという．

日射

☒ **Q1** 夏至の日の日積算日射量は，水平面が他の鉛直面に比べて最も多い．

☒ **Q2** 冬至の日において，1日に受ける日射受熱量が最も多いのは水平面である．

素などの温室効果ガスに吸収されて大気圏外に放射されず，地球上の気温が上昇することをいう． ×

A3 Point! **熱帯夜**とは，夕方から翌朝までの最低気温が25℃以上の日をいう． ×

A4 Point! 両側を高い建築物で連続的に囲まれた道路空間は，半密閉の空間のようになるため，**ストリートキャニオン**（通りの渓谷）と呼ばれる．風の弱い日は，熱や汚染物質の拡散を妨げる． ×

A5 Point! Albed．地表では約0.3である． ○

A6 Point! 小さい．年平均気温は高く，相対湿度は低い． ×

A7 Point! 都市部が3～4℃高くなることもある． ○

A8 Point! **サスティナブル＝持続可能な　ディベロプメント**＝開発 ○

A9 Point! 蓄熱しやすい．温まりにくいが一度蓄熱すると長い時間蓄熱する． ×

A10 Point! **熱容量**とは物質の温度を1℃上げるのに必要な熱量のこと． ○

A11 Point! フランス語に由来し，英語のfaceと同意語である．建築物で最も目立つため**都市景観の形成に影響**する． ○

A1 Point! **夏至は①水平面②東面・西面③南面④北面の順**に日射量が多い． ○

A2 Point! 1日に受ける**日射受熱量**が最も多いのは南面である．冬至は，①南面②水平面③東面・西面④北面の順． ×

☒ Q3 照り返しは，日射の反射によるものである．

☒ Q4 窓のブラインドを室内付けにするより外付けにした方が，室内の日射熱取得は大きい．

☒ Q5 内付けブラインドの日射遮蔽効果は，50％程度しか望めない．

☒ Q6 夏至の日の南壁面の日積算日射量は，低緯度に位置する那覇の方が東京より大きい．

☒ Q7 ライトシェルフとは，照明ランプの光を室内全体に拡散するための反射板のことである．

☒ Q8 太陽定数とは，太陽が持つすべての放射エネルギーのことをいう．

☒ Q9 天空日射とは，太陽光が大気中で散乱して，地上に降りそそいだものである．

☒ Q10 日影曲線とは，冬至の日において，地面に垂直な単位長さの棒が水平面に落とす影を時間別に描いたものである．

☒ Q11 オーニングとは，採光するための窓をいう．

建築物の計画と設計

☒ Q1 建物は重心と剛心を離して，偏心を防ぐ計画が必要である．

☒ Q2 事務所ビルにおける基準階のレンタブル比は，基準階の貸事務室面積÷基準階の床面積×100（％）で求められる．

☒ Q3 地球環境に配慮した建築物の計画とは，建築物の室内環境の快適性を優先させることである．

A3 Point! 照り返しは，日射の反射と熱放射に分けられる．×

A4 Point! **ブラインド**は外付けにした方が室内付けにするより，日射による熱取得が小さい．つまり，遮熱する．×

A5 Point! ブラインドを外付けにすると，**約80%の遮蔽効果**がある．○

A6 Point! 夏至は**太陽高度**が高く，南壁面の日射量は高緯度の東京のほうが大きい．さらに，札幌が大きい．×

A7 Point! **ライトシェルフ**とは，部屋の奥まで光を導くよう直射日光を反射させる庇のことである．×

A8 Point! **太陽定数**とは，大気圏外において太陽に正対するときの単位面積当たりに入射する放射エネルギーのことをいう．×

A9 Point! **直達日射**は，太陽光が直接地上に降りそそいだものである．○

A10 Point! **日影曲線**とは，地面に垂直な単位長さの棒が水平面に落とす影を時間別に描いたものである．冬至の日に限らず作成した曲線である．×

A11 Point! **オーニング**とは，窓に取り付ける日除けの一種である．×

A1 Point! できるだけ**重心と剛心を一致**させる．×

A2 Point! 事務所ビル全体の**レンタブル比**は，
貸事務室の面積/延べ床面積．○

A3 Point! 地球環境に配慮した建築物とは，建築物のライフサイクルを考える，自然エネルギーの利用を図るなどをいう．×

地盤と基礎

☒ Q1 洪積層は，沖積層よりも軟弱な地盤である．

☒ Q2 液状化現象は，粘性土地盤で生じやすい．

☒ Q3 異種の基礎構法の併用は効果が高い．

☒ Q4 地業は，基礎スラブより上に設けた部分をいう．

☒ Q5 べた基礎は，地耐力が弱い地盤に用いられることが多い．

☒ Q6 フーチング基礎は高層建築物に用いられる．

構造

☒ Q1 木質構造の工法には，在来工法，プレハブ工法，枠組壁工法（ツーバイ方式）等がある．

☒ Q2 プレストレストコンクリート構造は，コンクリートに引張力を導入したものである．

☒ Q3 混合構造は，鉄筋コンクリート構造や鉄骨構造等の異なった構造の長所を生かして組み合わせた構造をいう．

☒ Q4 壁式構造は，構造体の外力に対する主要抵抗要素が板状の部材で構成されている構造である．

☒ Q5 壁式鉄筋コンクリート構造は，高層建築物によく用いられる．

☒ Q6 ラーメン構造の部材に生じる応力は，軸方向力のみである．

☒ Q7 空気膜構造の膜面には，構造物の内部と外部の空気圧の差により張力を与えている．

☒ Q8 トラス構造は部材の節点をローラーとし，四角形を基本単位として構成する．

☒ Q9 トラス構造の部材に生じる応力は，主にせん断力である．

A1 Point! 洪積層は，主に台地・丘陵等に分布し，地耐力が良好な地層である．**沖積層は新しい堆積層で軟弱**である． ×

A2 Point! **液状化現象**は，埋立地や砂質地盤等で生じやすい． ×

A3 Point! 原則禁止されている．**不同沈下**となりやすい． ×

A4 Point! **地業**は，基礎スラブより下に設けた割ぐり石，捨てコンクリート等の部分をいう． ×

A5 Point! 地面の全面に打設した基礎である． ○

A6 Point! 住宅など低層の建物に多く用いられる ×

A1 Point! **在来工法**は，日本で古くから用いられている木造軸組工法である． ○

A2 Point! **プレストレストコンクリート構造**は，コンクリートに圧縮力を導入したものである． ×

A3 Point! 建物の一部を鉄筋コンクリートで造り，他の部分を鉄骨で造る**ハイブリッド構造**である． ○

A4 Point! **壁式構造**は，柱が無く室内が長方形となるが，窓を広くとることができない． ○

A5 Point! 壁式鉄筋コンクリート構造は，**低層の集合住宅**によく用いられる． ×

A6 Point! **曲げモーメント**，**せん断力**，**軸方向力**が生じる． ×

A7 Point! 常に室内の圧力を外気圧より高くする必要がある． ○

A8 Point! **トラス構造**は部材の節点をピンとして，三角形を基本単位として構成する． ×

A9 Point! **軸方向力**である．せん断力は面をずれさせる力． ×

☒Q10 吊り構造は，構造物の主な部分を支点から吊る構造である．

☒Q11 層間変形角は，各階の層間変位をその層のスパン（柱間距離）で除した値である．

☒Q12 スケルトン・インフィル（SI）建築物では，構造躯体に設備を埋め込み，一体化した構造である．

☒Q13 耐震補強には，壁を増設する補強方法，鉄骨ブレースによる補強方法等がある．

☒Q14 免震構造は，鉄骨ブレースなどを用いて，地震力による揺れを建築物の上部構造に伝達させないようにした構造である．

☒Q15 制振構造は，建築物の揺れを制御し，低減しようとする構造である．

☒Q16 集成材は板状の材を繊維方向に平行にして重ね合わせ，長さ，幅，厚さ方向に接着して大断面にしたものである．

☒Q17 筋かいは，骨組の壁面の水平構面に入れる斜材である．

☒Q18 弾性とは，部材などに荷重を作用させたときに生じる変形が，荷重を取り除いた後に元の状態に戻らない性質をいう．

☒Q19 カーテンウォールは，建築物の耐力壁として使用される．

鉄筋コンクリート構造

☒Q1 コンクリートは，引張強度が大きく，耐火性・耐久性に富んでいる．

☒Q2 鉄筋とコンクリートの線膨張係数は，大きく異なる．

☒Q3 鉄筋コンクリート構造の強度は，材料の管理や養生などに影響されない．

A10 Point! 構造物をケーブルで引っ張る構造である. ○

A11 Point! **層間変形角**は，各階の層間変位をその層の高さ（階高）で除した値である. ×

A12 Point! **スケルトン・インフィル**（SI）建築物では，構造躯体と設備などが分離されている. ×

A13 Point! 壁を厚くすることや，鉄骨を斜めに入れて補強する. ○

A14 Point! **免震構造**は，積層ゴムなどを用いて揺れを伝達させないようにした構造である. ×

A15 Point! 構造体に**ダンパー**という装置を取り付けて，地震エネルギーを吸収することで揺れを少なくする. ○

A16 Point! CLTは，挽板を線維方向が直交するように積層した板材である. ○

A17 Point! **筋かい**は，骨組の壁面の垂直構面に入れる斜材である. ×

A18 Point! 部材などに荷重を作用させたときに生じる変形が，荷重を取り除いた後に元の状態に戻らない性質は**塑性**である. ×

A19 Point! **カーテンウォール**は，カーテンのような壁（ウォール）で，帳壁と訳される．耐力壁ではない. ×

A1 Point! コンクリートの引張強度は弱く，**圧縮強度の約1/10**である. ×

A2 Point! 鉄筋とコンクリートの**線膨張係数は，ほぼ等しい**. ×

A3 Point! コンクリートの強度は，材料の管理や養生などに影響されやすい. ×

☒ Q4 鉄筋コンクリート構造用の鉄筋には，普通棒鋼と異形棒鋼がある．

☒ Q5 鉄筋コンクリート用鉄筋のSDの記号は，丸鋼（普通棒鋼）を示す．

☒ Q6 鉄筋コンクリート構造の梁（はり）に入れるせん断補強筋を帯筋という．

☒ Q7 柱の帯筋は，主に引張力に対して配筋される．

☒ Q8 梁のあばら筋は，曲げモーメントに対して配筋される．

☒ Q9 床のコンクリートの厚さは，一般に13～20 cm程度である．

☒ Q10 コンクリートのひび割れは，隅角部や開口部に集中して発生する傾向がある．

☒ Q11 耐震壁の厚さが20 cm以上の場合には，壁筋を複筋配置とする．

☒ Q12 鉄筋に対するコンクリートのかぶり厚さとは，柱の場合，コンクリート表面から主筋の表面までの距離をいう．

☒ Q13 鉄筋コンクリート構造の鉄筋に対するコンクリートのかぶり厚さは，鉄筋の防食・防錆等の耐久性上，重要である．

☒ Q14 直接土に接しない柱，梁において鉄筋に対するコンクリートのかぶり厚さは，2 cm以上にしなければならない．

☒ Q15 鉄筋コンクリート部材をプレキャスト化することにより，工期を短縮できる．

☒ Q16 鉄筋コンクリート構造の梁に設備配管のために設けられた開孔部の径は，一般に梁せいの1 /2以下とする．

☒ Q17 捨てコンクリートは，余った生コンクリートを集めて基礎梁の型枠に流し込むコンクリートである．

A4 Point! **異形棒鋼**（異形鉄筋）は，表面に凹凸がある． ○

A5 Point! SDの記号は，異形棒鋼を示す．丸鋼はSR．SD294と表記した数値は，**降伏点強度**を示す． ×

A6 Point! 鉄筋コンクリート構造の梁に入れるせん断補強筋を，あばら筋という．帯筋は柱に入れる**せん断補強筋**のこと． ×

A7 Point! 柱の帯筋は，主にせん断力に対して配筋される． ×

A8 Point! 主にせん断力に対して配筋される． ×

A9 Point! 壁の厚さは，**10～15 cm程度**である． ○

A10 Point! 打ち重ね時間が長くなり，**コールドジョイント**となった箇所もひび割れが発生しやすい． ○

A11 Point! ダブルで鉄筋を入れる． ○

A12 Point! コンクリート表面から帯筋の表面までの距離をいう． ×

A13 Point! **かぶり厚さ**の厚い方が防錆作用のあるコンクリートで保護されるので，鉄筋の耐久性は増す．コンクリートの中性化にも注意． ○

A14 Point! かぶり厚さは3 cm以上にする．直接土に接する壁，床はかぶり厚さは4 cm以上にする． ×

A15 Point! **プレキャスト**は工場生産． ○

A16 Point! **一般に梁せいの1 /3以下**とする． ×

A17 Point! **捨てコンクリート**は，地盤の上に，底面を平らにするために敷きならしたコンクリートである． ×

鉄骨構造

☒ **Q1** 鉄骨構造は，耐食性に優れる．

☒ **Q2** 鋼材の強度は，温度上昇とともに低下し，1,000℃ではほとんど零となる．

☒ **Q3** 鋼材の炭素量が増すと，じん性が高まる．

☒ **Q4** JISによる鋼材の材質規格には，建築構造用圧延鋼材，溶接構造用圧延鋼材等がある．

☒ **Q5** JISによる鋼材の材質で，SN400Bの場合，記号中の数値は引張強度を示している．

☒ **Q6** 鉄骨構造は，部材の接合によりラーメン構造，トラス構造等に大別できる．

☒ **Q7** 溶接継手の形式には，溶接される母材の配置により，重ね継手，突合せ継手，T継手等がある．

☒ **Q8** 合成梁は，鉄骨梁とコンクリート床板を高力ボルトなどにより緊結したものである．

☒ **Q9** 鉄骨構造の床には，鉄筋コンクリート床板やデッキプレートが用いられる．

☒ **Q10** デッキプレートは，広幅のフラットな帯鋼である．

☒ **Q11** 鉄骨のボルト接合には，普通ボルトが多く用いられる．

☒ **Q12** 高力ボルト接合は，接合材間に生じる曲げモーメントによって力を伝達する．

☒ **Q13** 降伏比の大きい鋼材はじん性に劣る．

☒ **Q14** 鉄骨構造の梁に使用されるH形鋼のウェブは，主に曲げモーメントに対して抵抗する．

A1 Point! 鉄骨構造は，錆びやすい． ×

A2 Point! **鉄骨構造は耐火構造ではない**．耐火被覆を施す必要がある．吹付け工法，巻付け工法などがある． ○

A3 Point! じん性は低くなる．軟鋼の炭素量は0.12～0.3%． ×

A4 Point! 建築構造用圧延鋼材はSN，溶接構造用圧延鋼材はSMと表記する． ○

A5 Point! 鉄筋の数値は降伏点強度を示しており，鉄骨の数値の意味と異なるので注意． ○

A6 Point! **ラーメン構造**は，周囲を額縁のように固めたもの．**トラス構造**は，三角形を基本としたピン接合である． ○

A7 Point! 主に**アーク溶接**が用いられる． ○

A8 Point! **高力ボルト**ではなく，**スタッドボルト**である．高力ボルトは，高張力鋼で作られたボルト． ×

A9 Point! **デッキプレート**は，平鋼板に大きな角波形をつけたもので，荷重に対する強度が増す． ○

A10 Point! デッキプレートは，波付けされた広幅の帯鋼である． ×

A11 Point! **高力ボルト**が多く用いられる． ×

A12 Point! 高力ボルト接合は，接合材間に生じる摩擦力によって力を伝達する． ×

A13 Point! **降伏比**とは引張強度に対する降伏強度の比率をいう． ○

A14 Point! 梁に使用される**H形鋼**のウェブは，主にせん断力に対して抵抗する．曲げモーメントは，部材を湾曲させようとする力． ×

荷重

☒ **Q1** 固定荷重は，構造体や仕上げ材料など建築物自体の重量である．

☒ **Q2** 積載荷重には，人間・家具・物品の重量が含まれる．

☒ **Q3** 床の構造計算用積載荷重は，大梁の構造計算用積載荷重より小さく設定されている．

☒ **Q4** 地震力を計算するための積載荷重は，大梁の構造計算用積載荷重より大きく設定されている．

☒ **Q5** 地震力を計算する場合，事務室の積載荷重は，教室の積載荷重より大きく設定されている．

☒ **Q6** 積雪荷重は，積雪地域により決まる荷重であり，屋根勾配によらず一定である．

☒ **Q7** 積雪荷重は，積雪の単位荷重と建築物が建設される地域の積雪量を考慮して求められる．

☒ **Q8** 風圧力は，動的な荷重であり，構造計算においても通常，動的荷重として扱う．

☒ **Q9** 風圧力は，速度圧に風力係数を乗じて計算する．

☒ **Q10** 垂直荷重には，風圧力，地震力等がある．

☒ **Q11** 土圧は常時荷重である．

力学

☒ **Q1** せん断力は，部材のある点において部材を湾曲させようとする応力である．

☒ **Q2** 軸方向力は，部材内の任意の面に作用して，面をずれさせるように作用する力である．

☒ **Q3** 固定端の支点においては，曲げモーメント，軸力，せん断力を伝達する．

A1 Point! 造り付け家具も**固定荷重**になるが，家具店から購入した後に設置のものは**積載荷重**である． ○

A2 Point! ただし，作り付けの家具は固定荷重である． ○

A3 Point! 床の構造計算用積載荷重は，大梁の構造計算用積載荷重より大きく設定されている．**床＞柱・梁＞地震力**． ×

A4 Point! 地震力を計算するための積載荷重は，大梁の構造計算用積載荷重より小さく設定されている． ×

A5 Point! 教室のほうが事務室より大きく設定されている． ×

A6 Point! **積雪荷重**は，屋根勾配に影響される．屋根勾配が60°を超えるときは，積雪荷重は0としてよい． ×

A7 Point! 一般区域における積雪荷重は，積雪量1 cmごとに1 m²につき20 N以上として計算される． ○

A8 Point! 風圧力は動的な荷重であるが，構造計算では通常，静的荷重として扱う． ×

A9 Point! **風力係数**は，建物形状や箇所により異なる． ○

A10 Point! 風圧力，地震力は**水平荷重**である． ×

A11 Point! 水圧も常時荷重である． ○

A1 Point! 部材を湾曲させようとする応力は**曲げモーメント**である．**せん断力**は部材をずれ（切断）させる力． ×

A2 Point! 軸方向力とは，軸方向に働く引張力と圧縮力である．面をずれさせるように作用する力は，せん断力である． ×

A3 Point! 固定端の支点は，曲げモーメント，軸力（軸方向力），せん断力の反力を持つ． ○

☒ Q4 移動端（ローラ）の支点において，曲げモーメントとせん断力は伝達される．

☒ Q5 3ピン支持形式は，2つのピン（回転端）で支持され，その中間にもう一つのピン節点を持つ．

☒ Q6 片持（かたもち）支持形式においては，一端を固定，他端をピン（回転端）としている．

コンクリートの性質

☒ Q1 セメントペーストは，水とセメントと砂を練り混ぜたものである．

☒ Q2 コンクリートは，セメント，水，砂を混合し，練り混ぜて固めたものをいう．

☒ Q3 軽量コンクリートの単位容積当たりの質量は，概ね2,500 kg/m^{3}である．

☒ Q4 普通コンクリートの圧縮強度は，18 N/mm^{2}程度である．

☒ Q5 ワーカビリティーは，流動に対する抵抗性の程度で表されるフレッシュコンクリートの性質である．

☒ Q6 コンクリート打設後，コンクリート表面にごみや空気などが浮上してできた泥状物質の層をブリージングという．

☒ Q7 コンクリート強度の確保には，スランプ試験などによる品質管理が重要である．

A4 Point! **移動端（ローラ）**の支点において，曲げモーメントとせん断力は伝達されない．×

A5 Point! 合計3つの**ピン（回転端）**を持つ．○

A6 Point! 片持支持形式においては，一端を固定，他端を自由としている．×

A1 Point! **セメントペースト**は，水とセメントを練り混ぜたものである．水とセメントと砂を練り混ぜたものは**モルタル**である．×

A2 Point! **コンクリート**は，セメント，水，砂，砂利を混合し，練り混ぜて固めたものをいう．×

A3 Point! 普通コンクリートの単位容積当たりの質量は，概ね2,300 kg/m³であり，軽量コンクリートはこれより軽い．×

A4 Point! 引張強度は，圧縮強度の1/10程度．○

A5 Point! 流動に対する抵抗性の程度で表されるフレッシュコンクリートの性質は，**コンシステンシー**である．**ワーカビリティー**はコンクリート打設における作業性をいう．×

A6 Point! ごみや空気などが浮上してできた泥状物質の層は**レイタンス**という．**ブリージング**は，コンクリート打設後に水が浮き出てくる浮水現象をいう．×

A7 Point! **スランプ試験**は，コンクリートのやわらかさの程度を知るための試験である．**スランプ値が大きいほどやわらかい**．○

鋼

☒ **Q1** アルミニウムの比重は，鋼の約1/5である．

☒ **Q2** 鋼板に亜鉛メッキしたものをトタンという．

☒ **Q3** 鋼板にすずメッキしたものをブリキという．

☒ **Q4** ステンレス鋼は，鉄にクロム，ニッケル等の合金で，耐食性，耐熱性を高めたものである．

☒ **Q5** 鋼材の応力-ひずみ曲線において，最大荷重時の応力度を引張強度という．

ガラス

☒ **Q1** ガラスの主原料は珪砂（けい）で，主成分はケイ酸（SiO_2）である．

☒ **Q2** フロート板ガラスの表面は凸凹（でこぼこ）している．

☒ **Q3** 熱線反射板ガラスはミラー効果（鏡面反射）がある．

☒ **Q4** 熱線吸収板ガラスは無色透明である．

☒ **Q5** 強化ガラスは，一般の板ガラスに特殊な熱処理を施し，表面に引張応力を生じさせたものである．

☒ **Q6** 板ガラスは，部分的に加熱されると破壊しやすい．

☒ **Q7** 合わせガラスは，ガラスとガラスの間に空気を封入したものである．

☒ **Q8** 日射遮蔽（しゃへい）係数とは，各種ガラスの日射熱取得÷3 mm厚の透明フロート板ガラスの日射熱取得で計算する．

その他材料

☒ **Q1** 鉄筋コンクリート構造の陸（ろく）屋根の防水には，アスファルト防水，モルタル防水，シート防水，塗膜防水がある．

☒ **Q2** シート防水層は，一般的に合成ゴム系・プラスチック系の

A1 Point! アルミニウムの比重は，**鋼の約1/3**である． ×
A2 Point! アエン，トタンも最後に「ン」がつく． ○
A3 Point! すずメッキ（すずき），ブリキ（ぶり）いずれも魚． ○
A4 Point! ステンレスは**特殊鋼**といわれている． ○

A5 Point! **応力**は外力に応じて鋼材内部で働く力，**応力度**は単位面積あたりの力をいう． ○

A1 Point! **珪砂**は石英を含んだ白色の砂である． ○
A2 Point! **フロート板ガラス**は良好な平滑平面を有する． ×
A3 Point! 外から室内が見えにくい効果がある． ○
A4 Point! **熱線吸収板ガラス**には，色がついている． ×
A5 Point! 引張応力でなく，**圧縮応力**である． ×

A6 Point! 温度差による膨張で割れやすくなる． ○
A7 Point! **合わせガラス**は，数枚のガラスをプラスチックフィルムで貼り合わせたものである．中空部（空気層）を有するのは**複層ガラス**である． ×
A8 Point! この数値が小さいほど，日射を遮るガラスである． ○

A1 Point! **アスファルト防水**は，アスファルトルーフィングを重ねて防水性を高める． ○
A2 Point! **シート防水層**は，広範囲を短時間で施工できるなどの

材料で作られる.

☒ Q3 ステンレスシート防水層は，ステンレスシートの接合部を接着剤によって施工するので，太陽熱による劣化が激しく防水性が低い.

☒ Q4 木材の引火点は300℃以上である.

☒ Q5 合板は，薄い板を繊維方向が平行となるように接着剤で重ね合わせたものである.

☒ Q6 プラスタは，石膏などの無機質の粉に水を加えて練り混ぜ，塗壁とする材料の総称である.

☒ Q7 テラゾは天然大理石で，床の仕上げ材として使用される.

建築生産

☒ Q1 建築物は，施工者によって企画される.

☒ Q2 請負契約の方法には，一般競争入札，指名競争入札，随意契約がある.

☒ Q3 競争入札においては，信用できる二つ以上の施工業者より見積をさせて，施工業者を選択する.

☒ Q4 施工者は，一般に各種の専門下請負業者にそれぞれ仕事を請け負わせて，これを総合管理する.

☒ Q5 工事契約に必要な書類は，工事請負契約約款，設計図書，施工計画書等である.

☒ Q6 工事監理は，施工者が建築主の委託を受けて代行することが多い.

☒ Q7 建築生産は，注文生産，一品生産，現場生産が多い.

☒ Q8 土工地業工事には，土工事，山止め工事，地業，基礎工事，躯体工事がある.

☒ Q9 躯体工事には，仮設工事，防水工事がある.

利点があり，ビルやマンションの屋上でよく見られる． ○

A3 Point! ステンレスシート防水層は，ステンレスシートの接合部を溶接によって一体化するために防水性が高い． ×

A4 Point! 240～270℃である． ×

A5 Point! 合板は，薄い板を繊維方向が互いに交差するように接着剤で重ね合わせたものである． ×

A6 Point! 成型したものが**プラスタボード**で，**吸音性に優れる**ので壁や天井の仕上材として使用される． ○

A7 Point! **テラゾ**は**大理石の粉末**を混ぜた人造大理石である． ×

A1 Point! 建築物は，**建築主**（発注者）によって企画される． ×

A2 Point! **一般競争入札**は，工事内容や入札条件等を公示して行われる． ○

A3 Point! 一般競争と指名競争がある． ○

A4 Point! 自ら施工する部分を除き，それらを専門工事を行う業者に下請けさせる． ○

A5 Point! 建築基準法によれば，設計図書には，図面と仕様書がある． ○

A6 Point! 設計者（建築設計事務所）が建築主の委託を受けて代行することが多い．**工事監理と施工管理の違いに留意**． ×

A7 Point! 注文者の依頼を受け，契約後に工事を行う． ○

A8 Point! 土工地業工事には，土工事，山止め工事，地業及び基礎工事がある．躯体工事は含まない． ×

A9 Point! 躯体工事はコンクリート工事，鉄骨工事などをいう． ×

☒ Q10 建設業法では，発注者の書面による承諾のない限り，一括下請負は禁止されている．

建築設備に関する用語

☒ Q1 BEMSとは，ビルエネルギー管理システムのことである．

☒ Q2 CASBEEとは，建築環境総合性能評価システムのことで，エネルギー消費，資源循環，地球環境，室内環境の4分野である．

☒ Q3 ESCO事業のシェアード・セービング方式とは，顧客が自己投資により設備機器を導入し，ESCO事業者が削減効果を保証する方式である．

☒ Q4 COPは水搬送効率のことである．

☒ Q5 LANは地域冷暖房システムをいう．

☒ Q6 コージェネレーションにより排熱の有効利用が図れる．

昇降設備

☒ Q1 エレベータは，大きく分けて，ロープ式と油圧式に分かれる．

☒ Q2 規格型のエレベータでは，屋上に機械室を設置するタイプが標準的な仕様である．

☒ Q3 エレベータに使用される巻上電動機は，すべて交流式である．

☒ Q4 エスカレータの公称輸送能力は，定格速度と踏段幅により決定する．

☒ Q5 JIS規格に定める積載荷重が900 kgのエレベータの最大定員は，13人である．

A10 Point! ただし，公共工事等，書面があっても一括下請負が禁止されているものもある． ○

A1 Point! BEMS：Building Energy Management System ○

A2 Point! CASBEE：Comprehensive Assessment System for Built Environment Efficiency ○

A3 Point! ESCOとはエネルギー総合サービス事業のことである．Energy Service Companyの略． ○

A4 Point! COPは，冷凍機やヒートポンプの成績係数をいう．また，地球温暖化防止の締約国会議をいう． ×

A5 Point! LANは情報通信設備のこと．地域冷暖房はDHC． ×

A6 Point! **熱併給発電**のことで，発電のほか排熱も利用する． ○

A1 Point! **油圧式は低層階**向け． ○

A2 Point! 規格型のエレベータでは，機械室なしが標準的な仕様となってきている． ×

A3 Point! エレベータに使用される巻上電動機には，**交流式と直流式**がある． ×

A4 Point! 竪穴区画の防火シャッタ閉鎖時に連動して停止する**制動装置**が設けられる． ○

A5 Point! 900÷65≒13.8　13人(1人の体重を65 kgとする)． ○

4章 建築物の構造概論

☒ Q6 乗用エレベータには，火災時に最寄り階まで自動運転する管制運転装置を備える．

☒ Q7 建築基準法の規定により，高さ31 mを超える建築物には，原則として非常用の昇降機を設けなければならない．

☒ Q8 非常用エレベータの設置義務は，電気事業法により定められている．

☒ Q9 油圧式エレベータは汎用性が高く，中高層，超高層建築物に多用されている．

☒ Q10 油圧式エレベータは，走行機の速度制御が広範囲にわたって可能である．

☒ Q11 勾配が30度を超え35度以下のエスカレータの定格速度は，45 m/min以下とされている．

ガス設備

☒ Q1 LPガス容器は，一般に鋼板製のものが多い．

☒ Q2 LPガス容器は，常時50℃以下を保てる場所に設置する．

☒ Q3 LPガス容器は，密閉された室内に設置することが望ましい．

☒ Q4 LPガスは，空気より比重が小さく，万一漏えいした場合は，天井部に滞留するおそれがある．

☒ Q5 LPガスの臭気は，プロパンとブタンの固有のものである．

☒ Q6 LPガスの燃焼における理論空気量は，都市ガス（13 A）より小さい．

☒ Q7 都市ガス（13 A）が漏洩（ろうえい）すると，床から滞留する．

A6 Point! **避難階**までの管制運転装置を備える．地震時においては**最寄り階**までの運転とする． ×

A7 Point! ただし，31 m を超える部分が機械室などの場合は，非常用の昇降機を設けなくてよい． ○

A8 Point! **非常用エレベータ**の設置義務は，建築基準法により定められている．緊急時には消防隊員が優先される． ×

A9 Point! 汎用性が高く，中高層，超高層建築物に多用されているのは，**ロープ式エレベータ**である． ×

A10 Point! 速度制御は限られる． ×

A11 Point! **30 m/min 以下**とされている． ×

A1 Point! 高張力鋼が使用される． ○

A2 Point! LP ガス容器は，常時**40℃以下**を保てる場所に設置する． ×

A3 Point! LP ガス容器は，漏れたガスが滞留しない**風通しの良い場所**に設置する． ×

A4 Point! LP ガスは，空気より比重が大きく，万一漏えいした場合は，**床（低部）に滞留**するおそれがある． ×

A5 Point! LP ガスは，1,000倍に希釈しても臭いを感知できる付臭剤の添加が，法令で義務付けられている． ×

A6 Point! LP ガスの燃焼における**理論空気量**は，都市ガス（13 A）より大きい． ×

A7 Point! 都市ガス（13 A）は空気より軽いので，漏洩すると**天井付近に滞留**しやすい． ×

☒ Q8 都市ガス（13 A）の供給方式のうち，0.5 MPa以上の圧力で供給されるものを高圧供給方式という．

☒ Q9 発熱量〔MJ/m^3 (N)〕は，LPガスに比べて都市ガス（13 A）の方が高い．

☒ Q10 マイコンメータには，地震などに対する保安機能が備わっている．

☒ Q11 都市ガス及びLPガスは，いずれも臭いがほとんどないガスのため付臭剤が添加されている．

自動火災報知設備

☒ Q1 自動火災報知設備は，受信機，感知器，中継器，発信機，ベル等の音響装置及び表示灯で構成される．

☒ Q2 差動式熱感知器は，感知器の周辺温度が設定温度以上になったときに作動する．

☒ Q3 煙感知器には，差動式，定温式がある．

☒ Q4 煙感知器は，感知器周辺の空気に一定以上の煙が含まれるときに火災を感知する．

☒ Q5 熱感知器は煙感知器に比べ，火災の早期感知に適している．

☒ Q6 炎感知器は，炎から放射されるマイクロ波の強度により火災を感知する．

☒ Q7 炎感知器は，高天井の場所での火災監視には適さない．

消防用設備等

☒ Q1 排煙設備は消防法に定める「消防の用に供する設備」に該当しない．

A8 Point! 高圧供給方式は，1.0 MPa以上の圧力で供給される．低圧は0.1 MPa未満，中圧は0.1 MPaから1 MPa未満をいう． ×

A9 Point! 発熱量は，LPガスに比べて都市ガス（13 A）の方が低い． ×

A10 Point! 震度5相当以上で**マイコンメータ**が自動的にガスを遮断する． ○

A11 Point! 1000倍に希釈しても臭いを感知できる付臭剤の添加が義務付けられている． ○

A1 Point! **表示灯**は**発信機**近くに設け，手動信号や**感知器**の自動信号を受信機に送り**ベル**等を鳴らす． ○

A2 Point! **差動式熱感知器**は，感知器の周辺温度上昇率が一定以上になったときに作動する． ×

A3 Point! **煙感知器**には，光電式，イオン化式がある． ×

A4 Point! 煙による光の散乱や遮断を信号として受信機に送る． ○

A5 Point! 煙感知器の方が**早期感知**には適している． ×

A6 Point! 炎感知器は，炎から放射される**紫外線や赤外線**の強度により火災を感知する． ×

A7 Point! **炎感知器**は，アトリウムや大型ドームなどの**高天井**の場所での火災監視に適している． ×

A1 Point! **排煙設備**は迅速・円滑な消火活動を目的に設置され，「消火活動上必要な施設」に該当する． ○

☒ Q2 自動火災報知設備は，消防法に定める「避難設備」に分類される．

☒ Q3 非常コンセント設備は，消防法に定める「消火活動上必要な施設」である．

電気設備

☒ Q1 建築設備に電力を送るケーブルの許容電流値は，配線用遮断器の定格電流値より小さくする．

☒ Q2 電動機の起動時に過電流が流れて異常を起こさないために，スターデルタ起動方式が用いられる．

☒ Q3 地域マイクログリッドとは，自然エネルギー発電を組み合わせ，地域の電力需要を満足する電力システムである．

☒ Q4 インバータ制御は，交流電動機の回転速度調整や出力・トルク調整が容易で，効率の大幅改善が期待できる．

☒ Q5 契約電力30 kW以上の建築物の場合，高圧（6.6 kV）で受電し，自家用変電設備で低圧（200 V・100 V）に変圧して給電する．

☒ Q6 地階を除く階数が，11階以上の階に，非常コンセント設備の設置が義務付けられている．

☒ Q7 実効値100 Vの交流電圧は，ピーク時の電圧が約140 Vである．

☒ Q8 電線の配電距離が長くなると，電圧の低下を招くことがある．

A2 Point! 「消防の用に供する設備」の，「警報設備」に分類される． ×

A3 Point! 消火活動上必要な施設は，排煙設備，非常コンセント設備，無線通信補助設備，連結散水設備，連結送水管の**5種類**． ○

A1 Point! ケーブルの許容電流値は，配線用遮断器の定格電流値より大きくする． ×

A2 Point! 電動機を直接起動（全電圧始動）するとき大きな電流が流れるので，**スターデルタ起動方式で起動時の電流を制限**する． ○

A3 Point! **マイクログリッド**とは小規模電力網のことで，エネルギー供給源と消費施設を一定の範囲でまとめて，エネルギーを地産地消する仕組みをいう． ○

A4 Point! **インバータ**は，直流や低周波の交流を高周波の交流に変換する装置で，周波数を変えることで電動機の回転速度を変えることができる．(回転数∝周波数) ○

A5 Point! 契約電力50 kW以上の建築物の場合，**高圧**（6.6 kV）で受電し，自家用変電設備で**低圧**（200 V・100 V）に変圧して給電する． ×

A6 Point! **非常コンセント設備**は，消防用設備等のうち消火活動上必要な施設に該当し，消防隊のためのものである． ○

A7 Point! ピーク時の電圧は，$\sqrt{2}$×実効値電圧で求められるので，1.4142…×100＝141.42…となる． ○

A8 Point! 電線を太くすれば電圧低下は少ない． ○

☒ **Q9** 電気事業法に規定される電圧種別のうち特別高圧に区分されるのは，交流にあっては600 Vを超えるものである．

☒ **Q10** 受変電設備とは，電力会社から送電された電力を受電し，所定の電圧に下げて建物内で利用できるようにする設備である．

防災

☒ **Q1** 気象庁震度階級は，7階級に分類される．

☒ **Q2** マグニチュードとは，雷害の規模を表す指標である．

☒ **Q3** マグニチュードの値が1大きくなると，エネルギーは約10倍になる．

☒ **Q4** 地下は地上に比べ地震動の増幅が小さいため，構造的には安全性が高い．

☒ **Q5** 火災荷重とは，単位容積当たり可燃物重量をいう．

☒ **Q6** 機械排煙方式は，火災室から直接外気に面する窓や排煙口より煙を排出させる方法である．

☒ **Q7** 蓄煙方式は，天井の高い大空間の競技場やアトリウムで採用される場合がある．

☒ **Q8** 加圧防煙方式は，長時間安全性を確保する必要のある場所に適している．

☒ **Q9** サンクンガーデンは，水害対策の一つである．

☒ **Q10** 避難の原則として，避難経路は救助のしやすさの観点から，1か所に集約するほうがよい．

☒ **Q11** 劇場，集会場等における客室からの出口の戸は，内開きとする．

A9 Point! 交流にあっては，600 V以下を**低圧**，600 Vを超えて7000 V以下を**高圧**，7000 Vを超える電圧を**特別高圧**と区分している． ×

A10 Point! 受電設備には**キュービクル方式と開放式**がある． ○

A1 Point! 気象庁震度階級は，**10階級に分類**される． ×

A2 Point! **マグニチュード**とは，地震の規模を表す指標である． ×

A3 Point! マグニチュードの値が1大きくなると，**エネルギーは約32倍**になる． ×

A4 Point! 地上においては，**高層階ほど揺れが大きい**． ○

A5 Point! 火災荷重とは，**単位面積当たり**可燃物重量をいう． ×

A6 Point! **自然排煙方式**は，火災室から直接外気に面する窓や排煙口より煙を排出させる． ×

A7 Point! 蓄煙方式は，上部に大空間がある場合，そこに煙を貯留しておくもの． ○

A8 Point! 階段室への煙の侵入を防止するため，階段室付室や廊下に用いることが多い． ○

A9 Point! **サンクンガーデン**は，地盤面より低い部分を庭にしたもので，水害対策とは関係ない．ビル風対策にはなる． ×

A10 Point! 避難の原則として，建築物の全ての場所において，2方向以上の避難路を設ける．（**2方向避難**とする） ×

A11 Point! **外開き**とする．内開きでは背後の多数者の圧力で扉が開きにくくなる． ×

☒ **Q12** 避難動線は，日常動線と異なるほうがよい．

☒ **Q13** 高層ビルの避難計画で，2以上の階段は近い方がよい．

建築基準法

☒ **Q1** 建築基準法は，建築物の敷地，構造，設備及び用途に関する望ましい基準を定めている．

☒ **Q2** 建築物自体の安全，防火，避難，衛生等に関する技術的基準を定めた規定の総称を一般に集団規定という．

☒ **Q3** 建築確認申請書を審査し，適法と確認した場合は建築主に確認済証を交付できるのは，建築主事のみである．

☒ **Q4** 建築基準法による建築物の高さ制限に関し，南側からの高さ制限はない．

☒ **Q5** 高さ15 mをこえる建築物には，原則として有効に避雷設備を設置しなければならない．

☒ **Q6** 特殊建築物等の定期検査の調査者は，1級建築士，2級建築士である．

☒ **Q7** 特殊建築物等の定期検査の調査報告先は，国土交通大臣である．

☒ **Q8** 病院の病室は，非常用照明が免除される．

☒ **Q9** 非常用の蛍光灯照明装置は，床面で2 lx以上の照度を確保しなければならない．

建築基準法の用語

☒ **Q1** 住宅に附属する門及び塀は，建築物である．

☒ **Q2** 建築とは，建築物を新築し，増築し，改築する3つのこと

A12 Point! 避難動線は，日常動線と区別せず**一致**させる．　×

A13 Point! できるだけ離れていることがよい．　×

A1 Point! 「望ましい基準」ではなく，「**最低の基準**」である．　×

A2 Point! **単体規定**という．**集団規定**は，その地域全体の規定で，用途地域による建築物の用途制限がある．　×

A3 Point! **建築主事**及び**指定確認検査機関**が当該業務を実施できる．　×

A4 Point! 建築物の高さ制限は，道路からの高さ制限，北側からの高さ制限，隣地境界からの高さ制限などがある．南側からの高さ制限や相対高さ制限はない．　○

A5 Point! **高さ20 mをこえる建築物**には，原則として有効に避雷設備を設置しなければならない．　×

A6 Point! 国土交通大臣が定める資格を有する者（特殊建築物等調査資格者）を含む．　×

A7 Point! 都道府県知事である．特殊建築物には，安全，衛生，防災等に関して技術基準に基づく規制がかけられる．　×

A8 Point! 病院の廊下等は免除されない．　○

A9 Point! **白熱電球は1 lx以上**だが，**蛍光灯及びLEDにおいては2 lx以上**必要である．非常用照明は，建築基準法により定められている．　○

A1 Point! 住宅が無ければ建築物ではない．　○

A2 Point! **建築**とは，建築物を新築し，増築し，改築し，又は移

4章 建築物の構造概論

をいう.

☒ Q3 新築とは，建築物の存しない土地の部分に建築物をつくることである.

☒ Q4 改築とは，既存の建築物の全部あるいは一部を除却して，いままで建っていた建築物と構造，規模，用途が著しく異ならないものに建て替えることである.

☒ Q5 移転とは，建築物を別の敷地へ移動させることである.

☒ Q6 建築物とは，土地に定着する工作物で，屋根及び柱若しくは壁を有するものである.

☒ Q7 倉庫は，特殊建築物である.

☒ Q8 事務所は特殊建築物である.

☒ Q9 避雷針は，建築設備である.

☒ Q10 ホテルの宴会場は居室である.

☒ Q11 基礎ぐいは，主要構造部である.

☒ Q12 屋外階段は，主要構造部である.

☒ Q13 大規模の修繕は，建築物の主要構造部の1種以上について行う過半の修繕である.

☒ Q14 容積率とは，敷地面積に対する建築面積をいう.

☒ Q15 敷地とは，一の建築物又は用途上不可分の関係にある二以上の建築物のある一団の土地をいう.

☒ Q16 床面積とは，建築物の各階又はその一部で，壁その他の区画の中心線で囲まれた部分の水平投影面積である.

☒ Q17 耐火性能とは，通常の火災が終了するまでの間，建築物の倒壊・延焼を防止するために，建築物の部分に必要な性能のことをいう.

転することをいう. ×

A3 Point! 既存の建物を取り壊して，他の敷地に新たに建てることも新築という．使用資材の新旧は問わない. ○

A4 Point! 既存の建物に手を加え床面積を増加させるのは，**増築**である. ○

A5 Point! **移転**とは，同じ敷地内での移動をいう. ×

A6 Point! 土地に定着していることが前提である．鉄道及び軌道の線路敷地内の運転保安に関する施設は建築物でない. ○

A7 Point! 多くの建築物は，**特殊建築物**に該当する. ○

A8 Point! 事務所は特殊建築物ではない. ×

A9 Point! 接地工事も施すので，電気工事と考えてよい. ○

A10 Point! **居室**は居住，執務，娯楽などで継続的に使用する. ○

A11 Point! **基礎ぐい**は，主要構造部ではない. ×

A12 Point! 内部階段は主要構造部であるが，屋外階段は主要構造部ではない. ×

A13 Point! 建築物の主要構造部の1種以上について行う過半の模様替を，**大規模の模様替**という. ○

A14 Point! 敷地面積に対する建築面積は**建ぺい率**である．**容積率**は，敷地面積に対する延べ床面積をいう. ×

A15 Point! 一つの敷地に二者の住宅を建てることはできず，この場合は分筆して二つの敷地にする. ○

A16 Point! すべての階の合計が**延べ面積**である. ○

A17 Point! 似た性能に防火性能があるが，これは建築物の周囲において発生する通常火災による延焼を抑制するための外壁・軒裏に必要な性能をいう. ○

4章 コラム 「覚えてビル管マスター！」

夏至の日積算日射量：夏至は水兵東西南北
※夏至は水平面，東面・西面，南面，北面の順に1日あたりの日射量が多い．冬至は，南面がトップ

洪積層の地耐力：中学（沖積層）より高校（洪積層）が体力（地耐力）高い

建築士の資格：二兎（二級建築士：都道府県知事免許）追う一刻者（一級建築士：国土交通大臣免許）

ラーメン構造：力みなぎる（軸方向力・せん断力・曲げモーメントすべての力）ラーメン（ラーメン構造）

トラス構造：掛け軸（軸方向力）とらす（トラス構造）

コンクリートの引張強度：引力は遠い（1/10）ところから引っ張る（引張り力）
※コンクリートの引張り力は，圧縮力の1/10倍

地震に弱い壁：垂れ腰（垂れ壁・腰壁）は地震に弱い

鋼：ダンス（炭素）がおはこ（0.85%）の強い（強度）男性（弾性）
※炭素含有量0.85%程度の鋼は，強度，弾性あり

積載荷重の大小関係：愉快な母に自信　床＞柱・梁（はり）＞地震力

コンクリートの混合割合：砂浜見れ（砂30%）ば始終砂利（砂利40%），せめて（セメント10%）水色（水16%）の空よ（空気4%）

LPガス容器の設置場所：始終（40℃）風通しがいい陽気（容器）

非常用昇降機の設置：非常用エレベータは火災（31m超え）

避雷針の設置：雷連れ（20m）る避雷針
※20m以上の建物に設置

事務所：特定された事務所は特殊でない
※事務所は特定建築物で特殊建築物ではない

5章 給水及び排水の管理

試験での出題数
35問
(午後実施)

試験合格のアドバイス

給水計画，給水の方式，塩素消毒等に関する給水設備，給湯設備，排水設備，通気設備，浄化槽設備に関する基礎知識や，それら設備の保守管理方法について出題されます．用語や単位に関しての出題もあります．繰り返しの問題が多く，過去に出題された選択肢の文を理解した上で覚えると効果的です．

単位

☒ Q1 水の比熱の単位は，〔J/℃〕である．

☒ Q2 水の比体積の単位は，〔kg/m³〕である．

☒ Q3 浮遊物質量の単位は，〔mg/L〕である．

☒ Q4 BOD負荷量は，〔g/人・日〕で表す．

☒ Q5 線膨張係数は，〔1/℃〕で表す．

☒ Q6 水槽内照度率の単位は，〔cd〕である．

☒ Q7 腐食速度の単位は，〔mm/年〕である．

☒ Q8 揚水ポンプの揚程は，〔m³ /h〕である．

用語

☒ Q1 絶対圧力とは，大気圧を基準とする圧力である．

☒ Q2 ウォータハンマとは，水撃作用のことである．

☒ Q3 逆サイホン作用とは，給水管内に生じた正圧により，水受け容器に吐水された水が，給水管内に逆流することである．

☒ Q4 逆サイホン作用の防止対策の基本は，吐水口空間を設けることである．

☒ Q5 バキュームブレーカは正圧状態の解消に用いる．

☒ Q6 逆止弁は，流体が一方向のみに流れ，反対方向への流れを阻止する機能をもっている．

☒ Q7 ボールタップは受水槽の水位調節などに用いる．

☒ Q8 ダイレクトリターン方式は，循環配管系において，どの循環経路においても往き管と返り管の長さが等しくなるような配管方式である．

A1 Point! 〔J/(kg・℃)〕である．℃の代わりにKを使うこともある． ×

A2 Point! 水の**比体積**の単位は，〔m^3/kg〕である． ×

A3 Point! そのほか，溶存酸素濃度や化学的酸素要求量なども〔mg/L〕で表す． ○

A4 Point! BOD容積負荷は，〔kg/m^3・日〕で表す． ○

A5 Point! 1℃当たりの変形長さ/材料長さをいう． ○

A6 Point! 〔cd〕は光度の単位で，**水槽内照度率は%**で表す． ×

A7 Point! 〔mm/y〕で表すこともある． ○

A8 Point! 〔m〕である． ×

A1 Point! 大気圧を基準とする圧力は，**ゲージ圧力**である． ×

A2 Point! ウォータハンマは，**水流を急遮断**したときに生じる． ○

A3 Point! **逆サイホン作用**とは，給水管内に生じた負圧により，水受け容器に吐水した水が**給水管内を逆流する現象**である． ×

A4 Point! **所定の吐水口空間を確保**することにより，逆流を防止することができる．吐水口端を水没させてはならない ○

A5 Point! **バキュームブレーカ**は**負圧状態の解消**に用いる． ×

A6 Point! 逆流時に弁体が閉じる構造で，逆流を防止できる． ○

A7 Point! そのほか，**トイレのロータンク**にも用いられている． ○

A8 Point! どの循環経路においても往き管と返り管の長さが等しくなるような配管方式は，**リバースリターン方式**である． ×

☒ Q9 インバータ制御とは，電圧を変えることにより回転数を変化させる制御をいう．

☒ Q10 着色障害とは，主として給水配管材料の腐食による生成物が水に溶解し生じる現象である．

☒ Q11 トリハロメタンは，有機物質と給水管の錆びなどが反応して，生成される物質である．

☒ Q12 金属の不動態化とは，酸化保護被膜の生成をいう．

☒ Q13 バルキングとは，排水槽の底部に沈殿した固形物や油脂等が集まったものをいう．

☒ Q14 バイオフィルムとは，合成樹脂管の熱的劣化皮膜のことをいう．

☒ Q15 富栄養化は湖沼などの水質汚濁をまねく．

☒ Q16 クロスコネクションとは，飲料水系統と他の配管系統を直接接続することである．

水道法

☒ Q1 水道事業とは，一般の需要に応じて水道により水を供給する事業で，計画上の給水人口が101人以上のものをいう．

☒ Q2 計画給水人口が5,001人以上である水道事業は，一般に上水道事業と呼ばれる．

☒ Q3 専用水道とは，寄宿舎等の自家用水道等で，50人を超えるものにその居住に必要な水を供給するもの，又は人の生活の用に供する1日最大給水量が10 m³を超えるものをいう．

☒ Q4 簡易専用水道とは，水道事業の用に供する水道から供給を受ける水のみを水源とするもので，水槽の有効容量の合計が10 m³を超えるものをいう．

A9 Point! インバータ制御とは，周波数を変えることにより**回転数を変化**させる制御をいう． ×

A10 Point! 鉄を含むと赤くなる． ○

A11 Point! **トリハロメタン**は，有機物質と消毒用塩素が反応して，生成される物質である．水槽内の水温上昇により増加する． ×

A12 Point! 金属表面に絶縁性の高い薄膜ができる． ○

A13 Point! **バルキング**は，活性汚泥が沈降しにくくなる現象のことである． ×

A14 Point! **バイオフィルム**は，微生物により形成された粘液性物質である．**スライム障害**により形成される． ×

A15 Point! **富栄養化**は窒素とリンが影響する． ○

A16 Point! 両者の接続は，逆止弁を設けても不可である． ○

A1 Point! **上水道事業**は，計画給水人口が5,001人以上である水道事業をいう． ○

A2 Point! 人口5,000人以下は，**簡易水道事業**という． ○

A3 Point! 寄宿舎等の自家用水道等で，100人を超える者にその居住に必要な水を供給するもの，又は人の生活の用に供する1日最大給水量が20 m³を超えるものは，**専用水道**に該当する． ×

A4 Point! 受水槽で水を受けて各住戸に給水する，マンションなどが該当する．なお，水槽の有効容量の合計が10 m³以下のものは，**小規模貯水槽水道**という． ○

☒ Q5 給水装置とは，需要者に水を供給するために水道事業者の施設した配水管から分岐して設けられた給水管をいう．

☒ Q6 水道法で規定する給水装置とは，需要者に水を供給するために水道事業者の施設した配水管から分岐して設けられた給水管及び受水槽以降の末端の給水栓までをいう．

水道施設

☒ Q1 取水施設の位置の選定に当たっては，水量及び水質に対する配慮が必要である．

☒ Q2 導水施設は，浄水施設で処理された水を配水施設まで送る施設のことである．

☒ Q3 浄水処理は，一般に沈殿，ろ過の2段階からなる．

☒ Q4 急速ろ過法とは，沈殿池で水中の土砂，浮遊物等を沈殿させた後に，ろ過池で4～5 m/日の速度でろ過する．

☒ Q5 配水池の必要容量は，計画1日最大給水量の8時間分を標準とする．

☒ Q6 配水管から給水管に分岐する箇所での配水管の最小動水圧は，150 kPa以上を確保する．

☒ Q7 地表水は，伏流水と比較して，水量及び水質の変化が大きい．

☒ Q8 深層地下水は，地表からの汚染を受けにくく水質は安定しており，管の腐食もない．

A5 Point! **給水装置**とは，需要者に水を供給するために水道事業者の施設した配水管から分岐して設けられた**給水管及びこれに直結する給水用具**をいう． ×

A6 Point! 給水装置とは，需要者に水を供給するために水道事業者の施設した配水管から分岐して設けられた給水管及びこれに直結する給水用具をいう．**受水槽以降の設備**は配水管と直結していないため，**給水装置ではない**． ×

A1 Point! **取水施設**は河川や地下水などの水源を取り入れ，導水施設へ供給する．取水堰などがある． ○

A2 Point! **導水施設**は，取水施設から浄水施設までの施設である．配水施設まで送水する施設は，送水施設である． ×

A3 Point! 浄水処理は，一般に**沈殿，ろ過，消毒の3段階**からなる． ×

A4 Point! 4～5 m/日の速度でろ過するのは，**緩速(かんそく)ろ過法**である．なお，**急速ろ過法**は，150 m/日程度である． ×

A5 Point! 12時間分を標準とする． ×

A6 Point! 150 kPaは，水柱に換算するとおよそ15 mである． ○

A7 Point! **伏流水**は，水量及び水質が安定している． ○

A8 Point! 管の腐食を生ずることがある．清澄な地下水を水源とする場合，浄水処理は消毒のみで水道水として供給することがある． ×

塩素消毒

☒ **Q1** 消毒効果が多種類の微生物に対して期待できる．

☒ **Q2** 塩素は，水中で加水分解し，イオン解離して生じた次亜塩素酸や次亜塩素酸イオンが殺菌・消毒効果を示す．

☒ **Q3** 建築物環境衛生管理基準においては，末端給水栓で0.2 mg/L以上の遊離残留塩素濃度が保持されていなければならない．

☒ **Q4** 建築物環境衛生管理基準においては，給水栓における水について1カ月以内ごとに1回の遊離残留塩素濃度の検査が定められている．

☒ **Q5** 水中の残留塩素を測定するDPD試薬は，残留塩素と反応し，黄色のセミキノン中間体を生成する．

☒ **Q6** DPD法では，結合型残留塩素の方が遊離型残留塩素よりも先に発色する．

☒ **Q7** 塩素濃度を接触時間で除したものをCT値という．

☒ **Q8** 塩素消毒の効果は，酸性側で急減する．

水質基準

☒ **Q1** 大腸菌は1 mLの検水で形成される集落数が100以下である．

☒ **Q2** 鉛及びその化合物は，鉛の量に関して，0.1 mg/L以下であること．

☒ **Q3** 総トリハロメタンは，0.1 mg/L以下であること．

☒ **Q4** 銅及びその化合物は，銅の量に関して，0.1 mg/L以下であること．

☒ **Q5** 濁度は，0であること．

☒ **Q6** カルシウム，マグネシウム等（硬度）は，500 mg/L 以下

A1 Point! **懸濁物質**が存在すると消毒効果は低下する. ○

A2 Point! これらは, **遊離残留塩素**と呼ばれる. 塩素消毒の反応速度は温度が高くなるほど速くなる. ○

A3 Point! 末端給水栓で**0.1 mg/L以上の遊離残留塩素濃度**が保持されていなければならない. **結合残留塩素は0.4 mg/L以上.** ×

A4 Point! 残留塩素の濃度測定は, **7日以内ごとに検査**を行う. ×

A5 Point! 黄色ではなく**桃赤色**である. ×

A6 Point! 遊離型残留塩素の方が結合型残留塩素よりも先に発色する. ×

A7 Point! CT値とは, 塩素濃度と接触時間との**積**である. ×

A8 Point! **アルカリ側で急減**する. ×

A1 Point! **大腸菌は検出されないこと**. なお, 一般細菌の集落数は100以下である. ×

A2 Point! 0.01 mg/L以下であること. ×

A3 Point! 代表的なものに**クロロホルム**がある. ○

A4 Point! 1.0 mg/L以下であること. ×

A5 Point! 濁度は, **2度以下**であること. ×

A6 Point! カルシウム, マグネシウム等 (硬度) は, 300 mg/L

であること.

☒ Q7 塩化物イオンは，200 mg/L以下であること.

☒ Q8 ホルムアルデヒドは，0.08 mg/L以下であること.

☒ Q9 pH値は，5.8以上8.6以下であること.

☒ Q10 色度は，5度以下であること.

給水計画

☒ Q1 ホテル客室部における1日当たりの設計給水量は，350～450 L/床である.

☒ Q2 事務所建築における1日当たりの設計給水量は，30～50 L/人である.

☒ Q3 デパートにおける1日当たりの設計給水量は，15～30 L/m²である.

☒ Q4 小便器洗浄弁の最低必要水圧は30 kPaである.

☒ Q5 高層ホテルでは，上限給水圧力は0.7 MPaである.

☒ Q6 大便器洗浄弁の最低必要水圧は，30 kPaである.

☒ Q7 シャワーの最低必要水圧は，30 kPaである.

☒ Q8 一般水栓の最低必要水圧は，30 kPaである.

☒ Q9 ガス瞬間湯沸器の最低必要水圧は，20 kPaである.

☒ Q10 給水配管内の流速は，一般に0.9～1.2 m/sである.

☒ Q11 受水槽の容量は，一般に1日最大使用水量の1/5程度である.

☒ Q12 高置水槽方式の高置水槽の有効容量は，一般に1日最大使用水量の1/10とする.

以下であること. ×

A7 Point! 塩化物イオンはCl^-である. ○

A8 Point! 空気中における許容濃度は0.1 mg/m³である. ○

A9 Point! pH＝7が中性なので, 多少の酸性, アルカリ性はよい. ○

A10 Point! 多少の色があってもよい. ○

A1 Point! ホテルの種類により設計給水量は異なるが, おおむね350～450 L/床である. ○

A2 Point! 事務所建築における1日当たりの設計給水量は, 60～100 L/人である. 小学校は70～100 L/人で, ほぼ同じ. ×

A3 Point! デパートは1 m²当たりで設計する. ○

A4 Point! 大便器洗浄弁と同じで, **70 kPa**である. ×

A5 Point! 上限は0.3 MPa程度とする. 事務所, 工場は0.5 MPa. ×

A6 Point! 大便器洗浄弁の最低必要水圧は, **70 kPa**である. ×

A7 Point! シャワーの最低必要水圧は, **70 kPa**である. ×

A8 Point! **30 kPa**は水柱に換算すると, 約3 mである. ○

A9 Point! ガス瞬間湯沸器の最低必要水圧は, 40 kPaである. ×

A10 Point! この流速が適正であり, ウォータハンマが発生するので, **2 m/s以上にしない**. ○

A11 Point! 受水槽の容量は, 一般に1日最大使用水量の**1 /2程度**である. ×

A12 Point! 受水槽容量の**1 /5程度**である. ○

給水方式

☒ **Q1** 給水方式は，水道直結方式と受水槽方式に大別される．

☒ **Q2** 直結直圧方式は，水質汚染の可能性が少ないが，経済的ではない．

☒ **Q3** 直結直圧方式は，配水管の水圧により揚水できる高さが決定される．

☒ **Q4** 直結増圧方式は，受水槽を設ける必要がなく衛生的である．

☒ **Q5** 直結増圧方式は，増圧ポンプユニットを設け，水圧を高くして中高層の建築物に適用できるようにした方法である．

☒ **Q6** 受水槽方式は，配水管の圧力によって直接建築物各所に給水する方式である．

☒ **Q7** 高置水槽方式は，他の方式に比べて水質汚染の可能性が小さい方式である．

☒ **Q8** 高置水槽方式は，使用箇所での給水圧力が大きく変動する．

☒ **Q9** 高置水槽方式は，受水槽の水位によって揚水ポンプの起動・停止が行われる．

☒ **Q10** ポンプ直送方式には，ポンプの回転数を変化させて送水量を調整する方法がある．

☒ **Q11** ポンプ直送方式は，受水槽を必要としない方式である．

☒ **Q12** ポンプ直送方式の場合，ポンプ停止時に下方の階で給水管内が負圧になるおそれがある．

☒ **Q13** 圧力水槽方式は，給水ポンプで水を受水槽に送り，受水槽内の空気を圧縮して圧力を上げ，その圧力で各所に給水する方法である．

A1 Point! 水道直結方式は，開放された空間がない． ○

A2 Point! **直結直圧方式**は，水質汚染の可能性が少なく，かつ経済的な方式である． ×

A3 Point! 一般に，低層住宅に採用される方式である． ○

A4 Point! 直結増圧方式と直結直圧方式は，**受水槽を設ける必要がなく衛生的**である． ○

A5 Point! 直結直圧方式では給水できない高さの場合，引込み管に**増圧ポンプユニット**を設けて加圧給水する． ○

A6 Point! 配水管の圧力によって直接建築物各所に給水するのは，直結直圧方式である． ×

A7 Point! **受水槽のほか，高置水槽も使用**しているため，他の方式に比べて汚染のおそれが大きい． ×

A8 Point! 使用箇所（同じ箇所）での給水圧力の変動は小さい．当然，最上階と最下階の水圧は大きく異なる． ×

A9 Point! **高置水槽の水位**によって揚水ポンプの起動・停止が行われる． ×

A10 Point! インバータモータにより回転数を変え，送水量を調整することができる． ○

A11 Point! ポンプ直送方式は，受水槽に貯留した水を直送ポンプ（加圧ポンプ）で必要箇所に直接給水する方式である． ×

A12 Point! ポンプ直送方式の場合，**ポンプ停止時に上方の階で給水管内が負圧**になるおそれがある． ×

A13 Point! **圧力水槽方式**は，給水ポンプで水を圧力水槽に送り，水槽内の空気を圧縮して圧力を上げ，その圧力で各所に給水する方式である． ×

☒ Q14 高層建築物では，圧力を抑えるために上下の系統分け（ゾーニング）を行う．

給水管

☒ Q1 給水管として，配管用炭素鋼鋼管（SGP）は錆びるので使用できないが，内側に亜鉛メッキを施した管は使用できる．

☒ Q2 合成樹脂ライニング鋼管のねじ接合には，管端防食継手を使用する．

☒ Q3 銅管は，銅イオンが水に浸出して赤水が生じて問題になることがある．

☒ Q4 給水管に空気が混入すると白濁することがある．

☒ Q5 銅管の接合方法は，一般に差込ろう接合である．

☒ Q6 合成樹脂管のクリープ劣化とは，合成樹脂に熱応力が長時間継続してかかる場合，材料変形が時間とともに進んでいく状態をいう．

☒ Q7 硬質ポリ塩化ビニル管の接合は，一般に融着接合である．

☒ Q8 ステンレス鋼管の接合には，メカニカル継手かTIG溶接が用いられる．

☒ Q9 ステンレス鋼管の腐食には，すき間腐食がある．

☒ Q10 ポリブテン管や架橋ポリエチレン管には接着接合が用いられる．

☒ Q11 異種金属の配管を接続すると，異種金属の電位差が小さいほど腐食電流が大きくなり腐食速度が増大する．

☒ Q12 取外しが必要な機器の前後に止水弁を設ける場合，ねじ込み型とする．

A14 Point! 一般に10階を超えたら最下階の水圧が高くなるため，**系統分け**を行う．　○

A1 Point! 亜鉛メッキ配管は亜鉛が溶け出すので，給水配管として使用しない．　×

A2 Point! 鋼管の切断部は地肌が露出するので，**管端防食継手**で錆を防止する．　○

A3 Point! 銅管は，銅イオンが水に浸出して青水が生じる．赤水は鉄管（鋼管）である．　×

A4 Point! 1分程度で元に戻る．　○

A5 Point! ろう，はんだを必要としない**メカニカル接合**もある．　○

A6 Point! **クリープ**とは，材料変形が時間とともに進んでいく状態をいう．　○

A7 Point! TS**継手**などによる接着接合である．　×

A8 Point! **メカニカル継手**は，ねじ込み，溶接，接着によらない接合のこと．　○

A9 Point! すき間腐食は，フランジ接合部等で発生する．　○

A10 Point! メカニカル接合か電気融着接合が用いられる．硬質ポリ塩化ビニル管は接着接合である．　×

A11 Point! **異種金属の配管**を接続すると，異種金属の電位差が大きいほど腐食電流が大きくなり**腐食**速度が増大する．　×

A12 Point! 機器の取外しが便利なように，**フランジ接合**とする．　×

弁類

☒ **Q1** 仕切弁は，流量調節が可能な弁である．

☒ **Q2** 玉形弁は，流量調整用に適している．

☒ **Q3** 電磁弁は，ウォータハンマが発生しにくい．

☒ **Q4** ウォータハンマ防止器を取り付ける場合は，防止器の破壊を避けるため急閉止弁などの発生点から十分離れた箇所に設ける．

☒ **Q5** 給水立て管からの各階への分岐管には，分岐点に近接した部分で，かつ，操作を容易に行うことができる部分に逆止弁を設ける．

☒ **Q6** 吸排気弁は，給水管内の空気の排出のためと，給水管内が負圧になった場合の逆流防止のために設置する．

☒ **Q7** 揚水ポンプの吸込管側に衝撃吸収式逆止弁を設ける．

貯水槽の種類

☒ **Q1** 木製貯水槽は，形状が正方形に限られる．

☒ **Q2** 木製貯水槽は，断熱性能が低いため，結露対策が必要である．

☒ **Q3** ステンレス鋼板製貯水槽は，気相部の腐食対策が必要である．

☒ **Q4** FRP製貯水槽は，紫外線に強い．

☒ **Q5** FRP製貯水槽は機械的強度が高いので，耐震補強は不要である．

☒ **Q6** FRPの複合板パネルを用いた貯水槽は，断熱性がよいが，結露しやすい．

☒ **Q7** 鋼板製貯水槽は，防錆処理被膜を毎年点検する必要がある．

A1 Point! **仕切弁**は，全開又は全閉で使用する． ×

A2 Point! 仕切弁に比べると摩擦損失が大きい． ○

A3 Point! **電磁弁**は，急閉止するのでウォータハンマが発生しやすい．シングルレバー水栓による急閉でも起こる． ×

A4 Point! **ウォータハンマ防止器**は，急閉止弁などの発生点から近い，流入側の箇所に設ける．なお，ウォータハンマとは水撃作用のことで，急閉止弁の上流側で圧力上昇が生じる． ×

A5 Point! 逆止弁は逆流を防止する弁であり，分岐点には止水弁を設ける． ×

A6 Point! 負圧になった場合，空気を吸い込んで負圧を解消し，給水の逆流を防止する． ○

A7 Point! 吐出管側に設ける． ×

A1 Point! **木製貯水槽**は，形状が円形又は楕円形に限られる． ×

A2 Point! 木製貯水槽は，断熱性能が高いため，結露対策は不要である． ×

A3 Point! 塩素によって，**気相部が腐食**する． ○

A4 Point! 紫外線に弱い．太陽光線が内部に透過し藻などの繁殖には注意する．**水槽照度率0.1％以下**とする． ×

A5 Point! 鋼板製貯水槽などに比べ**FRP製貯水槽は機械的強度が低い**ため，耐震補強が必要である． ×

A6 Point! FRPの複合板パネルを用いた貯水槽は，断熱性がよく，結露しにくい． ×

A7 Point! **防錆処理被膜**の劣化を点検する． ○

受水槽の構造

☒ Q1 停電時，断水等緊急時に対応するため，貯水槽の容量は大きいほどよい．

☒ Q2 飲料水用貯水槽は，底面を除いた五面点検ができるように設置する．

☒ Q3 屋内に設置する貯水槽は，底以外の部分は，建築物の構造体と兼用してはならない．

☒ Q4 貯水槽を屋内に設置する場合は，貯水槽の側面から壁面，受水槽底面から床面までの距離を60 cm以上とする．

☒ Q5 貯水槽を屋内に設置する場合は，貯水槽天板と上部スラブとの距離を60 cm以上とする．

☒ Q6 流入口と流出口の位置は近いほうがよい．

☒ Q7 マンホールのふたは，防水型で密閉性があり，施錠ができるものとする．

☒ Q8 貯水槽は，水抜き管を設けて保守点検を容易に行うことができる構造とする．

☒ Q9 有効容量が2 m^3以上の貯水槽には通気管を設ける．

☒ Q10 飲料用貯水槽の水抜き管を，オーバーフロー管と接続してよい．

☒ Q11 貯水槽と給水ポンプとの間には，伸縮継手を使用する．

☒ Q12 貯水槽を機械室に設置する場合などでは，貯水槽上部に設置できるのは飲料水と空調用の配管だけである．

☒ Q13 貯水槽の流入管は，ボールタップや電極棒の液面制御に支障がないように，波立ち防止策を講じる．

A1 Point! 使用水量に比して貯水槽の容量が過大な場合，滞留水が生じて残留塩素の濃度が下がり危険である． ×

A2 Point! 飲料水用貯水槽は，底面も含めた**六面点検**ができるように設置する． ×

A3 Point! 屋内に設置する貯水槽の天井，底又は壁は，建築物の構造体と兼用してはならない． ×

A4 Point! 底面も点検できるよう基礎コンクリートやH形鋼を用いて**60 cm以上確保する**． ○

A5 Point! **1 m以上**とする．梁などがある場合は，梁の底部から点検に支障のない距離をとる． ×

A6 Point! 流入口と流出口の位置関係は，滞留水域発生防止のため対角線の位置とする． ×

A7 Point! マンホールは周囲から10 cm程度立ち上げておく． ○

A8 Point! **底部は1/100程度の勾配**で，ピットを設けて排水できる構造とする．水抜き管には防虫網は設置しない． ○

A9 Point! **通気管**の先端には**防虫網**を設置する． ○

A10 Point! 飲料用貯水槽の水抜き管を，オーバーフロー管と接続しない． ×

A11 Point! 貯水槽と給水ポンプとの間には，**可とう継手**を使用する．**伸縮継手**は，蒸気管など伸縮の大きい配管に用いる継手． ×

A12 Point! 原則として貯水槽上部に設置できるのは**飲料水の配管だけ**である． ×

A13 Point! 流入管とはできるだけ離した方がよい． ○

☒ Q14 受水槽には，揚水ポンプ発停用の電極棒が設けられる．

☒ Q15 水の使用量が極端に減少する期間がある建築物の貯水槽では，少量貯水用の水位制御電極を併設し，使用水量の状態に合わせて水位設定を切り替えて使用する．

貯水槽の清掃

☒ Q1 貯水槽清掃終了後は，塩素剤を用いて2回以上，貯水槽内の消毒を行う．

☒ Q2 清掃終了後の消毒は，有効塩素濃度5～10 mg/Lの次亜塩素酸ナトリウム溶液などの塩素剤を用いる．

☒ Q3 貯水槽清掃後の水洗い及び水張りは，消毒終了後少なくとも15分経過してから行う．

☒ Q4 高置水槽と受水槽の清掃は，異なる日に行い，高置水槽の清掃は受水槽の清掃の後に行う．

☒ Q5 貯水槽清掃終了後の水質検査基準として，給水栓における水に含まれる遊離残留塩素の含有率は，百万分の0.1以上とする．

☒ Q6 清掃後の水質における残留塩素の計測は，DPD法により行う．

☒ Q7 清掃後の水質は，濁度が5度以下でなければならない．

☒ Q8 清掃の作業に当たる者は，おおむね1年ごとに健康診断を受ける．

A14 Point! 揚水ポンプ発停用の**電極棒**は，高置水槽に設けられる． ×

A15 Point! 長期休暇がある学校では，通常貯水用と少量貯水用の水位制御電極を設置するとよい． ○

A1 Point! 塩素剤として，保管等の取り扱いが便利な**次亜塩素酸ナトリウム**などが用いられる． ○

A2 Point! 有効塩素濃度50～100 mg/Lの次亜塩素酸ナトリウム溶液などの塩素剤を用いる． ×

A3 Point! 消毒終了後少なくとも**30分以上経過**してから行う． ×

A4 Point! 高置水槽と受水槽の清掃は，**原則として同じ日**に行う．高置水槽の清掃は受水槽の清掃の後に行うので，順番は正しい． ×

A5 Point! 貯水槽清掃終了後の水質検査基準として，給水栓における水に含まれる遊離残留塩素の含有率は，百万分の0.2以上とする．**0.2 mg/L以上**である． ×

A6 Point! 水中に残留塩素があると桃色，赤桃色に染まる．濃さによって濃度を判定する． ○

A7 Point! **濁度は2度以下**でなければならない．**色度は5度以下**． ×

A8 Point! 清掃の作業に当たる者は，**おおむね6カ月ごとに健康診断**を受ける． ×

ポンプの点検

☒ Q1 ポンプ吸込側と吐出側の圧力は，1カ月に1回程度点検する．

☒ Q2 給水ポンプの分解点検は，3～5年に1回行う．

☒ Q3 電動機の絶縁抵抗とポンプ各部の温度測定は，1カ月に1回程度実施する．

☒ Q4 軸受部の水滴の滴下状態は，毎日点検する．

☒ Q5 電流値は，1週間に1回程度点検する．

☒ Q6 ポンプと電動機の芯狂いの点検確認は，2年に1回程度である．

給水配管工事

☒ Q1 上向き配管方式は，最下階で給水主管を展開し，各枝管を上向きに配管するものである．

☒ Q2 配管内流速は，最大4 m/s以下となるように管径を選定する．

☒ Q3 一般的にポンプ直送方式では，最上階で給水主管を展開し，枝管を下向きに配管する．

☒ Q4 高置水槽方式の揚水管は，高置水槽に向かって下り勾配で配管する．

☒ Q5 給水配管を下方に分岐する場合，上取り出しとする．

☒ Q6 揚水管で揚水ポンプ停止時に水柱分離が起こりやすい部分では，ウォータハンマが生じやすい．

☒ Q7 さや管ヘッダ工法とは，集合住宅の住戸内などで，ヘッダから各器具にそれぞれ単独に配管する工法である．

☒ Q8 大便器洗浄弁には，バキュームブレーカを取り付ける．

A1 Point! ポンプの圧力は，毎日点検する．×

A2 Point! オーバーホールは3～5年程度の周期で行う．○

A3 Point! 軸受け温度については毎日行う．○

A4 Point! 適量であることを確認する．○

A5 Point! 毎日確認する．過電流や指針の振れに留意する．×

A6 Point! 点検頻度は，6カ月に1回程度とする．×

A1 Point! その逆が**下向き配管**方式である．○

A2 Point! 配管内流速は，**最大2 m/s以下**となるように管径を選定する．ウォータハンマが起こらない流速とする．×

A3 Point! ポンプ直送方式では，**最下階で給水主管を展開**し，枝管を上向きに配管する．×

A4 Point! 高置水槽に向かって上り勾配で配管する．×

A5 Point! 下方分岐は下取り出し，上方分岐は上取り出し．×

A6 Point! 高置水槽の揚水管は，**水柱分離**によるウォータハンマ防止のため，屋上での横引きを短くする．○

A7 Point! さや管**ヘッダ工法**は，さや管の中に給水管を入れて，それぞれ単独に配管する工法である．○

A8 Point! 圧力式ではなく，**大気圧式バキュームブレーカ**とする．○

☒ Q9 大便器洗浄弁には，圧力式バキュームブレーカを設置する．

☒ Q10 飲料水系統と他の配管系統を接続する場合は，クロスコネクション防止のため逆止弁を設置する．

☒ Q11 給水管と排水管が水平に平行して埋設される場合は，両配管の水平距離を30 cm以上とする．

給水設備の保守管理

☒ Q1 管更生工法の一つに，合成樹脂ライニングによる工法がある．

☒ Q2 防錆剤を使用すれば，配管の布設替えは不要である．

☒ Q3 受水槽の作動点検では，槽内のボールタップを手動操作する．

☒ Q4 規定値の残留塩素が保持できない場合は，塩素剤の注入装置を設置して，その適正な管理を行う．

☒ Q5 管洗浄の終了後，給水を開始しようとするときは，色度，濁度，臭気，味を検査する．

☒ Q6 簡易専用水道の設置者は，水槽の清掃を1年以内ごとに1回，定期に行う．

給湯の設計

☒ Q1 事務所の設計給湯使用量は，7～10 L/(人・日) 程度とする．

☒ Q2 ホテルの宿泊部の設計給湯使用量は，50 L/(人・日) 程度とする．

☒ Q3 厨房の皿洗い機のすすぎ温度は，80℃程度とする．

☒ Q4 水は，温度が高くなると比体積が小さくなる．

A9 Point! **大便器洗浄弁**には，大気圧式バキュームブレーカを設置する． ×

A10 Point! 逆止弁を設置しても**クロスコネクション**となる． ×

A11 Point! 50 cm **以上**とする． ○

A1 Point! 配管内を合成樹脂で**塗膜（ライニング）**する． ○

A2 Point! **防錆剤**の使用は，配管の布設替えをするまでの**応急処置**とする．2カ月以内ごとに防錆剤の濃度検査を行う． ×

A3 Point! 機能するかを確認する． ○

A4 Point! 残留塩素濃度の定期検査は7日以内ごとに1回実施し，最も濃度が低いと考えられる**末端給水栓**で行う． ○

A5 Point! **色度**，**濁度**，**臭気**，**味**のほか，**残留塩素**の含有率を検査する． ×

A6 Point! **簡易専用水道**とは，水道水を水源とし，有効容量が**10 m³ を超える**受水槽を用いて給水するもの． ○

A1 Point! 事務所の給水量は60～100 L/人・日である． ○

A2 Point! 75～150 L/(人・日) ×

A3 Point! レジオネラ属菌などに対し，十分な温度である． ○

A4 Point! 水は，温度が高くなると比体積は大きくなる．比体積の単位は〔m³/kg〕であり，温度が上がると膨張する． ×

☒ **Q5** エネルギー消費係数（CEC/HW）は，年間給湯消費エネルギー量を年間仮想給湯負荷で除した値である．

☒ **Q6** 配管中の湯に含まれている溶存空気を抜くためには，圧力の高いところに自動空気抜き弁を設置する．

☒ **Q7** 総合病院における使用湯量は，50～100 L/(床・日）程度である．

☒ **Q8** 集合住宅における設計用給湯量は，30 L/(戸・日) である．

給湯方式と加熱装置

☒ **Q1** 中央式給湯方式は，給湯箇所の少ない事務所建築に採用される．

☒ **Q2** 間接加熱方式は，蒸気や高温の温水を熱源として，加熱コイルで給湯用の水を加熱する．

☒ **Q3** 局所給湯方式では，加熱装置から給湯箇所まで一管式（単管式) により配管される．

☒ **Q4** 自然冷媒ヒートポンプ給湯機による最高沸き上げ温度は60℃である．

☒ **Q5** ガスマルチ式給湯機は，小型のガス瞬間湯沸器を複数台連結してユニット化したものである．

☒ **Q6** 電気温水器は，貯湯能力はあるが加熱能力はない．

☒ **Q7** ガス瞬間湯沸器の能力で1号とは，流量1 L/minの水の温度を15℃上昇させる能力をいう．

☒ **Q8** 貯蔵湯沸器は，90℃以上の高温湯が得られる．

☒ **Q9** 潜熱回収型給湯器は，排気ガスの潜熱を回収し，給水の予熱として利用する．

A5 Point! HW：Hot Water ○

A6 Point! **溶存空気の分離**は，配管系統の水圧が低い部分で行うのが有効である． ×

A7 Point! 総合病院における使用湯量は，**100～200 L/(床・日)**程度である． ×

A8 Point! 集合住宅，住宅は，**75～150 L/(戸・日)** である． ×

A1 Point! **中央式給湯方式**は，給湯箇所の多い事務所建築に採用される． ×

A2 Point! ボイラからの温水を加熱コイルを装備した**貯湯槽（ストレージタンク）**に運ぶ． ○

A3 Point! **返湯管**は無い． ○

A4 Point! 90℃である． ×

A5 Point! 1台が故障しても他がバックアップするので，信頼性が増す． ○

A6 Point! 加熱能力と貯湯容量を有している．貯湯量は60～480 L程度． ×

A7 Point! ガス瞬間湯沸器の能力で**1号とは，流量1 L/minの水の温度を25℃上昇させる能力**をいう．約1.74 kWの加熱能力． ×

A8 Point! 貯湯部は開放型であり，減圧弁は不要． ○

A9 Point! 排気の潜熱を給水の余熱に利用する． ○

☒ Q10 ヒートポンプ給湯機は一体型の集熱器と貯湯槽で構成され，その間で水を自然循環させて加温する．

給湯配管・材料

☒ Q1 金属材料の曲げ加工は，応力腐食の原因になる．

☒ Q2 給湯設備における金属材料の腐食は，給水設備において使用される場合より腐食速度は遅い．

☒ Q3 返湯管に銅管を用いた場合には，他の配管材料を用いた場合と比較して流速を速く設定できる．

☒ Q4 ステンレス鋼管の線膨張係数は，架橋ポリエチレン管の線膨張係数より大きい．

☒ Q5 ステンレス鋼管は，隙間腐食，もらいさび等による腐食が生じる可能性がある．

☒ Q6 耐熱性硬質ポリ塩化ビニル管は，95℃以下で使用する．

☒ Q7 樹脂管を温度の高い湯に使用すると，塩素による劣化が生じやすい．

☒ Q8 長い直線配管には，可とう管継手を設置する．

☒ Q9 スリーブ形伸縮管継手は，ベローズ形伸縮管継手に比べて伸縮吸収量が小さい．

☒ Q10 ベローズ形伸縮管継手は，ベローズの疲労破壊により漏水することがある．

☒ Q11 ライニング鋼管における単式の伸縮管継手の設置間隔は，50 m程度とする．

☒ Q12 樹脂管の許容使用圧力は，使用温度が高くなると低下する．

☒ Q13 ステンレス鋼管の線膨張係数は，銅管の約3倍である．

A10 Point! ヒートポンプ給湯機は**エコキュート**とも呼ばれ，ヒートポンプと貯湯槽が一体構成されたものである． ×

A1 Point! **応力**が加わっていると，**腐食**しやすくなる． ○

A2 Point! 金属材料の腐食は，**給湯設備**の方が給水設備で用いられる場合より早期に発生し，**腐食速度も速い**． ×

A3 Point! 銅管の場合，**潰食**があるため流速は**1.5 m/s以下**に抑える． ×

A4 Point! ステンレス鋼管の**線膨張係数**は，架橋ポリエチレン管の線膨張係数より小さい． ×

A5 Point! **隙間腐食**は，フランジ間の隙間にでき，**もらいさび**はさびが配管に付着し腐食する． ○

A6 Point! **架橋ポリエチレン管**の使用温度は95℃以下である．**耐熱性硬質ポリ塩化ビニル管**は，連続使用85℃以下で使用する． ×

A7 Point! 金属管に比べて，**クリープ劣化**も起こりやすい． ○

A8 Point! 長い直線配管には，**伸縮管継手**を設置する． ×

A9 Point! **スリーブ形伸縮管継手**は，ベローズ形伸縮管継手に比べて**伸縮吸収量が大きい**． ×

A10 Point! ベローズ（じゃ腹）のくり返しにより漏水の危険がある． ○

A11 Point! 30 m程度．ステンレス鋼管における設置間隔は20 m程度である． ×

A12 Point! 樹脂管は熱に弱い． ○

A13 Point! ステンレス鋼管と銅管の線膨張係数は，ほぼ等しい． ×

☒ **Q14** ポリブテン管の線膨張係数は，銅管と比較して大きい．

湯の循環

☒ **Q1** 自然循環方式は，配管形状が複雑な中央式給湯設備に適する．

☒ **Q2** 循環ポンプは,背圧に耐えることができるものを選定する．

☒ **Q3** 循環ポンプの循環水量は，循環配管系からの放散熱量より求める．

☒ **Q4** 循環ポンプの揚程は，循環回路系で最も小さくなる摩擦損失から決定する．

☒ **Q5** 給湯循環ポンプは，給湯管に設置する．

☒ **Q6** 循環ポンプは，省エネルギーのため返湯管の圧力が低下した場合に運転するようにする．

☒ **Q7** 給湯量を均等に循環させるためには，返湯管に定流量弁を設ける．

☒ **Q8** 強制循環方式において,湯を均等に循環させるため,リバースリターン方式とする．

☒ **Q9** 厨房などの連続的に湯を使用する系統の枝管には，返湯管を設けない場合が多い．

☒ **Q10** 給湯配管内の水中における気体の溶解度は，水温の上昇により増加する．

☒ **Q11** 循環式給湯設備の下向き配管方式における給湯横主管は，1/100以上の下り勾配とする．

☒ **Q12** 返湯管に銅管を用いる場合は，潰食を考慮して管内流速を1.2 m/s以下とする．

A14 Point! 合成樹脂管の線膨張係数は金属管の数倍から十数倍である. ○

A1 Point! **自然循環方式**は，配管形状が複雑な場合は適さない. ×

A2 Point! **背圧**は，ポンプ下流側の圧力である. ○

A3 Point! 循環配管系の熱損失と加熱装置における給湯温度と返湯温度の差から算定する. ○

A4 Point! **循環ポンプの揚程**は，循環回路系で最も大きくなる摩擦損失から決定する. ×

A5 Point! 給湯循環ポンプは，**返湯管に設置**する. ×

A6 Point! 中央式給湯設備の循環ポンプは，返湯管の温度が低下した場合に運転するようにする. ×

A7 Point! **定流量弁**は，一次側の圧力によらず常に一定流量の流れとなる. ○

A8 Point! 給湯管と返湯管の合計を同じにしても，**返湯管の口径は1/2**なので湯量のバランスは均等でない. ×

A9 Point! 連続使用により湯温低下の心配がないため. ○

A10 Point! 給湯配管内の水中における気体の溶解度は，水温の上昇により減少する. ×

A11 Point! 1/200以上の下り勾配とする. ×

A12 Point! 水温が高いほど，**金属腐食速度**が速くなる. ○

☒ Q13 返湯管のない単管式の給湯配管に銅管を用いる場合は，給湯循環配管に用いる場合より腐食の発生する可能性が高い．

逃し管・逃し弁

☒ Q1 逃し管には，緊急時に備えて弁を設ける．

☒ Q2 貯湯槽の安全装置として，逃し管の代わりに逃し弁を設けてもよい．

☒ Q3 逃し弁は，配管系統内の温度が設定温度を超えると作動する．

☒ Q4 逃し弁には，加熱時に膨張した湯を逃すための排水管を設ける．

☒ Q5 加熱装置に逃し管を取り付ける場合は，水を供給する高置水槽の水面よりも低い位置に立ち上げる．

貯湯槽

☒ Q1 SUS 444製の貯湯槽は，腐食を防止するために電気防食を施す．

☒ Q2 貯湯槽の給湯温度は常時60℃以上とし，ピーク使用時においても50℃を確保する．

☒ Q3 貯湯槽の容量が小さいと,加熱装置の発停回数が多くなる．

☒ Q4 貯湯槽の容量は，ピーク時の必要容量の0.5時間分を目安に加熱能力とのバランスから決定する．

☒ Q5 第一種圧力容器に該当する貯湯槽は，1年以内ごとに1回，労働安全衛生法の規定に基づく性能検査を受ける．

☒ Q6 小型圧力容器は，2年以内ごとに1回，定期自主検査を行う．

A13 Point! 返湯管のない**単管式**の給湯配管の方が，湯が通過する頻度は少ないので，腐食の発生する可能性は低い．　×

A1 Point! **逃し管**には，**弁を設けてはならない**．　×

A2 Point! 密閉式膨張水槽を設ける場合は，逃し弁を設ける．逃し弁の設定圧力は，水槽の給水圧より高くする．　○

A3 Point! 逃し弁は，配管系統内の圧力が設定圧力を超えると作動する．　×

A4 Point! 湯は膨張しやすく，排水管を設ける．　○

A5 Point! 加熱装置の逃し管は，水を供給する高置水槽の**水面よりも高く**立ち上げる．　×

A1 Point! SUS 444の貯湯槽には**電気防食**を施してはならない．　×

A2 Point! 貯湯槽の給湯温度は常時60℃以上とし，ピーク使用時においても**55℃を確保**する．　×

A3 Point! 容量はピーク時の1～2時間分を目安とする．　○

A4 Point! 貯湯槽の容量は，ピーク時の必要容量の1～2時間分を見込む．　×

A5 Point! 第一種圧力容器と小型圧力容器は，液体（蒸気），第二種圧力容器は蒸気以外の液体を貯留する．　○

A6 Point! 小型圧力容器は，1年以内ごとに1回，定期自主検査を行う．　×

給湯設備の保守管理

☒ **Q1** 逃し弁は6カ月に1回，レバーハンドルを操作させて作動を確認する．

☒ **Q2** 給湯循環ポンプは，1年に1回，作動確認を兼ねて分解・清掃を実施する．

☒ **Q3** 器具のワッシャには，天然ゴムを使用する．

☒ **Q4** 給湯栓から出る湯が分離気体によって白濁する場合は，自動空気抜き弁の空気排出口が詰まっている可能性がある．

☒ **Q5** 真空式温水発生機の定期検査は，労働安全衛生法の規定に基づいて行う．

☒ **Q6** 中央式給湯方式においては，加熱により残留塩素が消滅する場合がある．

☒ **Q7** 休止中の貯湯槽を再開するときには，点検・清掃を行い，設定温度になるまで加熱してから使用する．

☒ **Q8** レジオネラ属菌の発生を防止するために貯湯槽の貯湯温度は常時60℃以上とし，ピーク使用時においても55℃を確保する．

☒ **Q9** レジオネラ属菌汚染防止のために，可能な限り局所式よりも中央式にする．

☒ **Q10** レジオネラ属菌汚染が認められた場合の対策として，高濃度塩素により給湯系統内を一時的に消毒する方法がある．

☒ **Q11** 基準値を超える一般細菌が検出された場合は，50℃程度の湯を循環させ加熱処理を行う．

A1 Point! **逃し弁は月に1回，レバーハンドルを操作**させて作動を確認する． ×

A2 Point! 各種の弁の分解清掃や給湯配管の管洗浄も1年に1回以上とし，シャワーヘッドの点検は6カ月に1回以上． ○

A3 Point! 細菌の栄養源となる**天然ゴムは使用しない**． ×

A4 Point! 湯に空気が混入すると**白濁**する． ○

A5 Point! **圧力容器に該当しない**ので労働安全衛生法の対象外である．無圧式温水発生機も同様． ×

A6 Point! **残留塩素**は水温上昇や日光の照射によって減少する． ○

A7 Point! **貯湯槽**は定期的に底部の滞留水の排出を行う．使用しない貯湯槽の水は抜いておく． ○

A8 Point! 給湯設備の維持管理が適切に行われており，かつ，末端の給水栓における温度が55℃以上に保持されている場合は，遊離残留塩素の含有率について検査を省略することができる． ○

A9 Point! レジオネラ属菌汚染防止のために，可能な限り中央式よりも局所式にする． ×

A10 Point! **レジオネラ属菌**は，残留塩素に弱い． ○

A11 Point! **70℃程度の湯を循環**させ加熱処理を行う． ×

雑用水設備

☒ **Q1** 散水，修景又は清掃の用に供する雑用水に，し尿を含む水を原水として用いる場合にあっては，規定された水質基準に適合する必要がある．

☒ **Q2** 水栓には，雑用水であることを示す飲用禁止の表示・ステッカー等を掲示する．

☒ **Q3** 雑用水を便所洗浄水のみに利用する場合は，雑用水受水槽を最下階の二重スラブ内に設けてもよい．

☒ **Q4** 排水を再処理した雑用水では，スライムが発生しやすい．

☒ **Q5** スライムの付着により，水中の残留塩素は増加する．

☒ **Q6** 井水を雑用水として使用する場合には，上水高置水槽と雑用水高置水槽をバイパス管で接続する．

☒ **Q7** 竣工時に，雑用水を着色して通水試験を行い，上水の器具に着色水が出ないことを確認する．

☒ **Q8** 活性炭処理法は雑用水処理設備において，色度や臭気の除去に適している．

☒ **Q9** 雑用水の原水は，年間を通じて安定して確保できる排水を優先する．

☒ **Q10** 地区循環方式は，複数の建物間で排水再利用設備を共同利用するものである．

☒ **Q11** 雑用水の外観は，浮遊物質を含まないことと定められている．

雨水

☒ **Q1** 雨水利用設備における上水代替率とは，使用水量に対する雨水利用量の割合である．

☒ **Q2** 雨水利用設備における雨水利用率とは，使用水量に対する雨水利用量の割合である．

A1 Point! 散水，修景又は清掃の用に供する雑用水に，**し尿を含む水を原水として用いてはならない**．便所の洗浄水は可．×

A2 Point! 雑用水の配管は，**上水管と異なる色で塗装**する．洗面器や手洗器に連結しない．○

A3 Point! 雑用水受水槽は，耐食性及び耐久性のある材質のものを用いる．○

A4 Point! **スライム**は細菌，カビなどが増殖したもの．○

A5 Point! スライムの付着により，水中の**残留塩素は減少**する．×

A6 Point! **クロスコネクション**となるので接続しない．×

A7 Point! 着色した水が上水系統の配管を通り，給水栓から出た場合，クロスコネクションである．○

A8 Point! **活性炭**は大部分が炭素で多孔質のため，表面積が広く吸着性がある．○

A9 Point! **雑用水**は，災害時における非常用水の原水として利用することができる．○

A10 Point! **広域循環方式**は公共下水道の終末処理場の処理水を利用する．○

A11 Point! **ほとんど無色透明**であること，と定められている．×

A1 Point! 雨水利用率とは異なる．○

A2 Point! **雨水利用率**とは，雨水集水量に対する雨水利用量の割合である．×

☒ Q3 雨水の集水場所は，建築物の屋根面や屋上とする場合が多い.

☒ Q4 雨水ますには，底部からの高さ5 cm程度の泥だめを設ける.

☒ Q5 雨水ますの流入管と流出管との管底には，差がないようにする.

☒ Q6 敷地雨水排水では，底部に溝（インバート）を有する排水ますを使用する.

☒ Q7 雨水排水系統は，単独系統として屋外へ排出することを原則とする.

☒ Q8 ルーフドレンのストレーナ開口面積は，接続する雨水管の断面積と同程度とする.

☒ Q9 雨水浸透方式は，地下水の涵養を図るために設けるもので，下水道への負荷は軽減されない.

排水の水質

☒ Q1 透視度とは，浮遊物質と相関を示すことが多い.

☒ Q2 DOとは，水中に溶解している分子状の窒素をいう.

☒ Q3 BODとは，主として有機物質が酸化剤によって酸化される際に消費される酸素量を表したものである.

☒ Q4 残留塩素は，接触時間，残存有機物質の量等に影響され，消毒効果の指標となる.

☒ Q5 ノルマルヘキサン抽出物質は，主として比較的揮発しにくい油脂類などで，悪臭や処理機能低下の原因となる.

☒ Q6 活性汚泥浮遊物質（MLSS）とは，ばっ気槽混合液の浮遊物質のことをいう.

☒ Q7 全窒素とは，有機性窒素，アンモニア性窒素の総和である.

A3 Point! 屋根面の雨水は洗浄度が高い. ○

A4 Point! 雨水ますには，底部からの高さ**15 cm以上の泥だめ**を設ける. ×

A5 Point! 雨水ますの流入管と流出管との**管底差は2 cm程度**とする．流出管を下げる. ×

A6 Point! 雨水排水のますの底部に平らのものを使用する．**インバート**を有するのは，汚水ますである. ×

A7 Point! 雨水排水は，他の系統の排水と共用しない. ○

A8 Point! ストレーナ開口面積は，接続する雨水管の断面積より大きくする．**2倍程度**とする. ×

A9 Point! **雨水浸透方式**は，下水道への負荷の軽減や，地下水の涵養を図るために設ける. ×

A1 Point! 処理の進行状況を推定する指標である. ○

A2 Point! DOとは，水中に溶解している分子状の酸素をいう. ×

A3 Point! BODは，好気性微生物によって分解される際に消費される酸素量を表す．設問はCODである. ×

A4 Point! **遊離残留塩素と結合残留塩素**があり，消毒効果は前者の方が高い. ○

A5 Point! 厨房などに**グリーストラップ**を設けるなどが必要である. ○

A6 Point! **活性汚泥**中の微生物量の指標の一つとして用いられる. ○

A7 Point! その他に，亜硝酸性窒素及び硝酸性窒素を含む. ×

☒ Q8 (BOD/COD) 比が高い排水は，生物処理法より物理化学処理法が適している．

☒ Q9 窒素化合物は，閉鎖性水域の富栄養化の原因物質の一つである．

トラップ・阻集器

☒ Q1 排水トラップの深さとは，ディップからウェアまでの垂直距離をいう．

☒ Q2 排水トラップの深さ（封水深）は，一般に100 mm以上200 mm以下とする．

☒ Q3 破封した場合には，排水管内の臭気や衛生害虫などが室内へ侵入する可能性がある．

☒ Q4 封水強度とは，トラップの蒸発現象発生時の封水保持能力をいう．

☒ Q5 トラップの脚断面積比とは，流入脚断面積を流出脚断面積で除した値をいう．

☒ Q6 脚断面積比（流出脚断面積/流入脚断面積）が大きくなると，封水強度は小さくなる．

☒ Q7 ドラムトラップは，実験排水などの固形物が排出されるおそれのある箇所に用いられる．

☒ Q8 ドラムトラップはサイホン式トラップに分類され，封水切れしやすい．

☒ Q9 トラップが直接組み込まれていない阻集器には，その入口側にトラップを設ける．

☒ Q10 オイル阻集器は，ちゅう房排水の油脂分の阻止・分離・収集の目的で使用される．

A8 Point! (BOD/COD) **比**が高い排水は，生物処理法が適している． ×

A9 Point! リン化合物も，閉鎖性水域における**富栄養化**の原因物質の一つである． ○

A1 Point! 封水がディップ（底）を下まわると封水切れとなり，臭気が上がってくる． ○

A2 Point! 排水トラップの深さ（封水深）は，一般に**50 mm以上100 mm以下**とする． ×

A3 Point! あえて排水管を曲げて封水を保つことによって，臭気や虫などの侵入を防止することができる． ○

A4 Point! **封水強度**とは，排水管内に正圧又は負圧が生じたときのトラップの封水保持能力をいう． ×

A5 Point! **脚断面積比**とは，流出脚断面積を流入脚断面積で除した値をいう．つまり，**流出脚断面積/流入脚断面積** ×

A6 Point! 脚断面積比が大きくなると，封水強度は大きくなり，封水切れしにくくなる． ×

A7 Point! **ドラムトラップ**はドラム形をしており，封水量が多い． ○

A8 Point! ドラムトラップは非サイホン式で封水切れ（破封）しにくい． ×

A9 Point! 阻集器の出口側にトラップを設ける． ×

A10 Point! **オイル阻集器**は，自動車修理工場などで使用される．ちゅう房排水は，**グリース阻集器**である． ×

排水管

☒ **Q1** 敷地内排水設備における分流式排水方式では，汚水と雑排水を別々の系統で排除する.

☒ **Q2** 自然流下方式の排水横管の勾配は，管内流速が0.6～1.5 m/sとなるように設ける.

☒ **Q3** 排水立て管のオフセット部の上下800 mm以内には，排水横枝管を設けてはならない.

☒ **Q4** 排水用硬質塩化ビニルライニング鋼管は，その接続にねじ込み式の排水用継手を用いる.

☒ **Q5** 管径100 mmの排水横管の最小勾配は，1 /150である.

☒ **Q6** 排水管に設置する掃除口の口径は，排水管径が100 mm以下の場合には排水管と同一管径とする.

☒ **Q7** 排水管への掃除口の設置間隔は，管径100 mm以下の場合には15 m以内とする.

☒ **Q8** 排水横管が45°を超える角度で方向を変える箇所では，掃除口を設置する.

☒ **Q9** 寒冷地における敷地排水管は,凍結深度より浅く埋設する.

☒ **Q10** 雨水排水管と合流式の敷地排水管を接続する場合には，一般にトラップますを設ける.

☒ **Q11** 敷地排水管の直管が長い場合，排水ますは，敷地排水管の管内径の120倍を超えない範囲内に設置する.

☒ **Q12** 特殊継手排水システムは，排水横枝管への接続器具数が多いビルに採用されている.

A1 Point! **合流式**は，汚水と雑排水を同一の系統で排除する． ○

A2 Point! 給水の適正流速は0.9～1.2 m/sであり，それより上下0.3 m/s幅が広い． ○

A3 Point! 排水立て管のオフセット部の**上下600 mm以内**には，原則として排水横枝管を設けてはならない． ×

A4 Point! **排水用管継手（ドレネージ継手）**を使用する． ×

A5 Point! 管径100 mmの排水横管の最小勾配は，1 /100である． ×

A6 Point! 100 mmを超えたら100 mm以上． ○

A7 Point! 100 mmを超えたら30 m以内とする． ○

A8 Point! 曲がりの急な箇所には掃除口を設ける． ○

A9 Point! **凍結深度**より深く埋設する． ×

A10 Point! トラップますを設け，**ルーフドレン**からの悪臭を防止する． ○

A11 Point! たとえば，排水管内径が100 mmの場合，100 × 120 =12 mとなる． ○

A12 Point! **特殊継手排水システム**は，排水横枝管への接続器具数が比較的少ない**集合住宅やホテルの客室系統**に多く採用されている． ×

排水槽・汚水槽

☒ Q1 排水槽のマンホールの大きさは，直径45 cm以上の円が内接できるものとする．

☒ Q2 排水槽のマンホールは，排水水中ポンプ又はフート弁の直上に設置する．

☒ Q3 排水槽の底部の勾配は，吸込みピットに向かって，1/150以上1/100以下とする．

☒ Q4 排水槽の底部勾配面には，階段を設けてもよい．

☒ Q5 排水ポンプは，排水槽の周囲の壁面などから200 mm以上離して設置する．

☒ Q6 排水ポンプは原則として2台設置し，常時用とそれが故障したときのバックアップ用として使用する．

☒ Q7 汚水槽に設置する排水ポンプの自動運転用水位センサには，フロートスイッチを使用する．

☒ Q8 ちゅう房排水槽は，電極棒による水位制御が適当である．

☒ Q9 湧水槽には湧水以外の排水を流入させてもよい．

☒ Q10 雑排水ポンプは，厨房排水を含む雑排水を排除する．

☒ Q11 排水槽内は，ブロワでばっ気をすると負圧になるので給気を行う．

通気管

☒ Q1 各個通気方式は，排水横枝管に接続された衛生器具の自己サイホン作用の防止に有効である．

☒ Q2 伸頂通気方式は，排水横主管以降が満流となる場合には使

A1 Point! 排水槽のマンホールの大きさは，**直径60 cm以上**の円が内接できるものとする． ×

A2 Point! **マンホールが真上**にあると排水水中ポンプやフート弁の引き上げに便利である． ○

A3 Point! 排水槽の底部の勾配は，吸込みピットに向かって，**1/15以上1/10以下**とする．飲料用水槽より急勾配である． ×

A4 Point! 点検歩行が容易となる． ○

A5 Point! ポンプの吸込み底部からも**200 mm以上**離して設置する． ○

A6 Point! 排水ポンプは**原則として2台設置**し，常時は交互運転する．大量排水時は2台運転． ×

A7 Point! 飲料用水槽は**フロートレススイッチ(電極棒)**がよいが，汚水槽は半固形物があるので**フロートスイッチ**がよい． ○

A8 Point! ちゅう房排水槽は，半固形物が電極棒に絡まり誤動作の恐れがあるため，電極棒による水位制御は不適当である． ×

A9 Point! 原則として湧水以外の排水を流入させてはならない． ×

A10 Point! 厨房排水を含む雑排水を排除するのは，汚物ポンプである． ×

A11 Point! 正圧になるので，排気を行う． ×

A1 Point! **各個通気方式**は，排水立て管と通気立て管を設けた2管式である． ○

A2 Point! **伸頂通気方式**は，通気立管を設けない最もシンプルな

用してはならない．

☒ **Q3** 伸頂通気方式の排水立て管には，原則としてオフセットを設けてはならない．

☒ **Q4** 伸頂通気管は，排水立て管頂部より細い管径で延長して大気中へ開口する．

☒ **Q5** ループ通気方式は，通気管を最上流の器具排水管が排水横枝管に接続される位置のすぐ下流から立ち上げる．

☒ **Q6** 結合通気管は，高層建築物でブランチ間隔10以上の排水立て管において，最下階から数えてブランチ間隔10以内ごとに設ける．

☒ **Q7** 通気立て管の上部は，最高位の衛生器具のあふれ縁から75 mm以上高い位置で，伸頂通気管に接続する．

☒ **Q8** 通気立て管の下部は，最低部の排水横枝管より高い位置で排水立て管から取り出す．

☒ **Q9** 通気管の末端は，窓・換気口等の上端から600 mm以上立ち上げて大気に開口する．

☒ **Q10** ループ通気方式において，大便器及びこれと類似の器具が8個以上接続される排水横枝管には，逃し通気管を設ける．

☒ **Q11** 伸頂通気方式において，排水横主管の水平曲がりは，排水立て管の底部より1 m以内に設けてはならない．

☒ **Q12** 排水横管から通気管を取り出す場合，通気管は，排水管断面の水平中心線から30°以内の角度で取り出す．

排水通気設備の保守管理

☒ **Q1** 排水ポンプは，一般に毎年オーバホールを行う．

☒ **Q2** 水中ポンプのメカニカルシールは，1～2年に1回程度交

通気方式である．　○

A3 **Point!** **オフセット**とは，排水管が斜めに移行する部分をいう．　○

A4 **Point!** **伸頂通気管**は，排水立て管頂部と同じ管径で延長して大気中へ開口する．　×

A5 **Point!** **ブランチ間隔3以上**のときは，伸頂通気管ではなく**通気立て管を設置**する．　○

A6 **Point!** **結合通気管**は，高層建築物でブランチ間隔10以上の排水立て管において，最上階から数えて**ブランチ間隔10以内ごとに設ける．**　×

A7 **Point!** 通気立て管の上部は，最高位の衛生器具のあふれ縁から**150 mm以上高い位置**で，伸頂通気管に接続する．　×

A8 **Point!** 通気立て管の下部は，最低部の排水横枝管より低い位置で排水立て管から取り出す．　×

A9 **Point!** または，開口部の側面から3 m以上離して大気に開口する．なお，端部には**防虫網**を付ける．　○

A10 **Point!** 通気を良くするため，最下流の器具排水管が横枝管に接続されたすぐ下流から，排水立管に接続する．　○

A11 **Point!** 伸頂通気方式では，排水横主管の水平曲がりは，排水立て管の底部より**3 m以内に設けてはならない．**　×

A12 **Point!** 排水横管に設置する通気管は，排水管断面の垂直中心線上部から**45°以内の角度**で取り出す．　×

A1 **Point!** 排水ポンプは，一般に**3〜5年でオーバホール**を行う．　×

A2 **Point!** 6カ月〜1年に1回，メカニカルシール部のオイル交換する．

☒ Q3 排水ポンプは，1カ月に1回絶縁抵抗の測定を行い，0.1 MΩ以上あることを確認する．

☒ Q4 排水ポンプの修理後は，ポンプの絶縁抵抗の測定，アース線の接続等の確認をしてから運転する．

☒ Q5 排水槽の清掃は，建築物環境衛生管理基準に基づき2年以内ごとに1回行う．

☒ Q6 排水槽では，硫化水素の発生が原因となって，躯体部の一部が劣化する場合がある．

☒ Q7 排水槽の清掃は，最初に酸素濃度が10％以上，硫化水素濃度が20 ppm以下であることを確認してから作業を行う．

☒ Q8 排水槽の清掃後は，水張りを行い，防水性能に異常がないことを確認する．

☒ Q9 排水槽内の悪臭防止対策としては，12時間を超えて排水を貯留しないようにタイマによる強制排水を行う．

☒ Q10 掃除口には，ネジ部にグリースを塗ってはならない．

☒ Q11 排水管の有機性付着物は，酸性洗浄剤を用いて除去する．

☒ Q12 通気管は，2年に1回，定期的に，系統ごとに異常がないかを点検・確認する．

☒ Q13 ロッド法による排水管の清掃には，最大30 mの長さにつなぎ合わせたロッドが用いられる．

☒ Q14 スネークワイヤ法は，長さ40 mまでの排水横管の清掃に使用する．

☒ Q15 空圧式清浄（ウォータラム）法とは，圧縮空気による閉塞物の除去の方法である．

換を行う．　○

A3 Point! 排水ポンプは，**1カ月に1回絶縁抵抗の測定**を行い，**1 MΩ以上**あることを確認する．　×

A4 Point! 感電を防止するため必要である．　○

A5 Point! 排水槽の清掃は，建築物環境衛生管理基準に基づき**6カ月以内ごと**に1回行う．　×

A6 Point! 硫化水素（H_2S）は，**酸素欠乏等**に該当する．　○

A7 Point! 排水槽の清掃は，最初に**酸素濃度が18％以上**，**硫化水素濃度が10 ppm以下**であることを確認してから作業を行う．酸素濃度は一般の空気中の酸素21％に近いことが望ましい．　×

A8 Point! 排水槽の清掃は6カ月以内に1回行うことが建築物環境衛生管理基準で規定されている．　○

A9 Point! 1～2時間を超えて排水を貯留しないようにする．　×

A10 Point! 容易にはずせるようにグリースを塗るとよい．　×

A11 Point! アルカリ性洗浄剤を用いて除去する．　×

A12 Point! **通気管は1年に1回程度**系統ごとに異常がないか点検・確認する．　×

A13 Point! ロッド法は，**1～1.8 mのロッド**をつなぎ合わせ，手動で排水管内に挿入し清掃する方法である．　○

A14 Point! **排水縦管は20 m程度**，**排水横管は25 m程度**である．グリース等の固い付着物の除去に使用される．　×

A15 Point! 閉塞した管内に水を送り，圧縮空気を一気に放出してその衝撃で閉塞物を除去する．　○

☒ Q16 グリース阻集器から発生する廃棄物は，一般廃棄物として処理する．

☒ Q17 グリース阻集器のグリースは，7～10日に1回の間隔で除去する．

☒ Q18 高圧洗浄による排水管の清掃では，0.5～3 MPa の圧力の水を噴射させて洗浄する．

☒ Q19 排水管内部の詰まり具合や腐食状況は，内視鏡により確認できる．

衛生器具設備

☒ Q1 衛生器具は，給水器具，水受け容器，排水器具，付属品の4つに分類される．

☒ Q2 衛生器具設備のユニットには，浴室ユニット，便所ユニット，洗面器ユニット，複合ユニット等が含まれる．

☒ Q3 小便器は，壁掛け形，壁掛けストール形，ストール形等に分類される．

☒ Q4 ストール型の小便器は乾燥面が狭いため，臭気の発散は少ない．

☒ Q5 手動式小便器洗浄弁は，使用後人為的な操作により洗浄でき，公衆用に適している．

☒ Q6 小便器の集合感知洗浄方式とは，天井などに取り付けたセンサで使用者を感知し，連立した小便器の同時洗浄を制御する方式である．

☒ Q7 温水洗浄便座への給水は，雑用水を用いる．

☒ Q8 浴室用ハンドシャワーの配管途中には，バキュームブレーカや逆流防止機構を有するものを取り付ける．

☒ Q9 洗面器のあふれ縁は，オーバフロー口の最上端の部分のこ

A16 Point! **グリース阻集器**から発生する廃棄物は，産業廃棄物として処理する． ×

A17 Point! グリース阻集器のトラップの清掃は，2カ月に1回程度行う． ○

A18 Point! **5～30 MPaの圧力の水を噴射**し，排水管内を洗浄する． ×

A19 Point! 超音波厚さ計により確認することもできる． ○

A1 Point! 衛生器具の材質は，平滑な表面を持ち，吸水・吸湿性がなく，衛生的であることが求められる． ○

A2 Point! ユニット化した衛生器具が工場生産されている． ○

A3 Point! **壁掛け形**は，いわゆる朝顔で，**ストール形**は床から立ち上がった形状，**壁掛けストール**は中間． ○

A4 Point! ストール型の小便器は乾燥面が広いため，洗浄方法に注意しないと臭気が発散する． ×

A5 Point! 公衆用の小便器は，**自動洗浄方式**がよい． ×

A6 Point! 節水を目的として，個別感知洗浄方式や照明スイッチなどとの連動による洗浄方式などが用いられている． ○

A7 Point! 温水洗浄便座への給水は，**上水**を用いる． ×

A8 Point! ハンドシャワーは，**吐水口空間**が保てないことがあるためである． ○

A9 Point! オーバフロー口ではなく洗面器の最上端があふれ縁で

とをいう．

☒ **Q10** 大便器洗浄弁が接続する給水管の口径は20 mmとする．

☒ **Q11** 大便器の洗浄水量において，節水I形は8.5 L以下である．

☒ **Q12** 大便器の節水型洗浄弁は，ハンドルを押し続けても，標準吐出量しか吐水しない機能を有している．

☒ **Q13** 陶器製の衛生器具は熱湯を直接注いでも割れることはない．

☒ **Q14** ほうろう鉄器製の衛生器具の水あかや鉄錆等の汚れは，金属タワシでこすりとる．

☒ **Q15** 洗面所の鏡に付いた水分をそのままにしておくと表面に白い汚れが付きやすい．

☒ **Q16** 衛生器具の分類において，トラップは，付属品に分類される．

☒ **Q17** 衛生器具の材質は，平滑な表面をもち，吸水・吸湿性がなく，衛生的であることが求められる．

衛生設備の保守管理

☒ **Q1** 小便器の排水状態は，1年に1回，定期に点検する．

☒ **Q2** 浄化槽を設置している場合を除き，陶器製の大便器の底部の汚れは，スポンジに塩酸系洗剤を付けて洗い落とし，十分に水洗いする．

☒ **Q3** わんトラップが設置されている流しは，清掃後にわんが装着されていることを点検する．

ある．　×

A10 Point! 口径は25mmとする．小便器洗浄弁は13mmである．　×

A11 Point! JIS A 5207の規定．節水Ⅱ型6.5L以下である．　○

A12 Point! **ノンホールド型**という．ハンドルを押し続けている間中吐水し続けるのは，ホールド型である．　○

A13 Point! 陶器製の衛生器具は，熱湯を直接注ぐと割れることがある．　×

A14 Point! クリームクレンザーをつけたスポンジなどでこする．金属タワシやナイロンたわしでは傷がつく．　×

A15 Point! こまめに拭き取る必要がある．　○

A16 Point! **トラップ**は排水器具に分類される．　×

A17 Point! 飲料水に接する部分の材質は，人体に有害な成分が溶出しないことが求められる．　○

A1 Point! 小便器の排水状態は，6カ月に1回，定期に点検する．　×

A2 Point! 陶器製の衛生器具に熱湯を直接注ぐと割れることがあるので注意する．　○

A3 Point! 清掃後に，わんを装着し忘れないように注意する．○

浄化槽

☒ **Q1** 浄化槽法に規定する放流水の水質の技術上の基準に示されているBODの値は，200 mg/L以下である．

☒ **Q2** 活性汚泥は，主として好気性条件下で生息する細菌や原生動物などの微生物の集合体である．

☒ **Q3** 活性汚泥法は，活性汚泥と汚水を効率よく接触させ，汚水中の有機物を微生物の代謝作用によって除去する．

☒ **Q4** ばっ気槽混合液は，沈殿槽において沈降分離させて，上澄水は消毒後放流される．

☒ **Q5** 浄化槽の保守点検と清掃の作業内容の記録を作成し，2年間保存しなければならない．

☒ **Q6** 2年に1回，指定検査機関の行う水質検査を受けなければならない．

☒ **Q7** 保守点検については，登録を受けた浄化槽保守点検業者に委託することができる．

計算問題

☒ **Q1** 水分99.0％の汚泥12 m³を水分98.0％に濃縮した場合，濃縮後の汚泥の容積は，6 m³となる．

☒ **Q2** 下の図の反応条件において，生物処理槽のBOD除去量（kg/日）は，30 kg/日である．

A1 Point! 浄化槽法に規定する放流水の水質の技術上の基準に示されているBODの値は，**20 mg/L以下**である． ×

A2 Point! 酸素を必要とする微生物を**好気性微生物**という． ○

A3 Point! **活性汚泥**は，ばっ気（酸素を供給すること）によって増殖する． ○

A4 Point! **ばっき槽混合液**は，流入汚水とばっ気している活性汚泥の混合液をいう． ○

A5 Point! **3年間保存**しなければならない． ×

A6 Point! **毎年1回**，指定検査機関の行う**水質検査**を受けなければならない． ×

A7 Point! 登録制度が設けられていない場合は浄化槽管理士に委託できる． ○

A1 Point! 12 m^3の汚泥中の固形分は1％なので，12×0.01＝0.12 m^3である．濃縮後の汚泥の固形分は2%であり，0.12÷0.02＝6 m^3である． ○

A2 Point! BOD除去量の単位が(kg/日)なので，単位をそろえる．まず，流入水と処理水は，150 m^3/日＝150×10^3 L/日

（1 m^3＝1,000 L）

流入水のBOD濃度＝210 mg/L＝210×10^{-6} kg/L

（1 mg＝10^{-6} kg）

処理水のBOD濃度＝80 mg/L＝80×10^{-6} kg/L

①流入水中のBOD量＝150×10^3 L/日×210×10^{-6} kg/L

☒ **Q3** ある一定規模の浄化槽を流入汚水量150 m³/日，流入水のBODを200 mg/L，放流水のBODを20 mg/Lとして運転した場合の汚泥発生量は，およそ0.43 m³/日である．

ただし，除去BODに対する汚泥転換率は40 %，発生汚泥の含水率は97.5 %及び汚泥の密度は1,000 kg/m³とし，汚泥発生量の算定は，次式のとおりとする．

$$汚泥発生量 = 流入BOD量 \times \frac{BOD除去率(\%)}{100} \times \frac{汚泥転換率(\%)}{100} \times \frac{100}{(100 - 含水率(\%))}$$

☒ **Q4** 延べ面積3,000 m²の複合用途ビル〔内訳：一般店舗2,000 m²，一般飲食店500 m²，事務所（厨房なし）500 m²に設置される浄化槽の処理対象人員は，360人である．

ただし，用途別処理対象人員算定は次式とし，共有部分は無視する．

一般店舗：n＝0.075 A	事務所（厨房なし）：n=0.06 A
一般飲食店：n＝0.72 A	n：人員（人）A：延べ面積（m²）

消火設備等

☒ **Q1** 消火器は，中期段階での消火に適している．

☒ **Q2** 屋内消火栓設備は，建築物の関係者や自衛消防隊が初期消火を目的として使用するものである．

☒ **Q3** 1号消火栓は，一人でも容易に操作ができるように開発さ

$=31.5\ \mathrm{kg}/$日

②処理水中のBOD量$=150\times10^{3}\ \mathrm{L}/$日$\times80\times10^{-6}\ \mathrm{kg/L}$

$=12\ \mathrm{kg}/$日

したがって，31.5－12＝19.5 kg/日　×

A3 Point! 流入BOD量$=150\ \mathrm{m^3}/$日$\times200\ \mathrm{mg/L}$

$=150\ \mathrm{m^3}/$日$\times200\times10^{-3}\ \mathrm{kg/m^3}$

$=30\ \mathrm{kg}/$日

$$\text{BOD除去率}=\frac{(\text{流入水のBOD量}-\text{放流水のBOD量})}{\text{流入水のBOD量}}$$

$$=(200-20)\div200=0.9=90\ \%$$

$$\text{汚泥発生量}=30\ \mathrm{kg}/\text{日}\times0.9\times0.4\times\frac{100}{100-97.5}$$

$=432\ \mathrm{kg}/$日　→　$0.43\ \mathrm{m^3}/$日　○

A4 Point! 一般店舗：n=0.075 A=0.075×2,000 m² =150人

一般飲食店：n=0.72 A=0.72×500 =360人

事務所（厨房なし）：n=0.06 A=0.06×500 =30人

以上を合計すると，540人　×

A1 Point! 消火器は，**初期発見段階での消火**に適している．　×

A2 Point! 屋内消火栓設備は，1号消火栓，易操作性1号消火栓及び2号消火栓に区分される．　○

A3 Point! **1号消火栓**は，一人で操作することはできず，二人で

れたものである.

☒ Q4 放水型スプリンクラ設備は，大空間部に設置される.

☒ Q5 不活性ガス消火設備は，不活性ガスの放出による冷却作用を主とした消火方法である.

☒ Q6 不活性ガス消火設備は，手動起動装置の扉を開けて警報を発してから，起動スイッチを押すことによって作動する.

☒ Q7 泡消火設備は，油火災を対象とした設備である.

☒ Q8 開放型スプリンクラ設備は，火災時にスプリンクラヘッドの感熱部が分解することにより散水する.

☒ Q9 連結散水設備は，受水槽に連結された散水ヘッドから放水して消火するものである.

☒ Q10 連結送水管は，施設の従業者がだれでも操作できるように設けられた設備である.

☒ Q11 閉鎖型予作動式スプリンクラ設備は，アトリウムなどの大空間に設置される.

消防用設備の保守管理

☒ Q1 特定防火対象物で一定規模以上のものは，消防設備士のみが点検できる.

☒ Q2 消防の用に供する設備のうち，動力消防ポンプ設備は，1年に1回作動点検を行う.

☒ Q3 特定防火対象物における法定定期点検の結果とその不備に関する是正措置の報告は，3年に1回である.

☒ Q4 法定定期点検の内容は，作動点検，外観点検，機能点検，総合点検である.

操作する．**2号消火栓**は，一人でも容易に操作ができる．　×

A4 Point! **アトリウム**などに設置される．　○

A5 Point! 不活性ガスの放出による**希釈作用**を主とした消火方法である．　×

A6 Point! 不活性ガス消火設備の作動に当たっては，対象室が無人になったことを確認してから不活性ガスを放射する．　○

A7 Point! 駐車場や飛行機の格納庫等に設置される．　○

A8 Point! **開放型スプリンクラ設備**は感熱部を持たない．感熱部があるのは，**閉鎖型スプリンクラ設備**である．　×

A9 Point! 連結散水設備は，消防ポンプ車が送水口に連結して送水し，散水ヘッドから放水して消火するものである．　×

A10 Point! **連結送水管**は，消防隊専用栓とも呼ばれ，**公設消防隊が使用**するものである．　×

A11 Point! 重要文化財，電子計算機室など，誤作動による水損事故を避ける施設に設置する．　×

A1 Point! **消防設備士**又は**消防設備点検資格者**が点検する．　×

A2 Point! 動力消防ポンプ設備は，消防用設備等ではなく，消防の用に供する設備に該当しない．　×

A3 Point! 1年に1回報告する．　×

A4 Point! **機器点検**（作動点検・外観点検・機能点検は6カ月ごと）と**総合点検**（1年ごと）に大別される．　○

ガス設備

☒ **Q1** ヒューズガス栓は，火災が発生すると温度を感知して，自動的にガスの流れを停止させるものである.

☒ **Q2** ガス管を土中埋設部から，鉄筋コンクリート構造の建築物に引き込む場合は，土切り部付近の露出部に伸縮継手を設置する.

☒ **Q3** 引込み管ガス遮断装置は，建築物へのガス引込み管に設置され，緊急時の地上からの操作によりガス供給を遮断する.

A1 Point! 多量のガスを使用した場合やガス漏れ時に動作する． ×

A2 Point! 伸縮継手は熱伸縮による配管の膨張を吸収するものである．鋼管がコンクリート部分に接すると，接していない部分が腐食するので，**絶縁継手**を設置する． ×

A3 Point! **引込み管ガス遮断装置**は手動によるものである．この二次側（建物側）に**緊急ガス遮断装置**（手動又は自動）を設ける． ○

5章 コラム 「覚えてビル管マスター！」

簡易専用水道：幹線（簡易専用水道）は車が通るべえ（10 m³超え）

排水ますの設置範囲：いい臭いばい（120倍）　※排水ますは管径の120倍以内

一般水栓の最低必要水圧：推薦（水栓）される（30 kPa以上）

フラッシュ弁とシャワーの最低必要水圧：フラッシュ（フラッシュ弁）のシャワーに慣れる（70 kPa以上）

給水の適正流速：水が奥（0.9 m/s）から一気（1.2 m/s）に流れる

受水槽の離隔：群れ（60 cm）ずに1名（1 m）　※壁，床60 cm以上，マンホール直径60 cm以上，天井1 m以上

一般細菌の集落数：最近（細菌）ヒヤッと（100 cfu）する

鉛及びその化合物の鉛の量：訛り（鉛）が多い（0.01 mg/L以下）

pH値：ピッチの小屋からハロー（pHは5.8〜8.6）

色度：色んな（色度）こと（5度以下）

濁度：にごり（2度以下）

封水深：高等（5 cm〜10 cm）なトラップ

逃がし弁のレバーハンドルの操作頻度：いちいち逃げる（1ヶ月に1回操作）

スネークワイヤ法：スネークはいや（スネークワイヤ）忍従（20 m）の双子（25 m）　※排水縦管20程度，横管25 m程度

水槽内照度水槽：明るい（FRPの水槽照度率）と藻が多い（0.1％以下）

クロスコネクション：苦労するコネは禁止　※クロスコネクション禁止

排水ポンプの絶縁抵抗測定：いちいち1名が　※測定は1ヶ月に1回1 MΩ以上

ブランチ間隔：ブランチは凍結　※10以内ごとに結合通気管

高圧洗浄による排水管の清掃：高圧洗浄でゴミゼロ　※洗浄圧力は5〜30 MPa

レジオネラ属菌の発生を防止：午後（55℃）からレジ（レジオネラ）　※55℃以上にする

6章

清　掃

試験での出題数
25問
(午後実施)

試験合格
の
アドバイス

大別して，建物の清掃技法と「廃棄物の処理及び清掃に関する法律」(通称，廃棄物処理法，廃掃法などと呼ばれている)に関する問題に類別されます．

前者は，清掃に関係した建材，汚れ，洗剤，作業方法，保護膜の知識とうに関するもので，後者は，廃棄物の適正な分別収集，保管，運搬，処分に関する問題です．

建築物環境衛生維持管理要領等

☒ Q1 帳簿書類には，清掃，点検及び整備を実施した年月日，作業内容等を記載する．

☒ Q2 清掃用器具は，効率を重視してどの区域も共通のものを使う．

☒ Q3 清掃用資材の保管庫は，1年以内ごとに1回，定期に点検する．

☒ Q4 大掃除においては，1年以内ごとに1回，日常清掃の及びにくい箇所等の汚れ状況を点検し，除じん，洗浄を行う．

☒ Q5 収集・運搬設備，貯留設備など廃棄物処理設備は，6カ月以内ごとに1回，定期に点検する．

☒ Q6 建築物清掃管理仕様書は，基本管理方針や作業範囲，作業環境，作業時間帯等を記載した総括的なものをいう．

☒ Q7 清掃者は，建物内の廃棄物を分別できる環境を整備し，利用者へ分別を促す．

建築物清掃の作業計画

☒ Q1 作業周期の短縮を考慮した方法を取り入れる．

☒ Q2 作業頻度で分類すると，日常清掃，定期清掃に分けられる．

☒ Q3 計画的な作業管理により，記録の保存によって責任の所在が明確になる．

☒ Q4 日常清掃で除去する汚れと，定期的に除去する汚れを区別することなく，作業を計画，実行する．

☒ Q5 共用区域は，建築物内で最も頻繁に使用されるところであり，日常頻繁に清掃を行う必要がある．

☒ Q6 専用区域は，毎日1回以上の清掃を行って清潔の保持に努

A1 Point! **特定建築物**の維持管理に関し，**帳簿書類**を備えておかなければならない（ビル管理法第10条）． ○

A2 Point! 清掃用器具は，清潔なものを用い，**汚染度を考慮**して区域ごとに使い分ける． ×

A3 Point! 清掃用資材の**保管庫は，6カ月以内ごと**に1回，定期に点検する．清掃用機器についても6カ月以内ごとに1回定期に点検し，必要に応じ，整備，取替える． ×

A4 Point! 6カ月以内ごとに1回行う．洗剤や床維持剤は，利用者や清掃従業者等の健康や環境に配慮したものを用いる． ×

A5 Point! 排水設備同様に6カ月以内ごとに1回，定期に点検することが義務づけられている． ○

A6 Point! 他に，作業内容を詳細に図表などで表した清掃作業基準表からなる． ×

A7 Point! 所有者等が整備し，利用者へ分別を促す． ×

A1 Point! **作業周期が長くなる**方法を考慮する． ×

A2 Point! **日常清掃，定期清掃，臨時清掃**に分けられる． ×

A3 Point! **作業内容が明確化**されているため，統一的な指導ができる． ○

A4 Point! 日常清掃で除去する汚れと，定期的に除去する汚れを区別することにより，作業効率，成果が上がる． ×

A5 Point! **共用区域**は，玄関，廊下などが該当する．多数が利用するので**汚れやすい**． ○

A6 Point! **専用区域**は，特定の者のみが出入りする区域である．

める必要がある.

☒ Q7 繊維床の除じんは定期清掃で実施する.

☒ Q8 エスカレータのランディングプレートの除じんは，定期清掃で実施する.

☒ Q9 エスカレータパネル類の洗剤拭きは，一般に日常清掃で実施する.

☒ Q10 エレベータカゴ内部の除じんは，一般に定期清掃として実施する.

☒ Q11 廊下壁面のスイッチ回りの洗剤拭きは日常清掃で実施する.

☒ Q12 床面の洗浄と床維持剤塗布は定期清掃で実施する.

☒ Q13 フロアマットの洗浄は日常清掃で実施する.

☒ Q14 トイレ・洗面所の換気口の除じんは定期清掃で実施する.

☒ Q15 事務室窓台の除じんは，日常清掃で行う.

☒ Q16 ドアノブなどの金属類の除じんは，日常清掃で行う.

☒ Q17 建築物内駐車場の除じんは，日常清掃で行う.

☒ Q18 トイレの清掃作業は，全面的に使用禁止とする.

建築物清掃の評価

☒ Q1 品質評価の目的の一つには，要求品質と実際の品質とのギャップを修正することがある.

☒ Q2 組織品質は，事業所管理品質と作業品質の二つによって構成される.

☒ Q3 組織品質の良否は，同一仕様であっても作業品質の良否に

管理区域（中央監視室等）は，日常の整理整頓・清掃が重要．
○

A7 Point! 繊維床の除じんは日常清掃で実施する． ×

A8 Point! エスカレータの**ランディングプレート**の除じんは，日常清掃で実施する． ×

A9 Point! エスカレータパネル類の洗剤拭きは，一般に定期清掃で実施する． ×

A10 Point! エレベータカゴ内部の除じんは，日常清掃として実施する． ×

A11 Point! 廊下壁面のスイッチ回りの洗剤拭きは定期清掃． ×

A12 Point! **掃き掃除は日常清掃**で行う． ○

A13 Point! 洗浄は定期清掃で，除じんは日常清掃である． ×

A14 Point! 厨房など汚れの著しいところはひんぱんに行う． ○

A15 Point! 事務室窓台の除じんは，定期清掃で行う．廊下壁面の除じんも同様． ×

A16 Point! 玄関ホールの金属部の除じんも同様に，日常清掃で行う．ドアノブの金属類の磨きは定期清掃． ○

A17 Point! 床面の除じんは日常清掃とする． ○

A18 Point! トイレは，清掃作業により全面的に使用禁止とならないようにする． ×

A1 Point! **要求品質を多少上回る**ようにする必要がある． ○

A2 Point! 組織品質は，**事業所管理品質**と**現場管理品質**の二つによって構成される． ×

A3 Point! 作業仕様書が全く同一であっても，作業品質は異なる

影響を及ぼす.

☒ Q4 管理者などが評価を行う場合, 年1回行うのが適当である.

☒ Q5 現場責任者が評価を行う場合, 定期的に月1回業務の締めくくりとして実施する.

☒ Q6 評価範囲は, 清掃したすべての箇所について行う.

☒ Q7 目視点検は, 科学性に乏しいので, 点検・評価の方法としては不適切である.

☒ Q8 建築物清掃のきれいさの評価は, 主として測定機器（光沢度計など）を用いて行う.

☒ Q9 点検は, 品質評価実施計画に従って実施する.

☒ Q10 点検終了後, 結果の集計・評価を行い, 改善点を拾い出す.

☒ Q11 改善が必要と判断した場合は, 評価者が清掃従事者に直接指示をする.

☒ Q12 改善を指示した箇所について, 指示どおりに改善されているか再点検する.

汚れ・ほこり

☒ Q1 空気に触れて酸化する汚染物質もある.

☒ Q2 階段の壁面は, 他の場所より, ほこりの付着度は低い.

☒ Q3 汚れ予防のための保護膜は, 容易に剥離できないものがよい.

☒ Q4 水溶性のかさ高固着物であれば, 物理的な力がなくても水洗いで除去できる.

☒ Q5 湿ったタオルで汚れの部分を軽くこすり, タオルに付着すれば疎水性の汚れである.

ことがある. ○

A4 Point! **四半期（3カ月）ごと**に行う. ×

A5 Point! 同一の仕様であってもできばえに違いが出るので，品質評価が重要である．**評価は利用者の立場で行う**. ○

A6 Point! 評価範囲は，**汚染度合いの高い箇所**などに重点を絞る. ×

A7 Point! 測定機器を使用する検査と目視などの**官能検査**があるが，目視点検が科学性に乏しいとはいえない. ×

A8 Point! 主として目視でよい．評価は，所有者や利用者の立場になって行う. ×

A9 Point! 点検は，**インスペクション実施計画**に従って実施する. ○

A10 Point! 作業の改善点は，**作業仕様書や作業基準表に限定しない**で見出す必要がある. ○

A11 Point! 評価者が**清掃責任者に指示**をする. ×

A12 Point! 再点検の結果を基に再評価を実施する. ○

A1 Point! 汚れを放置しない. ○

A2 Point! **階段の壁面**は，ほこりの付着度が高い. ×

A3 Point! 容易に剥離できるものとする. ×

A4 Point! かさ高固着物は，水溶性であっても力を加えるなどの物理的な力がないと取れないことがある. ×

A5 Point! 水溶性の汚れである. ×

☒ Q6 アルミニウム建材の汚れは,弱アルカリ性洗剤で除去する.

☒ Q7 建材に洗剤分を残すことにより，汚れの予防効果が得られる.

☒ Q8 はたき掛けは，閉鎖空間に適している.

☒ Q9 不乾性の鉱油で粘度の高いものを布に含ませて，ほこりを除去する方法をダストコントロール法という.

☒ Q10 ダストコントロール作業法を用いれば，ほこり以外のものも除去できる.

☒ Q11 ダストクロス法は，繊維の隙間を利用して土砂を回収する.

☒ Q12 ダストクロス法は，油分による床面への弊害が多い.

☒ Q13 バキュームクリーニングでは，カーペットの織り目に入り込んだほこりや土砂は除去できない.

ほこりの予防

☒ Q1 現代の高気密化している建築物では，窓や隙間が，ほこりの侵入路として重要視されている.

☒ Q2 シール剤や床維持剤の塗布は汚れの予防効果がある.

☒ Q3 入口に前室を設置すると，ほこりの侵入を防止できる.

☒ Q4 ほこりの予防には，侵入防止対策しかない.

☒ Q5 ある程度の長さ（6～8歩分）の防じん用マット類を出入口に敷く方法は，ほこりの侵入に対してほとんど効果はない.

☒ Q6 自動開閉式扉又は回転式扉は，ほこりが侵入しやすい.

☒ Q7 エアカーテンは，ほこりの発生防止に役立つ.

☒ Q8 プラスチック製品などのほこりは，単に載っているだけの状態である.

A6 Point! アルミニウムはアルカリ性により腐食するので，**中性洗剤を使用**する． ×

A7 Point! 建材に洗剤分を残すと，汚れを呼び込み汚染が広がる．**予防効果はない**． ×

A8 Point! はたき掛けは，**開放空間**に適している． ×

A9 Point! **ダストコントロール法**は，粘度の低い不乾性の鉱油を使用する． ×

A10 Point! ダストコントロール法は，**ほこり以外のものは除去できない**． ×

A11 Point! ダストクロスは，不織布として織った**化学繊維**を使用し，繊維の隙間を利用して土砂を回収することができる．○

A12 Point! ダストクロスは，油分を含まない． ×

A13 Point! **バキュームクリーニング**は，カーペットの織り目に入り込んだほこりや土砂を除去する． ×

A1 Point! **ほこり**は，窓や隙間からではなく，人が出入りする**出入口から侵入**する外部からのほこりが主である． ×

A2 Point! 美観も向上する． ○

A3 Point! 前室は，冷気や暖気が入るのも防ぐ． ○

A4 Point! ほこりの侵入防止と発生防止の二つの対策がある． ×

A5 Point! 防じん用マット類を出入口に敷く方法は，簡易な割に効果が高い． ×

A6 Point! **自動開閉式扉又は回転式扉**は，ほこりの侵入を防ぐ． ×

A7 Point! **エアカーテン**は，空気の壁をつくる． ×

A8 Point! アクリル板等のほこりは，**静電気で吸着**していることが多い． ×

☒ Q9 ほこりは経時変化をしないので，長期間放置しても除去できる.

☒ Q10 おがくずを用いる方法は，ほこりを付着させる効果が大きい.

建築物清掃における安全衛生

☒ Q1 防災対策は，自然的災害だけでなく，人為的災害の面からも講じなければならない.

☒ Q2 洗剤などは，使用説明書に従って使用し，保護手袋など，保護具を適切に用いる.

☒ Q3 真空掃除機の集じん袋などを手入れする場合には，粉じんを吸入しないよう防じんマスクなどを着用して行う.

☒ Q4 ノロウイルス感染の嘔吐物はぬぐい取り，クレゾール石けん液で消毒する.

☒ Q5 清掃作業に関わる転倒事故防止は，清掃従事者と第三者の安全確保のために行う.

☒ Q6 吸殻処理は,清掃業務における防火対策として重要である.

☒ Q7 清掃作業に関わる事故の大多数は，激突や感電事故である.

☒ Q8 ゴンドラを操作する場合は，事前に安全のための特別教育が必要である.

☒ Q9 ローリングタワー（移動式足場）を用いる場合，手すりがついているのでヘルメットを着用する必要はない.

☒ Q10 床洗浄の作業範囲を確保するには，ローリングタワーを用いる.

☒ Q11 建築物における衛生的環境の確保に関する法律では，清掃従事者の控室・倉庫の面積や設備の基準を示している.

A9 Point! 水分を吸って固着することがあるので放置せず，早めに除去する． ×

A10 Point! **おがくず**の粒は**保水力が高く**，表面積が大きいので，ほこりを付着させる効果が大きい． ○

A1 Point! 清掃従事者は，出入口やコーナーでは第三者との接触に注意し安全を確保する． ○

A2 Point! 清掃終了後は，石けんなどで手を洗い，必要に応じて手指消毒を行う． ○

A3 Point! 集じん袋に付着したじんあいを吸入するおそれがあるため． ○

A4 Point! **次亜塩素酸ナトリウム溶液で消毒**する．クレゾールはウイルスに無効である． ×

A5 Point! 転倒事故は，清掃従事者はもとより，第三者を巻き込むこともある． ○

A6 Point! 防火対策上，**ふた付きの容器**で回収する． ○

A7 Point! 清掃作業に関わる事故の大多数は，滑りやすい床洗浄時の転倒，脚立を使用時の転落事故である． ×

A8 Point! **ゴンドラ安全規則**により，事前に安全のための**特別教育**が必要である． ○

A9 Point! **ローリングタワー**を用いる場合，作業者はヘルメットを着用する． ×

A10 Point! ローリングタワーは，高所作業を行うときに使用する移動足場であり，床洗浄には使用しない． ×

A11 Point! 基準はない． ×

清掃

建築物清掃の資機材倉庫

☒ Q1 頻繁に資機材を搬出入するため，施錠できる構造としない．

☒ Q2 適切な照明設備，換気設備を設け，資機材洗浄用の給排水設備を設ける．

☒ Q3 建築物の規模・形態にかかわらず，資機材倉庫は1箇所に集約する．

☒ Q4 濡れたモップなどが置かれる場合があるので，床や壁面を不浸透性の建材にする．

建材

☒ Q1 建材の選択に当たっては，清掃の立場を考慮して選ぶ．

☒ Q2 アルミニウムとステンレスのカラー仕上げは，見分けがつきにくいので，建材仕上表で材質を確認する．

☒ Q3 アルミニウム建材は，耐アルカリ性である．

☒ Q4 吸水性のある建材は，洗剤分が残っていると再汚染を促進させる．

☒ Q5 疎水性の建材には，水溶性物質が付着しやすい．

☒ Q6 汚れが内部にしみ込みやすい建材は，汚れの除去に手間がかかる．

☒ Q7 孔隙や凹凸が多くて粗い表面には，汚れが付着しやすい．

☒ Q8 外装金属のシール剤は，汚れを抱き込むことがある．

☒ Q9 耐水性のある建材は，清掃しにくいものが多い．

☒ Q10 平滑に見える塩化ビニル系タイルでも，顕微鏡で拡大すると凹凸や孔隙がある．

☒ Q11 セラミックタイルは，耐酸性，耐アルカリ性に優れる．

A1 Point! **施錠**できる構造とする. ×

A2 Point! 清掃用の資機材は汚れるため，**給排水設備**は重要である. ○

A3 Point! 大規模な建物の場合，資機材倉庫は分散して設置するとよい．設置位置は，資機材の移動などが容易に行える場所とする. ×

A4 Point! 床や壁面は**水分が浸透しない建材**を用いる. ○

A1 Point! 設計段階で，清掃のしやすさも考慮する. ○

A2 Point! 塗装や化学発色などによって着色するため，地色がわからなくなる. ○

A3 Point! アルミニウム建材は，**耐アルカリ性が乏しい**. ×

A4 Point! 洗剤分に汚れが吸着しやすい. ○

A5 Point! **疎水性**の建材には，油溶性物質が付着しやすい．また，**親水性**の物質には水溶性物質が付着しやすい. ×

A6 Point! 建材内部に汚れが入ると，除去に手間がかかる. ○

A7 Point! 汚れは平滑緻密な建材表面には付着しにくい. ○

A8 Point! 施工によっては汚れを抱き込むことがある. ○

A9 Point! 耐水性のある建材は，清掃しやすいものが多い. ×

A10 Point! 凹凸がないとすべりやすくなる. ○

A11 Point! セラミックタイルは，**耐摩耗性**にも優れる. ○

☒ Q12 ゴムタイルは，耐溶剤性に優れる．
☒ Q13 コンクリートは，耐アルカリ性に乏しい．
☒ Q14 大理石は，耐酸性に乏しい．
☒ Q15 テラゾは，酸性洗剤に強い建材である．
☒ Q16 花崗岩は，耐熱性に乏しい．
☒ Q17 リノリウムは，耐アルカリ性に乏しい．
☒ Q18 塩化ビニルタイルは，耐水性に優れる．

真空掃除機

☒ Q1 床移動型のウェット式は，吸引した汚水が機外の汚水タンクに溜まる．
☒ Q2 電動ファンによって，機械内部に空気の高圧域をつくり，ほこりを吸引する．
☒ Q3 床移動型のドライ式は，バッテリー式が主である．
☒ Q4 アップライト型は，カーペットのほこりを取るのに適する．
☒ Q5 床移動型のドライ式は，床を回転ブラシで掃きながら，ほこりを吸引する．
☒ Q6 高い清浄度を要求される場所で使用する真空掃除機は，高性能フィルタ付きのものを使う．

床用機械・器具

☒ Q1 凹凸のある床面には，研磨粒子が付着したパッドを使う．
☒ Q2 ブラシは，シダの茎又はナイロンを植え付けられたものが普通である．
☒ Q3 高速床磨き機は，主にドライメンテナンス作業に使われる．
☒ Q4 樹脂皮膜の剥離は，床材を傷めないようにするため，床用パッドの青又は赤が使われる．

A12 Point! ゴムタイルは，耐溶剤性に乏しい． ×

A13 Point! コンクリートは，耐酸性に乏しい． ×

A14 Point! 人造大理石の**テラゾ**も耐酸性に乏しい． ○

A15 Point! テラゾは人造大理石で，酸に弱い． ×

A16 Point! **花崗岩**は，約560℃で表面がはく離する． ○

A17 Point! 特にアルカリ性剥離材を使用すると変色する． ○

A18 Point! 塩化ビニルタイルは，耐薬品性にも優れる． ○

A1 Point! 床移動型のウェット式は，吸引した汚水が機内の汚水タンクに溜まる． ×

A2 Point! 機械内部に空気の低圧域（真空）をつくり，ホースを通じてほこりを吸引する． ×

A3 Point! **コンセント電源**（100 V）式が主である． ×

A4 Point! ブラシの回転でパイル内のほこりを取る． ○

A5 Point! ドライ式は，一般に回転ブラシを持たない． ×

A6 Point! HEPA**フィルタ**付きの真空掃除機がある． ○

A1 Point! 凹凸面には，研磨粒子入りブラシを付けて洗浄する． ×

A2 Point! 毛の部分がアルミやステンレスなどの金属でできているワイヤブラシもある． ○

A3 Point! ワックスを用いて樹脂塗膜をつくる． ○

A4 Point! 床用パッドは粗めの**黒か茶**が使われる． ×

☒ Q5 自動床洗浄機には，カーペット床の洗浄用のものもある.

☒ Q6 電動機は，直流電源を使用するものが大部分である.

☒ Q7 1ブラシ式の高速床磨き機用のブラシの直径は，60 cmのものが多く使われている.

☒ Q8 1ブラシ式の床磨き機用ブラシの回転数は，一般に毎分150～300回転である.

☒ Q9 路面スイーパは，ローラ型の回転ブラシで床面を掃き，真空吸引装置でほこりを処理する.

☒ Q10 自動床洗浄機は，洗剤供給式床磨き機と，ドライ式真空掃除機とを結合したものである.

☒ Q11 床面洗浄用ロボットの連続作業時間は，1バッテリーで30～60分ほどである.

カーペット清掃用機械

☒ Q1 タンク式スクラバマシンは，カーペットのシャンプークリーニングを行うことができる.

☒ Q2 カーペット洗浄に使用するタンク式スクラバマシンは，高速回転の機械である.

☒ Q3 スクラバ方式の機械の洗浄力は，ローラブラシ方式の機械より劣る.

☒ Q4 噴射吸引式機械（エクストラクタ）は，機械内部でつくられた泡で洗浄し，直ちに吸引する方法である.

☒ Q5 パウダー方式の機械は1パイルを起毛しながらパウダー洗剤をパイルにすり込み洗浄する.

☒ Q6 パウダークリーニングは，汚れが内部に入り込んだときに行う洗浄である.

A5 Point! 自動床洗浄機は，通常**バッテリー駆動**である. ○

A6 Point! 電動機は，交流電源を使用するものが大部分である. ×

A7 Point! **1ブラシ式**の高速床磨き機用のブラシの直径は，**20～50 cm**のものが多く使われている. ×

A8 Point! 超高速バフ機の回転数は，**毎分1,000～3,000回転**である. ○

A9 Point! スイーパは床面のゴミを掃き上げて回収する. ○

A10 Point! **自動床洗浄機**は，洗剤供給式床磨き機と，吸水式真空掃除機とを結合したものである. ×

A11 Point! **3～4時間**連続作業が可能である. ×

A1 Point! **タンク式スクラバマシン**は，洗剤供給式の床磨き機である. ○

A2 Point! カーペット洗浄に使用するタンク式スクラバマシンは，低速回転の機械である. ×

A3 Point! スクラバ方式の機械の洗浄力は優れている. ×

A4 Point! **エクストラクタ**は，カーペットに洗剤液を直接噴射し洗浄した後，直ちに吸引する機械である. 水分に耐えるカーペットに適する機械である. ×

A5 Point! **パウダー方式**は，洗剤を染み込ませた粉末をカーペット上にまく. ○

A6 Point! 汚れが内部に入り込む前に行う. ×

☒Q7 スチーム洗浄機は，カーペットのしみ取りにも使われる．

☒Q8 スチーム洗浄機は，噴射吸引式機械（エクストラクタ）より，洗浄後，カーペットに残留する水分量が多い．

☒Q9 ドライフォーム方式のカーペット洗浄機は，洗浄液を泡にし，縦回転ブラシで洗浄する機械である．

☒Q10 洗剤供給式床磨き機は，化学繊維のタフテッドカーペットの洗浄に適している．

☒Q11 ローラブラシ方式の機械は，ウールのウィルトンカーペットの洗浄に適している．

☒Q12 三つ手ちり取りは，移動する際にごみがこぼれないので，拾い掃き用として広く使われる．

洗剤

☒Q1 一般用洗剤は，各種の洗浄作業に広く使用され，通常，弱酸性である．

☒Q2 一般用洗剤は，作業性を高めるため泡立ちを多くしている．

☒Q3 洗剤は高濃度で使用する方がよい．

☒Q4 合成洗剤は，冷水や硬水にも良く溶け，広く洗浄に使用されている．

☒Q5 洗剤の助剤は，界面活性剤の表面張力を高めて洗浄力を向上させる．

☒Q6 洗剤の助剤として，リン酸塩が一般に使用される．

☒Q7 界面活性剤には，汚れの再付着を防止する作用がある．

☒Q8 洗剤に使用する界面活性剤は，陰イオン系と陽イオン系に大別される．

☒Q9 石けんは，硬水中では洗浄力が十分に発揮できる．

☒Q10 カーペット用洗剤は，残った洗剤分の粉末化や速乾性など

A7 Point! 高温の水蒸気で汚れを取る. ○

A8 Point! **スチーム洗浄機**はカーペットに残留する水分量は少ない. ×

A9 Point! 泡で汚れを取り込む. ○

A10 Point! カーペットのパイルを損傷する恐れがあり，ウールのウィルトンカーペットではなく，**化学繊維**に適する. ○

A11 Point! パイルに対する当たりが柔らかで，パイルを傷めることが少ない. ○

A12 Point! 移動する際にごみがこぼれないのは，ふたがついている**改良ちり取り**（文化ちり取り）である. ×

A1 Point! **一般用洗剤（万能洗剤）**には，弱アルカリ性のものが多い. ×

A2 Point! 泡立ちを少なくしている. ×

A3 Point! 洗剤は適した濃度に希釈して用いる. ×

A4 Point! **硬水**中でも洗浄力を失わない. ○

A5 Point! **助剤はビルダ**とも呼ばれ，**界面活性剤の表面張力を低め**て洗浄力を向上させる. ×

A6 Point! **ケイ酸塩**が用いられている. ×

A7 Point! ビルダにも汚れの再付着を防止する作用がある. ○

A8 Point! **界面活性剤**は，陰イオン系，陽イオン系，両性系，非イオン系に大別される. ×

A9 Point! 石けんは，硬水中では洗浄力が十分に発揮できない. ×

A10 Point! カーペット用洗剤は，粉末化や速乾性により，掃除機

の特徴がある.

☒ Q11 表面洗剤は，樹脂床維持剤の皮膜を傷めないように酸性となっている.

☒ Q12 アルカリ性の洗剤は，尿石や水垢等の除去に有効である.

床維持剤・剥離剤等

☒ Q1 油性フロアポリッシュは，ろう状物質，合成樹脂等の不揮発性成分を揮発性溶剤に溶解又は分散させたものをいう.

☒ Q2 フロアオイルは，主に表面加工された木質床材の保護のために用いられる.

☒ Q3 剥離剤は，フロアシーラを容易に剥離できる.

☒ Q4 剥離剤はゴム系床材に，ひび割れなどを生じるおそれがある.

☒ Q5 剥離剤は酸の作用で樹脂床維持剤の皮膜を溶解する.

☒ Q6 剥離剤は界面活性剤を主剤とし，低級アミンが添加されている.

☒ Q7 剥離剤は，塩化ビニル系床材に変色などの影響を及ぼす.

☒ Q8 剥離剤を使用後，すすぎ拭きは1回とし，樹脂床維持剤を再塗布する.

☒ Q9 剥離洗浄後，床面をリンス剤で中和する.

☒ Q10 塩化ビニルシートは，床維持剤の密着性に優れる.

☒ Q11 弾性床材に床維持剤を塗布することで，土砂・ほこりの除去頻度を減らすことができる.

☒ Q12 塩化ビニルタイルは，可塑剤を含む.

で吸引可能である．　○

A11 Point! 表面洗剤は，弱アルカリ性である．使用後の拭き取りを容易にするため，泡立ちを少なくしてある．　×

A12 Point! 小便器に付着した**尿石**や，鉄分を含んだ**水垢**等の除去には**酸性洗剤**が有効である．　×

A1 Point! **フロアポリッシュ**は，物理的・化学的方法により，容易に除去できる．　○

A2 Point! **フロアオイル**は，主に表面加工されていない木質床材の保護のために用いられる．　×

A3 Point! 容易に剥離できない．　×

A4 Point! そのほか，リノリウム，木質の床には，変色やひび割れを起こすので使用できない．　○

A5 Point! **剥離剤は強アルカリ性**である．　×

A6 Point! 剥離剤は低級アミンを主剤とし，界面活性剤が添加されている．　×

A7 Point! 塩化ビニル系床材に影響をほとんど及ぼさない．　×

A8 Point! 剥離剤の使用後は，**すすぎ拭きを十分に行って**から，樹脂床維持剤を再塗布する．　×

A9 Point! すすぎ拭きを十分に行ってもよい．　○

A10 Point! 床維持剤の密着不良が起きやすい．　×

A11 Point! 日常清掃では，**ダストモップ**などを用いて，土砂やほこりを除去する．　×

A12 Point! **可塑剤**とは，添加することで弾力性を帯びるもの．　○

繊維床材

☒ **Q1** しみ取り作業は，定期作業で行う．

☒ **Q2** 汚れが集中するところは，スポットクリーニングを行う．

☒ **Q3** スポットクリーニングは，除じんで除去できない汚れがパイルの上部にあるうちに行う．

☒ **Q4** 全面クリーニングは，パウダー方式を用いる．

☒ **Q5** パイル内部のほこりの除去には，カーペットスイーパを用いる．

☒ **Q6** カーペットのほつれは，年に1～2回まとめてカットする．

☒ **Q7** 洗剤供給式床磨き機は，カーペットを敷いたままでクリーニングすることができる．

☒ **Q8** アクリル素材は，ウール素材と比較して，しみが染着しやすい．

☒ **Q9** 事務所建築物の繊維床材の汚れは，約60％が油性のしみである．

ドライメンテナンス法

☒ **Q1** ドライメンテナンス法はウェットメンテナンス法に比べ，部分補修がしにくい．

☒ **Q2** ドライメンテナンス法はウェットメンテナンス法に比べ，使用する資機材が多い．

☒ **Q3** ドライメンテナンス法はウェットメンテナンス法に比べ，作業上の安全性に劣る．

☒ **Q4** スプレークリーニング法の仕上げには，フロアポリッシュを塗布する．

☒ **Q5** スプレーバフ法は，洗浄つや出し作用をもつスプレー液を

A1 Point! しみ取り作業は，日常作業で行う． ×

A2 Point! その部分をスポット的にクリーニングする． ○

A3 Point! **スポットクリーニング**は，パイル奥の汚れまで徹底的に除去する作業ではない． ○

A4 Point! 全面クリーニングは，ローラブラシ方式などを用いる． ×

A5 Point! パイル内部のほこりの除去には，**アップライト型**が適している．カーペットスイーパは上部のほこり除去． ×

A6 Point! その都度カットする． ×

A7 Point! 一般に，回転数は150～300回転/分である． ○

A8 Point! アクリル素材は，しみが染着しにくい．親水性の汚れは取りやすい． ×

A9 Point! 約60％が親水性のしみである． ×

A1 Point! **ドライメンテナンス法**は**ウェットメンテナンス法**に比べ，部分補修がしやすい． ×

A2 Point! ドライメンテナンス法はウェットメンテナンス法に比べ，**使用する資機材が少ない．** ×

A3 Point! ドライメンテナンス法はウェットメンテナンス法に比べ，作業上の**安全性に優れる．** ×

A4 Point! **フロアポリッシュ**は，床材の保護，美観向上のために塗布する．一般に，床用ワックスなどと呼ばれる ○

A5 Point! 専用パッドとして赤パッドが用いられる．なお，**ドラ**

かけて，専用パッドで磨く作業である．

☒ Q6 床みがき機は回転数が低いほど，光沢度の回復が容易である．

☒ Q7 床材への熱影響に注意が必要である．

床以外の清掃作業

☒ Q1 机の上のほこりの除去は，水を多く含ませたタオルで拭き取る．

☒ Q2 エスカレータのデッキボード，パネル等は，ほこりの付着量が多い．

☒ Q3 テーブルに付着した手垢による汚れは，化学繊維のクロスを用いると除去しやすい．

☒ Q4 便器と洗面器の材質が同一であれば，同じ清掃用具を共用できる．

☒ Q5 トイレの清掃は，衛生上の観点から利用者の使用を全面的に禁止して作業を行う．

☒ Q6 小便器内側の汚れは，主に鉄さびである．

☒ Q7 アネモスタット型吹出口の清掃は，真空掃除機による吸じんと拭き取りを併用するとよい．

☒ Q8 湯沸室に使用する資機材は，湯沸室専用として他の場所と区別する配慮は不要である．

☒ Q9 玄関ホールの清掃品質は，視線の方向や高さを変えて確認する．

☒ Q10 人の手による汚れは，化学繊維を使った製品を用いると除去しやすい．

☒ Q11 ドア・エレベータスイッチは，冬期は夏期に比べ手垢が付

イバフ法はスプレー液を使用しない. ○

A6 Point! 回転数が高いほど，光沢度の回復が容易である. ×

A7 Point! 床面を摩擦するため熱を生じる. ○

A1 Point! 机の上のほこりの除去は，水分の少ないタオルで拭き取る. ×

A2 Point! 乾いた柔らかい布で拭くか, **中性洗剤**を用いて拭取る. ○

A3 Point! 化学繊維でできた布で，汚れを拭き取る. ○

A4 Point! 便器と他の衛生器具とは，**清掃用具を共用しない**. ×

A5 Point! トイレの清掃は，利用者の使用を考慮し，**一部開放**して行う. ×

A6 Point! 小便器内側の汚れは，主に尿石（カルシウム）である. ×

A7 Point! 吸じんだけでは汚れが付着しているので，拭き取りもおこなうとよい. ○

A8 Point! 湯沸室専用として他の場所と区別する配慮が必要である. ×

A9 Point! 玄関ホールは，季節や天候の影響を受けるため，清掃の品質が変動しやすい. ○

A10 Point! マイクロファイバークロスなどを用いる. ○

A11 Point! 夏期は汗ばむので，手垢が付きやすくなる. マイクロ

6章 清掃

きやすくなる.

☒ Q12 エレベータの壁は，手垢で汚れやすいので表面に保護膜を塗布しておくとよい.

☒ Q13 照明器具は静電気でほこりがたまり，照度低下があるため，毎日清掃する必要がある.

外装の清掃

☒ Q1 窓ガラスクリーニングは，人が作業する方が自動窓拭き設備より，きれいに仕上がる.

☒ Q2 自動窓拭き設備は，研磨剤をガラス面に噴射して洗浄し，真空吸引装置で回収する.

☒ Q3 磁器タイルは，他の素材より汚れが目立ちやすいので，清掃回数を多くする.

☒ Q4 臨海工業地帯の窓ガラスは，6カ月～1年に1回洗浄する.

☒ Q5 金属製の外壁は，硬質ブラシでこすり洗いする.

☒ Q6 光触媒（酸化チタン）コーティングは，洗剤の洗浄効果を増強する.

☒ Q7 アルミニウム板は，通常，表面に保護膜が施されているが徐々に汚れが付着する.

☒ Q8 スクイジー法は，微細な研磨剤をガラスに塗布しスクイジーでかき取る方法である.

☒ Q9 石材や陶磁器タイルの壁面は，3～5年に1回程度の頻度で洗浄を行う.

☒ Q10 海岸地帯の金属製の外壁は，年に3～4回程度の頻度で洗浄を行う.

ファイバークロスで除去できる. ×

A12 Point! シリコーン系の保護膜を塗布しておくとよい. ○

A13 Point! 年に1~2回の清掃でよい. ×

A1 Point! **自動窓拭き設備**は天候に左右されず作業できるが, クリーニングの仕上りは人の作業に比べて**十分ではない**. ○

A2 Point! 自動窓拭き設備は, 洗剤をガラス面に噴射して洗浄し, 真空吸引装置で回収する. スチーム洗浄機は組み込まれていない. ×

A3 Point! **磁器タイル**は, 汚れが目立ちにくいので, 清掃回数は少なくてよい. ×

A4 Point! 1カ月に1回程度洗浄する. ×

A5 Point! スポンジなど軟らかい材質のもので清掃する. ×

A6 Point! **光触媒コーティング**は, 汚れは雨により流される. 自浄作用をもつので, 清掃回数を減らす効果がある. ×

A7 Point! 普通の汚れであれば, 中性洗剤を使用する. ○

A8 Point! 研磨剤をガラスに塗布しない. ×

A9 Point! 徐々に汚れていくので, 3~5年に1回程度が適当である. ○

A10 Point! **臨海工業地帯**の金属製の外壁は, 1年に4~6回洗浄を行う. ○

一般廃棄物・産業廃棄物

☒ **Q1** 一般廃棄物は，産業廃棄物以外の廃棄物である．

☒ **Q2** 産業廃棄物には，事業活動に伴って生じた廃棄物及び国内の日常生活に伴って生じた廃棄物が含まれる．

☒ **Q3** 飲食店から排出された木くずは，産業廃棄物である．

☒ **Q4** 百貨店から排出された段ボールは，一般廃棄物である．

☒ **Q5** 建設業から排出された紙くずは，一般廃棄物である．

☒ **Q6** 店舗から廃棄された発泡スチロールは，一般廃棄物である．

☒ **Q7** 建設工事から排出された繊維くずは，産業廃棄物である．

☒ **Q8** 飲食店のグリース阻集器で阻集された油分は，一般廃棄物である．

☒ **Q9** 事務所建築物で廃棄されたスチール製机は，産業廃棄物である．

☒ **Q10** ビルピット汚泥のうち，し尿を含まない雑排水槽からのものは，一般廃棄物に該当する．

☒ **Q11** 浄化槽の清掃の際に引き出された汚泥は，産業廃棄物として処理する．

☒ **Q12** 一般廃棄物の処理（収集・運搬，処分）を行う処理業者は，都道府県知事の許可を受けなければならない．

☒ **Q13** 産業廃棄物の処理を委託する場合には，市町村長の許可を受けた業者に委託しなければならない．

廃棄物の取扱い

☒ **Q1** 廃棄物とは，汚物又は不要物であって，固形状，液状，気体状のものをいう．

A1 Point! 廃棄物とは，不要となった物をいう． ○

A2 Point! 国内の日常生活に伴って生じた廃棄物は**一般廃棄物**である． ×

A3 Point! 一般廃棄物である．建設業から排出されると**産業廃棄物**である． ×

A4 Point! 紙くずも同様に一般廃棄物である． ○

A5 Point! 建設業から排出された紙くずは，産業廃棄物である． ×

A6 Point! 店舗から廃棄された発泡スチロールは，産業廃棄物である． ×

A7 Point! 繊維工業（衣服等製造除く）も産業廃棄物． ○

A8 Point! 飲食店のグリース阻集器で阻集された油分は，産業廃棄物である． ×

A9 Point! 事務所から出るオフィス家具は，原則として産業廃棄物となる． ○

A10 Point! **ビルピット汚泥**のうち，し尿を含まない雑排水槽からのものは，産業廃棄物に該当する． ×

A11 Point! **浄化槽の汚泥**は，し尿を含むので一般廃棄物として処理する． ×

A12 Point! 一般廃棄物の処理を行う処理業者は，**市町村長の許可**を受けなければならない． ×

A13 Point! 産業廃棄物の処理は，市長村長ではなく都道府県知事の許可が必要である． ×

A1 Point! 廃棄物とは，汚物又は不要物であって，固形状，液状のものをいう．**気体状のものは含まない**． ×

☒ Q2 廃棄物には，放射性物質及びこれにより汚染された物を含む.

☒ Q3 廃棄物には，ごみ，粗大ごみ，燃え殻，汚泥，ふん尿，廃油，廃酸，廃アルカリ，動物の死体が含まれる.

☒ Q4 特別管理廃棄物には，感染性廃棄物，廃PCB，廃石綿等の有害な廃棄物が該当する.

☒ Q5 事業者は，その事業活動に伴って生じた廃棄物を自らの責任において適正に処理しなければならない.

☒ Q6 建築物内にテナントとして医療クリニックがある場合，建築物の所有者が特別管理産業廃棄物管理責任者を置かなければならない.

☒ Q7 事業者は，廃棄物の減量その他適正な処理の確保等に関して，国及び地方公共団体の施策に協力しなければならない.

☒ Q8 感染性廃棄物は，長期間の保管を考慮して保管場所を決める.

☒ Q9 家庭から排出される廃棄物より，事務所建築物から排出される廃棄物の方が，単位容積質量値は大きい.

☒ Q10 ビルメンテナンス事業者は，建築物内廃棄物の管理責任者を選任する.

☒ Q11 建築物内廃棄物処理事業者は，廃棄物の減容化に努める.

廃棄物の処理状況

☒ Q1 一般廃棄物の排出量は，産業廃棄物より少ない.

☒ Q2 一般廃棄物の総排出量の内訳は，家庭系ごみ（約70％），事業系ごみ（約30％）となっている.

☒ Q3 一般廃棄物の一人1日のごみ排出量は，約2,000 gである.

☒ Q4 産業廃棄物の年間総排出量は，約4億tである.

A2 Point! **放射性物質**やそれに汚染された物は含まない. ×

A3 Point! 家具や自転車などの粗大ごみも含まれる. ○

A4 Point! 特別管理廃棄物には, **特別管理一般廃棄物**と**特別管理産業廃棄物**がある. ○

A5 Point! 行政（都道府県知事）の許可を得た廃棄物処理業者に委託することも可能である. ○

A6 Point! 建築物の所有者ではなく, 医療クリニックが**特別管理産業廃棄物管理責任者**を置く. ×

A7 Point! 廃棄物となった場合に適正な処理が困難にならないような製品, 容器等の開発も定められている. ○

A8 Point! 感染性廃棄物は, できるだけ短期で処理する. ×

A9 Point! 家庭から排出される廃棄物は, 紙より厨芥が多いので, 単位容積質量値は大きい. なお, 厨芥と紙を雑芥という. ×

A10 Point! ビルメンテナンス事業者は, 建築物内廃棄物の収集・運搬・処理・保管を実施する. ×

A11 Point! 建築物維持管理権原者は, 建築物内廃棄物の処理に必要な容器, 集積場所, 保管場所等を適切に準備する. ○

A1 Point! 約4,000万tで, 産業廃棄物の約1/10. ○

A2 Point! 生活系ごみの排出量は, 事業系ごみより多い. ○

A3 Point! 一人1日のごみ排出量は, **約900 g**である. ×

A4 Point! 約2億t (50%) が再生利用. ○

☒ Q5 産業廃棄物の総排出量のうち,種類別では汚泥が最も多い.

☒ Q6 全国の水洗化率は人口比約99％で，このうち，公共下水道によるものが約80％となっている.

☒ Q7 空きびんは，専ら再生利用の目的となるもので，専門に取り扱うリサイクル業者に委託して処理する.

☒ Q8 ちゅう芥（生ごみ）の容積質量値は，可燃ごみの2～3倍となる.

☒ Q9 通常，ごみは800℃以上の高温で焼却されている.

☒ Q10 焼却処理により発生した残渣(ざんさ)の大部分は，再資源化されている.

☒ Q11 焼却処理によりごみの重量は，30％程度まで減量化される.

☒ Q12 焼却処理によりごみの容積は，5～10％に減容化される.

☒ Q13 ごみを燃やした際に発生する熱を回収する方法をマテリアルリサイクルという.

☒ Q14 ごみ収集手数料の有料化を実施している自治体は少ない.

☒ Q15 一般廃棄物の最終処分場の総数は増加傾向にある.

☒ Q16 約70％のごみ焼却処理施設で，余熱を利用した発電が行われている.

☒ Q17 ごみの焼却処理は,ごみの総処理量の約20％を占めている.

建築物内廃棄物の貯留・搬出方式

☒ Q1 真空収集方式は,輸送管によって空気搬送する方式である.

☒ Q2 真空収集方式は,貯留・排出機方式より防災性に優れている.

☒ Q3 貯留・排出機方式は，真空収集方式より初期コストがかか

A5 Point! 約40%を占める. ○
A6 Point! 水洗化率は下水道が整備されている地域人口のうちの接続率のこと. 下水道普及率は約81%(2022年)である. ○
A7 Point! 空きびんのほか, 古紙, くず鉄, 古繊維も同様. ○

A8 Point! ちゅう芥(生ごみ)の容積質量値は, **可燃ごみの約5倍**となる. ×
A9 Point! 悪臭物質は熱分解する. ○
A10 Point! 発生した残渣の大部分は, 埋め立てられている. ×

A11 Point! **15%程度まで減量化**される. ×

A12 Point! 中間処理として焼却は有効である. ○
A13 Point! ごみを燃やした際に発生する熱を回収する方法をサーマルリサイクルという. マテリアルリサイクルは, 物の再生利用をいう. ×
A14 Point! ごみ収集手数料の有料化を実施する自治体は多い. ×
A15 Point! 一般廃棄物の最終処分場の総数は減少傾向にある. ×
A16 Point! **約30%**のごみ焼却処理施設で, 余熱を利用した発電が行われている. ×
A17 Point! ごみの焼却処理は, 総処理量の**約80%**を占めている. ×

A1 Point! **広域大規模開発地域**に導入されている. ○
A2 Point! **真空収集方式**は, 貯留・排出機方式より防災性に劣る. ×
A3 Point! 廃棄物を圧縮・貯留し, パッカー車に自動的に積み替

らない.

☒ Q4 コンパクタ・コンテナ方式は，貯留・排出機方式より大規模建築物に適用される.

☒ Q5 容器方式は，コンパクタ・コンテナ方式より貯留・搬出の作業性に優れている.

建築物内廃棄物の保管場所

☒ Q1 建築物内廃棄物の保管場所は他の用途と兼用してもよい.

☒ Q2 種類ごとに分別して収集・保管できる構造とする.

☒ Q3 排水の拡散を防ぐため，通路に段差を設ける.

☒ Q4 床は傾きのないように水平にする.

☒ Q5 出入口には自動扉を設ける.

☒ Q6 保管場所の室内は正圧にする.

☒ Q7 廃棄物保管場所の給水栓は，大気圧式のバキュームブレーカ付きとする.

建築物内廃棄物の処理・保管設備

☒ Q1 冷蔵庫は，ちゅう芥類の保管庫のために用いられる.

☒ Q2 シュレッダは，新聞紙の切断に用いられる.

☒ Q3 溶融固化装置は，ちゅう芥の処理に用いられる.

☒ Q4 圧縮装置は，缶の減容に用いられる.

☒ Q5 圧縮機は，圧縮率が1/4～1/3のものが多い.

☒ Q6 滅菌装置は，注射針の処理に用いられる.

☒ Q7 梱包機は，ダンボールの減容に用いられる.

☒ Q8 破砕機は，新聞紙の減容に用いられる.

えて搬出する. ○

A4 Point! 圧縮機により圧縮・貯留し，コンテナごとトラックで搬出する. ○

A5 Point! **コンパクタ・コンテナ方式**は，容器方式より作業性に優れている．また，衛生性にも優れている. ×

A1 Point! 建築物内廃棄物の**保管場所**は他の用途との**兼用はしない**. ×

A2 Point! 収集時に分別する. ○

A3 Point! 廃棄物の運搬通路には段差を設けない. ×

A4 Point! 集水できるように適当な勾配をつけ，側溝を設ける. ×

A5 Point! 手動扉だと閉め忘れがある. ○

A6 Point! 室内は負圧にする．悪臭の影響を抑制するため，**第3種換気設備**を設ける. ×

A7 Point! 負圧を防止する. ○

A1 Point! 生ゴミは長時間放置できない. ○

A2 Point! 機密文書等のOA紙の切断に用いられる. ×

A3 Point! 溶融固化装置は，発泡スチロールに用いられる. ×

A4 Point! 圧縮装置は，缶を平たくする. ○

A5 Point! 25～30%程度である. ○

A6 Point! 感染のおそれをなくす. ○

A7 Point! 梱包機は，新聞・雑誌の減容にも用いられる. ○

A8 Point! 新聞紙は破砕しない. ×

6章 コラム 「覚えてビル管マスター！」

建物に侵入する土埃の割合：土埃はろくな（6〜7割）もんじゃない

大掃除と清掃用資材の保管庫の点検：保管庫のロッカー（6カ月）大掃除　※6カ月以内ごとに行う

清掃の頻度の分類：臨時の日程（臨時清掃，日常清掃，定期清掃）

アルミニウム建材の汚れの除去：アル（アルミニウム建材）中（中性洗剤使用）

石けんの洗浄力：硬い石けん落ち悪し　※硬水では洗浄力が弱い

ダストコントロール法：ダストコントロールは，ていねい（低粘度）に拭かん（不乾性）と　※低粘度の不乾性油を使用

階段の壁：壁を背にして会談する誇り高き男　※ほこりが多い

ゴンドラ安全規則：特別の教育を受ける人で混んでら（ゴンドラ）

酸に弱い：寺造君の代理参加はだめ　※テラゾ，大理石，酸はだめ

床用パッド：皮膜取りには黒茶　※黒か茶色のパッドを使用

1ブラシ式の高速床磨き機用ブラシ：1ブラシ通例（20 cm）これ（50 cm）　※直径20〜50 cm

超高速バフ機の回転数：超高速で1,000人（1,000回転）を左遷（3,000回転）

一般廃棄物の割合：ごみは家内（家庭系70%）が持参（事業系30%）

一人あたりの1日のごみ排出量：ごみは急冷（901 g/人・日，2020年）

下水道普及率：下水に入る（81%，2022年）※全国

容積質量値：仲介（厨芥）の金（可燃ごみ）子（5倍）

焼却処理の割合：晴れ（80%）に焼却　※ごみの約80%

減量化・減容化：燃やしていこう（15%）御殿場（5〜10%）で　※焼却処理により15%に減量化（重量），5〜10%に減容化（体積）

7章

ねずみ，昆虫等の防除

試験での出題数
15問
（午後実施）

試験合格のアドバイス

ねずみや昆虫等の生態と防除に関する問題です．ねずみ，ゴキブリ，蚊，ゴキブリ，ダニ，ハエ等の種類と生態，防除方法，防除機器，殺鼠剤，殺虫剤の種類と特徴などを覚えます．また，薬剤の適切な保管，散布を安全に行うための安全管理も出題されます．暗記科目なので，出題されたセンテンスを繰り返し覚えましょう．

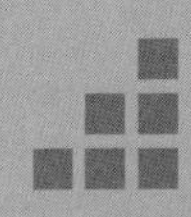

蚊の分布

☒ Q1 蚊は，有機物の多い下水溝などの水域から発生する種類がある．

☒ Q2 蚊は，昼間吸血する種類と夜間吸血する種類に大きく分けることができる．

☒ Q3 蚊は，空き缶などの少ない容量の溜まり水からは発生しない．

☒ Q4 蚊の産卵には吸血が必須である．

☒ Q5 アカイエカの分布域は，関西以西である．

☒ Q6 アカイエカは，羽化後，最初の産卵を無吸血で行うことができる．

☒ Q7 アカイエカは，ヒト以外は吸血しない．

☒ Q8 アカイエカは吸血せずに産卵できる．

☒ Q9 アカイエカとチカイエカは，外部形態での区別が困難である．

☒ Q10 アカイエカは，卵のステージで越冬する．

☒ Q11 コガタアカイエカの主な発生場所は，雨水ますなどの狭い水域である．

☒ Q12 コガタアカイエカは，ブタ，ウシ，ヒト等から吸血する．

☒ Q13 チカイエカは，関東以北である．

☒ Q14 チカイエカは，浄化槽などの閉鎖された空間で休眠せずに発生する．

☒ Q15 チカイエカは，狭い空間では交尾ができない．

☒ Q16 ヒトスジシマカは，南西諸島から東北地方にまで分布する．

☒ Q17 ヒトスジシマカは，人工容器や雨水ますなど狭い水域に発

A1 Point! **アカイエカ**は有機物の多い下水溝などに発生する. ○

A2 Point! アカイエカは夜間吸血性を示す. **ヒトスジシマカ**は昼によく吸血する. ○

A3 Point! 空き缶などの少ない容量の溜まり水から発生する種類がある. ×

A4 Point! **チカイエカ**は最初の産卵に吸血を必要としない. ×

A5 Point! **アカイエカ**は, 北海道から九州まで**広く分布**する. ×

A6 Point! 最初の産卵を無吸血で行うことができるのは, **チカイエカ**である. ×

A7 Point! **アカイエカ**は, ヒト以外にニワトリや野鳥などからも吸血する. ×

A8 Point! 吸血せずに産卵できるのはチカイエカである. ×

A9 Point! どちらもイエカに属する近縁種である. ○

A10 Point! アカイエカは, 成虫で越冬する. ×

A11 Point! コガタアカイエカの主な発生場所は, 水田や湿地帯の水域である. ×

A12 Point! 大型動物を好んで吸血する種類もある. ○

A13 Point! チカイエカは, 九州から北海道まで分布する. ×

A14 Point! チカイエカは, 地下室などの閉鎖空間で発生する. ○

A15 Point! **チカイエカ**は, **狭い空間**での交尾が可能である. ×

A16 Point! **ヒトスジシマカ**は, 地球温暖化の影響で日本では北へ分布を拡げている. ○

A17 Point! 雨水がたまりやすい人工容器や道路や公園等に存在す

生する.

蚊の防除

☒ Q1 排水槽や汚水槽に通ずる通気管などは，外部からの成虫の侵入経路とならない.

☒ Q2 防除を効果的に行うためには，吸血被害の聞取り調査や成虫の発生状況調査をする.

☒ Q3 浄化槽における浮遊粉剤処理は，成虫対策として効果的である.

☒ Q4 浄化槽内の殺虫剤処理後も成虫の発生数が減少しない場合は，同じ薬剤を複数回処理する.

☒ Q5 浄化槽内の防除効果は，柄杓（ひしゃく）によりすくい取られた幼虫数によっては判定できない.

☒ Q6 排水槽内の成虫の発生状態は，ハエ取りリボンなどの粘着トラップによる捕獲数で調査する.

☒ Q7 乳剤に含まれる界面活性剤や有機溶剤は，浄化槽内の微生物に影響を及ぼすおそれはない.

☒ Q8 樹脂蒸散剤は，開放空間での成虫防除に効果が期待できる.

☒ Q9 成虫防除に用いられるULV処理は，長期間の効果が期待できる.

☒ Q10 成虫防除に用いられるULV処理は，速効性が高い.

☒ Q11 昆虫成長制御剤（IGR）は，成虫に対する致死効果が認められる.

る雨水ますから発生する．　○

A1 Point! 排水槽や汚水槽に通ずる通気管などは，外部からの成虫の侵入経路となる．　×

A2 Point! 発生場所の範囲を特定して防除を行う．　○

A3 Point! **浮遊粉剤処理**は，幼虫対策として効果的である．浄化槽ではクレゾールなどを含有するものは用いない．　×

A4 Point! 浄化槽の殺虫剤処理後も成虫の発生数が減少しない場合は，薬剤抵抗性の発達を考慮し，他の薬剤を使用してみる．　×

A5 Point! 浄化槽内の防除効果は，**柄杓**によりすくい取られた幼虫数によって判定可能である．　×

A6 Point! **幼虫（ボウフラ）**は柄杓を用いてすくい取るが，成虫は**粘着トラップ**により捕獲する．　○

A7 Point! 乳剤に含まれる界面活性剤や有機溶剤は，浄化槽内の微生物に影響を及ぼすおそれがある．浄化槽に殺虫剤を使用する場合は，**浄化微生物への影響を考慮**する．　×

A8 Point! **樹脂蒸散剤**は，密閉性のある空間で効果が期待できる．　×

A9 Point! 成虫防除に用いられる**ULV処理**は，短期間の効果しか期待できない．残効性が期待できない．　×

A10 Point! ULV (Ultra Low Volume) **高濃度少量散布**．　○

A11 Point! **IGR**は成虫に対しては効果が認められない．幼虫や蛹に対しても速効的な致死効果は認められない．　×

ゴキブリの生態・習性

☒ **Q1** 我が国で屋内に定着しているゴキブリの種類は，5～6種ほどである．

☒ **Q2** ゴキブリは完全変態である．

☒ **Q3** ゴキブリは，卵から成虫になるまで，25℃で約2カ月を要する．

☒ **Q4** ゴキブリの卵塊は舟状をしているため，卵舟（らんしゅう）という．

☒ **Q5** ゴキブリが集合するのは，体節から分泌されるホルモンの作用である．

☒ **Q6** ゴキブリには一定条件の潜み場所があり，日中はほとんどその場所に潜伏している．

☒ **Q7** ゴキブリの幼虫と成虫の活動場所は異なる．

ゴキブリの防除

☒ **Q1** 薬剤を用いて防除を行う際には，生息場所や生息密度などの調査を行う必要がある．

☒ **Q2** 食物の管理や環境の整備が重要となる．

☒ **Q3** 殺虫剤に抵抗性を示すチャバネゴキブリが報告されている．

☒ **Q4** 毒餌処理においては，速効性が期待できる．

☒ **Q5** 毒餌への喫食抵抗性を示すチャバネゴキブリの存在が知られている．

☒ **Q6** 毒餌（食毒剤）は，周辺にある餌となる食物に並べて設置する．

☒ **Q7** ローチスポットは，薬剤処理や毒餌配置をする際の目安となる．

☒ **Q8** 食毒剤を配置する際，毒餌に殺虫剤を噴霧すると，その効果が高まる．

A1 Point! **ゴキブリ**の多くは屋外で生活し，幼虫，成虫ともに同じ場所で活動し，同じ食物を摂取する．　○

A2 Point! 蛹のない**不完全変態**である．　×

A3 Point! 1年を要する種もある．　○

A4 Point! ゴキブリの卵塊は鞘状であり，卵鞘（らんしょう）という．　×

A5 Point! ゴキブリは，**フェロモン**の働きにより集合性を示す．集合ホルモンは，糞から分泌される．　×

A6 Point! 潜み場所としては，暗く，暖かく，湿気が多く，狭く，餌や水場に近いところを好む．　○

A7 Point! 幼虫と成虫の活動場所は同じである．　×

A1 Point! 潜伏場所の周辺には糞などの汚れが多く見られ，殺虫剤を処理する場所の目安になる．　○

A2 Point! 発生予防策として重要である．　○

A3 Point! **ピレスロイド剤**などが効かない．　○

A4 Point! 毒餌処理においては，速効性は期待できない．　×

A5 Point! **チャバネゴキブリ**は，他のゴキブリに比べ，毒餌も効きにくい．　○

A6 Point! 毒餌を設置する際には，周辺にある食物を除去する．　×

A7 Point! **ローチスポット**とは，ゴキブリの排泄物による汚れのことをいう．　○

A8 Point! 毒餌に殺虫剤を噴霧すると喫食性が落ち，効果は低くなる．　×

☒ **Q9** 残留処理は，薬剤を経口的に取り込ませることをねらった処理法である．

☒ **Q10** 毒餌の有効成分として，一般的にピレスロイド剤が使用されている．

☒ **Q11** 燻煙処理を行うときには，部屋をできるだけ密閉し，引出し，戸棚等も開めておく．

☒ **Q12** 有機リン剤は，隙間に潜むゴキブリを追い出すフラッシング効果をもつ．

☒ **Q13** 駆除率の算出には，一定面積当たりの視認数であるゴキブリ指数を用いる．

ダニの種類

☒ **Q1** ダニの成虫は，原則として3対の脚を有する．

☒ **Q2** ダニの体は，顎体部と胴体部からなる．

☒ **Q3** ヒトから吸血するダニに，コナヒョウヒダニがある．

☒ **Q4** ヒトの皮下に内部寄生するダニとして，ワクモが知られている．

☒ **Q5** ヒゼンダニによる角化型疥癬は，感染性が非常に高い．

☒ **Q6** 屋内塵に生息するダニ類の中で，優占率の高いダニはホコリダニ類である．

☒ **Q7** ハダニ類は，鉢植えなどで屋内に持ち込まれることがある．

☒ **Q8** ケナガコナダニは，保存食品などにも発生する屋内塵性ダニである．

☒ **Q9** トリサシダニやスズメサシダニの被害は，野鳥の巣立ちの時期に集中する．

☒ **Q10** 飼い犬が宿主となって，庭先でマダニ類が発生することが

A9 Point! ゴキブリが**残留処理**した面を歩くと，体内に取り込まれる. ×

A10 Point! ゴキブリは**ピレスロイド剤**を避ける（忌避剤）ので，毒餌として使用できない. ×

A11 Point! 引出し，戸棚等を開放しておくとよい. ×

A12 Point! 隙間に潜むゴキブリを追い出す**フラッシング効果**をもつのは，ピレスロイド剤である. ×

A13 Point! **ゴキブリ指数**とは，1日1トラップ当たりのゴキブリの捕獲数である. ×

A1 Point! ダニの**成虫**は，原則として**4対の脚**を有する．**幼虫は3対の脚**を持つ. ×

A2 Point! 顎体部は，口器が胴体から伸び出している. ○

A3 Point! **コナヒョウヒダニ**は，ヒトから吸血しない. ×

A4 Point! **ワクモ**は，鳥に寄生し，ヒトの皮下に寄生しない．ヒトの皮下に内部寄生するダニは，ヒゼンダニである. ×

A5 Point! **ヒゼンダニ**の被害は，高齢者施設や病院で見られる. ×

A6 Point! 屋内塵に生息するダニ類の中で，優占率の高いダニは，**ヒョウヒダニ**である. ×

A7 Point! **ハダニ**は葉の裏に寄生する. ○

A8 Point! 管理不十分な保存食品は，**コナダニ類**の発生源となる. ○

A9 Point! これらのダニが発見される場合，野鳥の巣が家屋の天井や壁に存在する可能性が高い. ○

A10 Point! ペットの衛生管理が重要である．また，野外活動時に

ある.

☒ Q11 イエダニは，ネズミ類に寄生して増える吸血性のダニである.

☒ Q12 マダニ類は，雌雄とも吸血する.

ダニの防除

☒ Q1 イエダニの防除では，本来の吸血源であるネズミの対策も重要である.

☒ Q2 ツメダニ類の対策には，他のダニ類やチャタテムシ類の防除が重要である.

☒ Q3 コナダニ類の対策には,湿潤状態を保つことが重要である.

☒ Q4 ヒョウヒダニ類は，殺虫剤感受性が高く，殺虫剤による防除が効果的である.

☒ Q5 ヒゼンダニは皮膚内に侵入し，吸血する.

ハエ

☒ Q1 ノミバエ類の主要な発生源は，腐敗した植物質である.

☒ Q2 チョウバエ類の主な発生源は，ちゅう房の生ごみである.

☒ Q3 クロバエ類は，夏季によく見られる小型のハエである.

☒ Q4 イエバエの主要な発生源は，畜舎やごみ処理場である.

☒ Q5 キンバエ類は，体長が約6～10 mmほどのハエで，幼虫

おける忌避剤の使用も有効である. ○

A11 Point! **イエダニ**の被害があった場合，室内にネズミの巣がある可能性が高い. ○

A12 Point! 吸血源動物を葉の先端部で待ち構えている. ○

A1 Point! **イエダニ**はネズミに寄生するので，宿主動物の防除対策が重要である. ○

A2 Point! **ツメダニ類**は，他のダニや**チャタテムシ**等を捕食することが知られている. ○

A3 Point! 乾燥に弱く，畳表面の掃除機による吸引や通風乾燥が基本となる. ×

A4 Point! **ヒョウヒダニ類**は，殺虫剤感受性が低く，殺虫剤による防除が期待できない. 除塵や乾燥状態を保つことが対策となる. ×

A5 Point! メスは侵入するが吸血せず，皮膚やリンパ液を食べる. ○

A1 Point! **ノミバエ**は，こばえの一種である. ノミバエ類の主要な発生源は，腐敗した動物質である. ×

A2 Point! **チョウバエ類**の主な発生源は，浄化槽である. ちゅう房の生ごみは，**ショウジョウバエ**が発生する. ×

A3 Point! **クロバエ**は気温の低い時期に発生する大型のハエである. ×

A4 Point! 名の通り，人家に多く発生する. ○

A5 Point! **キンバエ類**は，幼虫を産む卵胎生ではなく，食物に産

を産む卵胎生である.

☒ Q6 ニクバエ類は，こばえ類に含まれるハエ類である.

害虫

☒ Q1 ネコノミの発生源対策は，宿主のねぐらや常在場所に対して行うと効果的である.

☒ Q2 トコジラミは幼虫，雌雄成虫ともに吸血する.

☒ Q3 トコジラミの吸血行動は，夜間及び昼間の時間帯に，ほぼ同じように認められる.

☒ Q4 アルゼンチンアリは外来種で, 日本各地に広がりつつある.

☒ Q5 イエヒメアリは，カーペットの下，壁の割れ目などに巣を作る.

☒ Q6 シバンムシアリガタバチの幼虫は，シバンムシの外部寄生虫で，成虫は人を刺さない.

☒ Q7 一部のカメムシ類は，越冬のために建築物内に侵入することがある.

☒ Q8 カツオブシムシ類は，羊毛製品などから発生する.

☒ Q9 走光性昆虫の建築物への侵入防止を図るためには，電撃式殺虫機を窓際や出入口の近くに設置する必要がある.

殺虫剤

☒ Q1 有機リン剤でノックダウンした昆虫は，蘇生する傾向が強い.

☒ Q2 プロペタンホスは，非対称型有機リン剤である.

☒ Q3 殺虫剤に対する抵抗性は，何世代かにわたって殺虫剤に曝露されることによって発達する.

卵して**ハエ症（腹痛）**の原因となる．　×

A6 Point! ニクバエ類は，幼虫を生む卵胎生の大型のハエである．　×

A1 Point! **ネコノミ**は，宿主の範囲が広く，ネコ以外の動物からも吸血する．人や犬からも吸血する．　○

A2 Point! 別名，ナンキンムシともいう．　○

A3 Point! **トコジラミ**は夜間吸血性で，昼間は柱，壁の割れ目に潜んでいる．夜間に吸血する．　×

A4 Point! **アルゼンチンアリ**は，砂糖，花の蜜，果物等を好む．　○

A5 Point! **ヒメアリ**は屋外に生息するが，**イエヒメアリ**はヒメアリより大きく，住居内に生息する．　○

A6 Point! 幼虫は**シバンムシ**の体表に寄生する．成虫は人を刺す．　×

A7 Point! 春から秋に活動する，農作物の害虫である．　○

A8 Point! 乾燥食品や毛織物等を加害する．　○

A9 Point! 集まった虫が室内に入るおそれがあるので，電撃式殺虫機は窓際や出入口から遠いところに設置する．　×

A1 Point! **有機リン剤**は，ノックダウンした虫がそのまま死亡する傾向が強い．　×

A2 Point! ゴキブリ，蚊，ハエなどに効果がある．　○

A3 Point! どのような有効成分であっても，獲得されてしまう可能性がある．　○

☒ Q4 速効性が優れた殺虫剤は残効性に欠け，残効性が優れた殺虫剤は速効性に欠ける傾向がある．

☒ Q5 速効性とは，薬剤の効果の発現の早さを示す．

☒ Q6 同じ薬剤を使い続けるのは，薬剤抵抗性の発達を防ぐのに有効な手段である．

☒ Q7 残留処理は，薬剤を経皮的に取り込ませることを狙った方法である．

☒ Q8 LC50は，50％致死濃度又は中央致死濃度を表す．

☒ Q9 LD50値が小さいほど殺虫力が強い薬剤であるといえる．

☒ Q10 ピレスロイド剤は，蚊などに対する忌避効果はない．

☒ Q11 除虫菊に含まれる殺虫成分や，合成された類似物質を総称して，ピレスロイドと呼ぶ．

ネズミの生態

☒ Q1 ネズミ類は，体の汚れが通路となる壁や配管に付着する．

☒ Q2 ネズミ類は，電気を感じる能力があり高圧変電器に触れて，停電の原因となることはない．

☒ Q3 ネズミ類からは，食中毒の原因となる種々の病原体が検出される．

☒ Q4 クマネズミの尾は，体長より短い．

☒ Q5 クマネズミは，垂直な壁や電線を伝わって屋内に侵入する．

☒ Q6 ラットサインとは，ネズミの活動によって残されるふん尿や足跡のことである．

☒ Q7 クマネズミは警戒心が薄く，毒餌やトラップによる防除が容易である．

☒ Q8 クマネズミは雑食性であるが，ドブネズミは植物嗜好性が

A4 Point! 有機リン剤は比較的速効性，残効性もあり，多くの害虫に有効である. ○

A5 Point! **残効性**とは，殺虫剤としてききめのある期間をいう. ○

A6 Point! 作用機構の異なる殺虫剤の**ローテーション処理**は，薬剤抵抗性の発達を防ぐのに有効な手段である. ×

A7 Point! 薬剤を室内の隅に散布し，それに触れたゴキブリの皮ふを通して薬剤を取り込ませる. ○

A8 Point! LC：Lethal Concentration　致死濃度. ○

A9 Point! LD：Lethal Dose　致死量. ○

A10 Point! 飛翔昆虫や吸血昆虫に対して**フラッシング効果**がある. ×

A11 Point! 速効性は高く，**ノックダウン効果**に優れる. **魚類に対して毒性が強い**ので，水域では使用できない. ○

A1 Point! 多くの場合，移動する**通路が一定**である. ○

A2 Point! ネズミ類は，高圧変電器などを恐れずに近づき，**停電**の原因となる. ×

A3 Point! ネズミの糞からは，食中毒の原因となる病原体が検出されることがある. ○

A4 Point! **クマネズミ**の尾は，体長より長い. 耳は大きい. ×

A5 Point! クマネズミは，運動能力に優れている. ○

A6 Point! **ラットサイン**は，ネズミの活動によって残されたものである. ○

A7 Point! クマネズミは警戒心が強く，**毒餌**や**トラップによる防除が困難**である. ×

A8 Point! **クマネズミは植物性**の餌を好み，**ドブネズミは動物性**

高い．

☒ **Q9** ドブネズミは，雑食性である．

☒ **Q10** 都心の大型建築物内では，ドブネズミが優占種となっている．

☒ **Q11** ドブネズミは，クマネズミと比べて運動能力に優れ，垂直な壁をのぼり屋内に侵入することができる．

☒ **Q12** ドブネズミの成獣は，クマネズミの成獣に比べて小形である．

☒ **Q13** ドブネズミは，屋外の植込みに巣を作ることが多く，下水道内部にも生息している．

☒ **Q14** ドブネズミは，水洗便所の中から侵入することがある．

☒ **Q15** ハツカネズミは，畑地周辺に生息しているが，家屋に侵入することもある．

☒ **Q16** ハツカネズミは，トラップにかかることはほとんどない．

☒ **Q17** ハツカネズミは警戒心が強く，クマネズミに比べて毒餌やトラップによる防除が難しい．

ネズミの防除

☒ **Q1** 防除は，餌を断つこと，巣を作らせないこと及び通路を遮断することが基本である．

☒ **Q2** 防除は発生時対策に重点を置いて実施する．

☒ **Q3** 侵入を防ぐために，通風口や換気口の金属格子の目の幅は3 cm以下にする．

☒ **Q4** 殺鼠剤は，経口的な取り込みにより効果が発揮される．

☒ **Q5** 忌避剤であるカプサイシンは，処理空間からネズミを追い出す目的で使用される．

の嗜好性が高い． ×

A9 Point! 特に，魚介や肉など動物質を好む． ○

A10 Point! **クマネズミが優占種**である． ×

A11 Point! **クマネズミ**は，ドブネズミと比べて**運動能力に優れ**，垂直な壁をのぼり屋内に侵入することができる． ×

A12 Point! ドブネズミの成獣は，クマネズミの成獣に比べて大形である．尾は体長より短い． ×

A13 Point! **ドブネズミ**は，床下や**土中に巣**を作ることが多い． ○

A14 Point! **ドブネズミ**は**泳ぎが得意**である． ○

A15 Point! **ハツカネズミ**は，ラットではなくマウスと呼ばれる**小型のネズミ**である． ○

A16 Point! **ハツカネズミ**は，好奇心が旺盛で，**トラップにかかりやすい**． ×

A17 Point! クマネズミは警戒心が強いが，ハツカネズミは好奇心が旺盛で，トラップにかかりやすい． ×

A1 Point! 生息数を減少させる効果が期待できる． ○

A2 Point! **発生予防対策に重点**を置く． ×

A3 Point! 侵入を防ぐために，通風口や換気口の金属格子の**目の幅は1 cm以下**にする． ×

A4 Point! 経皮的な取り込みによって効果のある薬剤はない． ○

A5 Point! 忌避剤である**カプサイシン**は，ケーブルなどのかじり防止の目的で使用される． ×

☒ Q6 クマネズミを対象とした毒餌は，動物性の餌を基材とする．

衛生害虫とその疾病

☒ Q1 多種類の蚊がウエストナイル熱を媒介する．

☒ Q2 ヒトスジシマカは，デング熱やチクングニア熱の媒介蚊である．

☒ Q3 アカイエカは，チクングニア熱の媒介蚊である．

☒ Q4 ネッタイシマカは，デング熱を媒介する．

☒ Q5 ヒトスジシマカは，日本脳炎の主要な媒介蚊である．

☒ Q6 イエバエは，腸管出血性大腸菌O-157などを運搬する．

☒ Q7 マダニ類は，重症熱性血小板減少症候群（SFTS）を媒介する．

☒ Q8 ネズミノミは，日本紅斑熱を媒介する．

☒ Q9 コロモジラミは，発疹チフスを媒介する．

☒ Q10 トコジラミは，いろいろな感染症を媒介する．

☒ Q11 セアカゴケグモは，刺咬により激しい痛みと神経系の障害を起こす．

☒ Q12 スズメバチ類による刺症は，アナフィラキシーショックの原因となる．

☒ Q13 ねずみ類は，レプトスピラ症の媒介動物である．

☒ Q14 トコジラミは，高齢者の入院患者が多い病院での吸血被害が問題となっている．

殺虫剤・殺鼠剤の毒性や安全性

☒ Q1 ほとんどの殺虫製剤は，劇薬に該当する．

A6 Point! クマネズミを対象とした毒餌は，植物性の餌を基材とする． ×

A1 Point! アカイエカなど． ○
A2 Point! **ネッタイシマカ**も同様である． ○

A3 Point! **チクングニア熱**の媒介蚊は，ヒトスジシマカ，ネッタイシマカである． ×
A4 Point! ヒトスジシマカもデング熱を媒介する． ○
A5 Point! **日本脳炎**の媒介蚊は，**コガタアカイエカ**である． ×
A6 Point! 赤痢，コレラなどの菌も，足や体に付けて運搬． ○
A7 Point! SFTS**ウイルス**を保有するマダニに刺咬されて感染する．発熱，腹痛などを起こす． ○
A8 Point! **日本紅斑熱**を媒介するのは，マダニである． ×
A9 Point! コロモジラミは，衣類や寝具類に生息する． ○
A10 Point! トコジラミは，感染症の媒介に関わっていない． ×
A11 Point! **セアカゴケグモ**（背赤後家蜘蛛）は，背中に太く赤い線がある． ○
A12 Point! アレルゲンなどが体内に入ることによって，**過敏なアレルギー症状**が表れる． ○
A13 Point! ねずみ類は，**ペスト**，**ラッサ熱**なども媒介する． ○
A14 Point! ホテル，旅館，簡易宿泊所等で，トコジラミによる吸血被害が報告されている． ×

A1 Point! ほとんどの殺虫製剤は，劇薬に該当せず，毒薬はない． ×

☒ Q2 殺虫製剤の毒性基準値は，剤型により異なる．

☒ Q3 薬剤の安全性は，毒性の内容や強弱，摂取量，摂取期間等によって決まる．

☒ Q4 対象種が同じでも，地域により薬剤感受性が異なる場合がある．

☒ Q5 ある薬剤の毒性がヒト又は動物と害虫の間であまり変わらないことを，選択毒性が高いと表現する．

☒ Q6 殺鼠剤の有効成分の濃度は低く抑えられているので，ヒトとネズミの体重差から誤食による人体への影響は少ない．

☒ Q7 クマテトラリルは，第2世代の抗凝結性殺鼠剤である．

☒ Q8 乳剤や油剤を一定量以上保管する場合は，消防法に基づく少量危険物倉庫の届出が必要となる．

☒ Q9 ADIとは，実験動物に長期間にわたって連日投与して，毒性が認められない薬量のことである．

☒ Q10 NOAELとは，実験動物に長期間にわたって連日投与して，毒性が認められない薬量のことである．

防虫・防鼠構造や防除に用いる機器

☒ Q1 ミスト機は，汚水槽，雑排水槽等の蚊やチョウバエの成虫の防除に多く使用される．

☒ Q2 手動式の散粉機は，隙間や割れ目などの細かな部分に使用するときに便利である．

☒ Q3 全自動噴霧機は，高濃度の薬剤を10 μm前後の粒子にして，均一に噴射する機器である．

☒ Q4 煙霧機よりも噴霧機の方が，噴射できる薬剤の粒径が小さい．

A2 Point! **剤型**は，用途，目的に応じた形のこと. ○

A3 Point! 薬事法に基づき殺虫・殺鼠剤の承認を受けるためには，安全性を示すための試験が必要である. ○

A4 Point! 害虫が生息する地域により，薬剤の効果が異なる. ○

A5 Point! ある薬剤の毒性が害虫だけに強いことを**選択毒性**が高いと表現する. ×

A6 Point! 殺鼠剤の多くは選択毒性は低いが，ヒトに対しても毒性を示す. ○

A7 Point! 第1世代の**抗凝結性殺鼠剤**である. ×

A8 Point! 乳剤や油剤は灯油に溶かしたものが多く，第4類の危険物のうち第2石油類に該当する. ○

A9 Point! ADIとは，ヒトが一生の間に毎日体内に取り込んでも安全な1日当たりの摂取量である. ADIは，Acceptable Dairy Intake ×

A10 Point! NOAEL（No Observable Adverse Effect Level）とは，最大無毒性量をいう. ○

A1 Point! **ミスト機**は，殺虫剤を20～100 μmの粒子にして噴射する. ○

A2 Point! 床下などの到達距離が必要なときは，**電動式散粉機**がよい. ○

A3 Point! **全自動噴霧機**は，100～400 μmの粒子である. ×

A4 Point! 噴霧機よりも煙霧機の方が，噴射できる薬剤の粒径が小さい. ×

☒ **Q5** ローラ式の粘着クリーナは，イエダニや室内塵性のダニなどの簡易的な調査に用いることができる．

☒ **Q6** 電撃式殺虫機は，長波長誘引ランプに誘引されて集まった昆虫を高圧電流に触れさせて感電死させる器具である．

☒ **Q7** ULV機は，低濃度の薬剤を多量に散布する薬剤散布機である．

ねずみ・昆虫等の防除

☒ **Q1** 防虫・防鼠構造は，建築物の新築時に設計段階で取り入れるべきである．

☒ **Q2** ネズミや害虫に対しては，薬剤処理とトラップによる対策を優先的に実施する．

☒ **Q3** IPMとは，総合的有害生物管理である．

☒ **Q4** IPM（総合的有害生物管理）手法による防除では，薬剤を使用した化学的防除を実施しない．

☒ **Q5** IPMにおける措置水準とは，計画的，段階的に防除作業を行う状況をいう．

☒ **Q6** IPMにおける許容水準とは，環境衛生上良好な状態であり，定期的な調査を継続すればよい状況をいう．

☒ **Q7** ペストコントロールのペスト（pest）とは，ネズミや害虫などの有害な生物を指す．

☒ **Q8** ペストコントロールには，ベクターコントロールとニューサンスコントロールの2つの側面がある．

☒ **Q9** ネズミの侵入防止には，手動のドアの設置が有効である．

A5 Point! 単位面積当たりのダニの数を算出する. ○

A6 Point! 電撃式殺虫機は，短波長誘引ランプ（**紫外線**）を用いる. ×

A7 Point! ULV（Ultra Low Volume）機は，高濃度の薬剤を少量散布する薬剤散布機である. ×

A1 Point! 網戸の目の間隔，配管貫通周囲のすき間処理などは設計段階で考慮する. ○

A2 Point! 防除は，発生時対策より発生予防対策に重点を置いて実施する. ×

A3 Point! IPM（Integrated Pest Management）とは，総合的有害生物管理である. ○

A4 Point! IPM手法による防除でも，状況に応じて，薬剤を使用した化学的防除を実施する. ×

A5 Point! 措置水準とは，すぐに防除作業が必要な状況をいう. **緊急性は措置水準，警戒水準，許容水準の順.** ×

A6 Point! 6カ月程度に一度，発生の多い場所では2カ月に一度の調査を実施する. ○

A7 Point! 人体に有害な生物の活動を，人の生活を害さない程度まで制御するのが**ペストコントロール**である. ○

A8 Point! **ベクターコントロール**は感染症を媒介する動物の防除で，**ニューサンスコントロール**は不快動物の防除のこと. ○

A9 Point! 侵入防止には，**自動開閉式ドアの設置**が有効である. ×

☒ Q10 昆虫などに対する不快感の程度は，第三者による客観的な判断が困難である．

☒ Q11 白色蛍光灯による照明は，高圧ナトリウム灯による照明に比べて，昆虫類を誘引しやすい．

☒ Q12 昆虫の屋内侵入防止には，窓などに通常16メッシュの網戸を設置する．

☒ Q13 ベクターコントロールは，不快感をもたらす害虫対策として行う防除である．

☒ Q14 殺虫剤散布の3日前までにその内容を通知し，散布が終わったらすぐに回収する．

☒ Q15 屋外に毒餌を配置する場合には，毒餌箱に入れて配置する．

☒ Q16 ULV処理により，煙感知器が誤作動を起こすことがある．

A10 Point! 人により不快感の程度が異なるので客観的な判断は難しい. ○

A11 Point! 虫は, 蛍光灯から出る**紫外線**に寄ってくる. ○

A12 Point! **20メッシュより細かい網戸**を設置する. メッシュは1インチ (25.4 mm) 間にある目の数をいう. ×

A13 Point! ベクターコントロールとは, 感染症の媒介を阻止するために行われる防除である. ×

A14 Point! 殺虫剤散布の**3日前まで**にその内容を通知し, 当該区域の入口に散布**3日後まで**掲示する. ×

A15 Point! 誤飲やいたずら防止のため. ○

A16 Point! **煙感知器**を切ってから散布処理を開始する. ○

7章 コラム 「覚えてビル管マスター！」

コガタアカイエカ：日本の農園（日本脳炎）は小型の赤い家か（コガタアカイエカ）

デング熱の媒介蚊：でんぐり（デング熱）返る熱帯（ネッタイシマカ）の人（ヒトスジシマカ）

チカイエカ：地下の好きなチカイエカ

昆虫成長制御剤：味アル（IGR）幼虫（幼虫の成育抑制）

チャバネゴキブリ：効かないなんて茶番ね　※チャバネゴキブリは殺虫剤抵抗性がある

チョウバエ類の主な発生源：超バエ（チョウバエ）の城下（浄化槽）

ドブネズミ：猿も寝られぬ（サルモネラ症）ワイルド（ワイル病）なドブ（ドブネズミ）

ペスト：ベスト（ペスト）をつくすのみ（ノミ）

フェラリア症の媒介蚊：赤い家か（アカイエカ）らフェラーリ（フェラリア症）

クマネズミ：くまなく寝ずに見回る（クマネズミ）警戒心

泳ぎの得意ドブネズミ：ドブを泳ぐドブネズミ

ネズミの侵入防止：金網は通さん（10 mm以下）　※1 cm以下にしないとネズミが通る

電撃式殺虫機：市街戦（紫外線）に昆虫集まる

害虫防除の緊急性：そっちの警戒許す　※緊急性の高い順に，措置水準，警戒水準，許容水準

ダニの体：学童だ　※顎体部と胴体部からなるダニ

ネコノミ：猫のみでないネコノミ　※ネコノミは他の動物も刺す

昆虫の屋内侵入防止：二重（20メッシュ）の網戸

殺虫剤散布の掲示：殺虫剤散布（3日）　※散布の3日前から3日後まで掲示

〈著者略歴〉
関 根 康 明（せきね　やすあき）
　事務所ビル，学校等の設計及び現場監理，高等技術専門校指導員，病院，競技場等の施設管理を経験．現在，一級建築士事務所 SEEDO（SEkine Engineering Design Office）代表．株式会社 SEEDO 代表取締役．全国各地への出張講習やリモート講習にて，国家資格取得の支援を行っている．
　取得している主な国家資格は，建築物環境衛生管理技術者，一級建築士，建築設備士等．SEEDO ホームページ：seedo.jp

• 本書の内容に関する質問は，オーム社ホームページの「サポート」から，「お問合せ」の「書籍に関するお問合せ」をご参照いただくか，または書状にてオーム社編集局宛にお願いします．お受けできる質問は本書で紹介した内容に限らせていただきます．なお，電話での質問にはお答えできませんので，あらかじめご了承ください．
• 万一，落丁・乱丁の場合は，送料当社負担でお取替えいたします．当社販売課宛にお送りください．
• 本書の一部の複写複製を希望される場合は，本書扉裏を参照してください．
JCOPY ＜出版者著作権管理機構 委託出版物＞

ポケット版
ビル管理試験 一問一答 出る問 2000

2023 年 4 月 21 日　　第 1 版第 1 刷発行

著　　者　関 根 康 明
発 行 者　村 上 和 夫
発 行 所　株式会社 オーム社
　　　　　郵便番号　101-8460
　　　　　東京都千代田区神田錦町 3-1
　　　　　電話　03(3233)0641(代表)
　　　　　URL　https://www.ohmsha.co.jp/

© 関根康明 *2023*

印刷・製本　壮光舎印刷
ISBN978-4-274-23040-0　Printed in Japan

本書の感想募集　https://www.ohmsha.co.jp/kansou/
本書をお読みになった感想を上記サイトまでお寄せください．
お寄せいただいた方には，抽選でプレゼントを差し上げます．

マジわからん シリーズ

と思ったときに読む本

田沼 和夫 著

四六判・208頁・定価（本体1800円【税別】）

Contents

Chapter 1
電気ってなんだろう？

Chapter 2
電気を活用するための電気回路とは

Chapter 3
身の周りのものへの活用法がわかる！
電気のはたらき

Chapter 4
電気の使われ方と
できてから届くまでの舞台裏

Chapter 5
電気を利用したさまざまな技術

と思ったときに読む本

森本 雅之 著

四六判・216頁・定価（本体1800円【税別】）

Contents

Chapter 1
モーターってなんだろう？

Chapter 2
モーターのきほん！　DCモーター

Chapter 3
弱点を克服！　ブラシレスモーター

Chapter 4
現在の主流！　ACモーター

Chapter 5
進化したACモーター

Chapter 6
ほかにもある！
いろんな種類のモーターたち

Chapter 7
モーターを選ぶための
一歩踏み込んだ知識

今後も続々、発売予定！

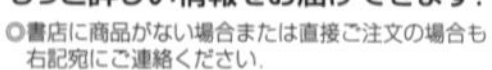

ホームページ https://www.ohmsha.co.jp/

TEL／FAX TEL.03-3233-0643 FAX.03-3233-3440

（定価は変更される場合があります）

A-2212-177